TACセレクト

究極の会計学理論集

日商簿記1級

全経上級対策

TAC簿記検定講座
編著

JN011468

はじめに

　本書は、日本商工会議所主催簿記検定試験1級（日商1級）
および全国経理教育協会主催簿記能力検定試験上級（全経上級）
の受験対策用として編集された会計学の補助教材です。

　本書はＴＡＣ簿記検定講座で使用中の教室講座，通信講座の
教材を基に，長年蓄積してきたノウハウを集約したものであり，
「合格する」ことを第一の目的において編集したものです。

　日商1級や全経上級で出題される会計学の理論問題の多くは
「正誤問題（○×式）」です。そこで本書では過去に出題された
問題を論点ごとに整理し，手軽な手帳サイズの冊子にまとめま
した。

　通勤・通学時はもちろん，時間と場所とを選ばずに理論の整
理ができます。本書を活用していただければ，皆さんが検定試
験に合格できるだけの実力を必ず身につけられるものと確信し
ています。

2024年1月

ＴＡＣ簿記検定講座

※　本書は「究極の会計学理論集日商簿記1級・全経上級対策
　　第5版」につき，「会計上の見積りの開示に関する会計基準」
　　「貸借対照表の純資産の部の表示に関する会計基準」「金融商
　　品に関する会計基準」「退職給付に関する会計基準」などに
　　つき，改正点を反映するとともに，最近の出題傾向にあわせ，
　　改訂したものです。

本書の使い方

　本書は，日商1級および全経上級の会計学において出題頻度の高い「正誤問題」と「空欄記入問題」対策の問題集です。「正誤問題編」では，日商1級および全経上級で過去に出題された正誤問題をもとに論点別に編集しています。また，「会計基準編」では，空欄記入問題で出題頻度の高い企業会計原則その他の基準を掲載しました。

　本書の特長は次のような点です。

●第1部　正誤問題編

学習しやすいよう，論点ごとに14のテーマに分類してあります。

すべての問題が，○または×で解答する形式となっています。

試験における重要度を3段階で表示しています。
★★★…非常に高い
★★☆……高い
★☆☆………普通

テーマ 6

金銭債権・有価証券

次の文章について，正しいものには○を，誤っているものには×を記入しなさい。

問題 6-1 ━━━━━━━━━━ ★★★

　債権の貸倒見積高を算定する場合には，債権を一般債権，貸倒懸念債権および破産更生債権等に区分し，一般債権については貸倒実績率法により，貸倒懸念債権については財務内容評価法またはキャッシュ・フロー見積法により，破産更生債権等についてはリスク・経済価値アプローチ法による。

問題 6-2 ━━━━━━━━━━ ★★★

　破産更生債権等については，債権額から担保の処分見込額および保証による回収見込額を減額し，その残額について債務者の財政状態および経営成績を考慮して貸倒見積高を算定する。

問題 6-3 ━━━━━━━━━━ ★★☆

　破産更生債権等の貸倒見積高は，貸倒引当金として処理しなければならない。

解答が×の場合には，間違っている理由を太字で示しています。全経上級対策では理由まで押さえておきましょう。

本問の解答です。すべて〇または×で解答しています。

6-1 .... ✕

破産更生債権等については財務内容評価法による。
「金融商品に関する会計基準 28」

リスク・経済価値アプローチとは，金融資産の消滅の認識に関する理論上の考え方の1つであるが，金融商品に関する会計基準では，財務構成要素アプローチが採用されている。

解答が×の場合には，間違っている理由とは別に必要に応じて解説を加えています。

解答の根拠となる規定です。ただし，具体的な規定のないものについては，一部省略しています。なお，太字は第2部に収録のある基準です。直接確認してみてください。

6-2 .... ✕

破産更生債権等については，債権額から担保の処分見込額および保証による回収見込額を減額し，その残額を貸倒見積高とする。
「金融商品に関する会計基準 28」

6-3 .... ✕

破産更生債権等の貸倒見積高は，債権金額または取得価額から直接減額することもできる。
「金融商品に関する会計基準注解 （注10）」

解答が〇の場合には，原則として解説は省略していますが，必要に応じて加えています。

● 第2部　会計基準編

新基準の公表により新基準が優先され，現在の制度には対応していない旧規定です。

覚えておきたい重要なキーワードは赤字で記載しました。本書付録のチェックシートを利用して暗記学習に役立ててください。

新基準に関連する変更内容は色線で囲んであります。

■当期未処分利益

九　当期未処分利益は，当期純利益に前期繰越利益，一定の目的のために設定した積立金のその目的に従った取崩額，中間配当額，中間配当に伴う利益準備金の積立額等を加減して表示する。

第三　貸借対照表原則

■貸借対照表の本質

一　貸借対照表は，企業の 財政状態 を明らかにするため，貸借対照表日におけるすべての 資産 ，負債 及び 資本 を記載し，株主，債権者その他の 利害関係者 にこれを正しく表示するものでなければならない。ただし， 正規の簿記の原則 に従って処理された場合に生じた 簿外資産 及び 簿外負債 は，貸借対照表の記載外におくことができる。(注1)

※　「貸借対照表の純資産の部の表示に関する会計基準」の公表により，「資本の部」は「純資産の部」として表示されることになり，その内容も変更されている。

A　資産，負債及び 資本 は，適当な 区分 ， 配列 ， 分類 及び 評価 の基準に従って記載しなければならない。

B　資産，負債及び 資本 は， 総額 によって記載することを原則とし，資産の項目と負債又は 資本 の項目とを相殺することによって，その全部又は一部を貸借対照表から除去してはならない。

Contents

〈検定試験施行予定日〉

・日商簿記検定試験1級
　　6月第2日曜日
　　11月第3日曜日
　検定試験ＨＰ：https://www.kentei.ne.jp/

・全経簿記能力検定試験上級
　　7月第2日曜日
　　2月第3日曜日
　検定試験ＨＰ：http://www.zenkei.or.jp/

※　日程や試験の詳細については，上記ホームページなどでご確認ください。

第1部　正誤問題編

一般原則

次の文章について，正しいものには○を，誤っている
ものには×を記入しなさい。

問題 1-1 ------------------------ ★★☆

会計処理の方法の選択は経営者の判断に任されている
から，経営者が異なっている場合は，会計処理の結果算
定された期間利益は異なるであろうが，それらの会計処
理は真実性の原則に反するものではない。

問題 1-2 ------------------------ ★★☆

正規の簿記の原則には，財務諸表が誘導法により作成
されるという意味も含まれている。

問題 1-3 ------------------------ ★☆☆

消耗品に関連する費用の認識については，発生主義の
原則より重要性の原則が優先される場合がある。

問題 1-4 ------------------------ ★★☆

資産の取得原価は，購入代価または製造原価に，付随
費用を必ず加算して決定される。

1-1 ••••••••••••••••••••••••

真実性の原則が要求している真実とは，絶対的真実ではなく，相対的真実であるといわれている。

「一般原則　一」

 1-2 ••••••••••••••••••••••••

正規の簿記の原則は，正確な会計帳簿の作成を要請しているが，そこから誘導法により財務諸表を作成することも要請していると解釈されている。

「一般原則　二」

 1-3 ••••••••••••••••••••••••

「企業会計原則注解　【注1】」

 1-4 ••••••••••••••••••••••••

付随費用のうち重要性の乏しいものについては，取得原価に算入しないことも認められる。

「企業会計原則注解　【注1】」

　新株発行費は，新株発行額のうち資本金に組入れなかった金額があるときは，これと相殺することができる。

　新株発行費用は，新株発行による株式払込剰余金があるときには，これを相殺することができる。

　企業活動の実態を利害関係者に明瞭に伝達する原則の一つとして，総額主義原則が原則として要求されている。

　会計方針とは，企業が貸借対照表および損益計算書の作成にあたって，その財政状態および経営成績を正しく示すために採用した会計処理の原則および手続きならびに表示の方法をいい，その重要なものは，原則として財務諸表に注記しなければならない。

1-5 ●●●●●●●●●●●●●●●●●●●●●●●●

　新株発行費と株式払込剰余金を相殺することは，利益剰余金と資本剰余金を混同することになり，認められない。「一般原則　三」,「企業会計原則注解【注2】」

1-6 ●●●●●●●●●●●●●●●●●●●●●●●●

　新株発行費用を株式払込剰余金と相殺することは，利益剰余金と資本剰余金を混同することになり，認められない。
　　　　「一般原則　三」,「企業会計原則注解　【注2】」

1-7 ●●●●●●●●●●●●●●●●●●●●●●●●

　形式的明瞭性の一つとして総額主義の原則があげられる。

「一般原則四」,「損益計算書原則　一・B」,
「貸借対照表原則　一・B」

1-8 ●●●●●●●●●●●●●●●●●●●●●●●● ○

「企業会計原則注解　【注1-2】」

財務諸表には，貸借対照表日後，損益計算書および貸借対照表を作成する日までに発生した重要な後発事象を注記しなければならない。

後発事象とは，貸借対照表日後に発生した事象で，当期の財政状態および経営成績に影響を及ぼすものをいい，そのうち重要なものは財務諸表に注記しなければならない。

貸借対照表日後に発生した火災による重大な損害は，重要な後発事象であるから，財務諸表に注記しなければならない。

重要な後発事象は，次期以降の財政状態および経営成績に影響を及ぼすものであるが，中には，当期の財務諸表本体の修正を要するものもある。

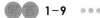 1-9 •••••••••••••••••••••••• ○

「企業会計原則注解 【注1-3】」

 1-10 ••••••••••••••••••••••••

　注記すべき重要な後発事象は，当期ではなく次期以後の財政状態および経営成績に影響を及ぼすものをいう。　　　　　　　　「企業会計原則注解 【注1-3】」

 1-11 •••••••••••••••••••••••• ○

「企業会計原則注解 【注1-3】」

 1-12 ••••••••••••••••••••••••

　企業会計原則では，重要な後発事象は注記することになっているが，当期の判断ないしは見積りに影響を与える場合には，直接，当期の財務諸表を修正する。

「企業会計原則注解 【注1-3】」

問題 1-13 ------------------------------ ★☆☆

　会計において用いられている継続性には，いくつかの意味がある。このうち，企業の継続性については，「会社計算規則」「財務諸表等規則」等によって，企業実体の前提に関する注記が要求されている。また，会計処理の原則及び手続きの継続性は，「企業会計原則」一般原則の継続性の原則として要求されている。

問題 1-14 ------------------------------ ★★☆

　企業会計では，いったん採用した会計処理の原則または手続きは，正当な理由により変更を行う場合を除き，財務諸表を作成する各期間を通じて継続して適用しなければならない。

問題 1-15 ------------------------------ ★★☆

　企業が選択した会計処理の原則および手続きを毎期継続して適用しないときは，同一の会計事実について異なる利益額が算出されることになり，財務諸表の期間比較性を困難ならしめ，この結果，企業の財務内容に関する利害関係者の判断を誤らしめることになる。

問題 1-16 ------------------------------ ★★☆

　企業会計上継続性が問題とされるのは，一つの会計事実について二つ以上の会計処理の原則または手続きの選択適用が認められている場合である。

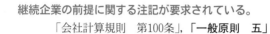

1−13 ···················· ✕

継続企業の前提に関する注記が要求されている。
「会社計算規則 第100条」,「一般原則 五」

1−14 ···················· ◯

「一般原則 五」,「企業会計原則注解 【注3】」

1−15 ···················· ◯

「企業会計原則注解 【注3】」

1−16 ···················· ◯

「一般原則 五」,「企業会計原則注解 【注3】」

企業はいったん採用した会計処理の原則または手続きをみだりに変更してはならないが，一般に認められていない会計処理の原則または手続きが採用されている場合には，その原則または手続きを変更しなければならない。

問題 1-18 ----------------------------- ★★☆

正当な理由によって，会計処理の原則または手続きに重要な変更を加えたときは，これを当該財務諸表に注記しなければならない。

問題 1-19 ----------------------------- ★★☆

企業の財政に不利な影響を及ぼす可能性があるときに保守主義が適用されるが，過度な保守主義は認められない。

 1-17 ●●●●●●●●●●●●●●●●●●●●●●●●● ○

　認められていない会計方針を認められた会計方針に変更することは，当然であり，継続性の原則以前の問題である。　　　　　　**「企業会計原則注解 【注3】」**

 1-18 ●●●●●●●●●●●●●●●●●●●●●●● ○

　継続性の原則により，原則として会計方針を変更することは認められないが，正当な理由があれば，変更が認められる。この場合には，注記が必要となる。

「企業会計原則注解 【注3】」

 1-19 ●●●●●●●●●●●●●●●●●●●●●●●●●● ○

「企業会計原則注解 【注4】」

損益計算書原則

次の文章について，正しいものには〇を，誤っているものには×を記入しなさい。

問題 2-1 ----------------------- ★★☆

企業会計原則第二・損益計算書原則一によれば，損益計算書は，企業の経営成績を明らかにするため，一会計期間に属するすべての収益とこれに対応するすべての費用とを記載して経常利益を表示し，これに特別損益に属する項目を加減して当期純利益を記載しなければならない。

問題 2-2 ----------------------- ★★☆

すべての費用および収益は，その支出および収入にもとづいて計上し，その発生した期間に正しく割当てられるように処理しなければならない。ただし，未実現収益は，原則として，当期の損益計算に計上してはならない。

問題 2-3 ----------------------- ★☆☆

費用は発生主義によって認識されるため，財および用役の消費時に損益計算書に計上される。

2-1 ••••••••••••••••••••••••••

「損益計算書原則　一」

 2-2 ••••••••••••••••••••••••••

「損益計算書原則　一・A」

2-3 •••••••••••••••••••••••••• ✕

発生した費用であっても，未実現収益に対応するものは，次期以降に繰延べられる。

「損益計算書原則　一・A」

問 題 2-4 ----------------------------- ★☆☆

当期中の収入には，当期の収益に関係ある収入，前期の収益に関係ある収入，将来の収益に関係ある収入等が含まれていることがある。

問 題 2-5 ----------------------------- ★☆☆

発生主義原則のもとでは，すべての費用は常に財貨・用役の価値費消という事実に則して認識される。

問 題 2-6 ----------------------------- ★★★

前受収益は，一定の契約に従い，継続して商品の納入を行う場合，いまだ納入していない商品に対し支払いを受けた対価をいう。このような商品に対する対価は，商品を納入することによって，次期以降の収益となるものであるから，これを当期の損益計算書から除去するとともに，貸借対照表の負債の部に計上しなければならない。

問 題 2-7 ----------------------------- ★★★

未払費用とは，一定の契約に従い，継続して役務の提供を受ける場合，すでに提供された役務に対していまだその対価の支払いが終わらないものをいう。ただし，契約上の役務提供期間が満了しているにもかかわらず，対価を支払っていないものについては，未払金として処理しなければならない。

2-4 ●●●●●●●●●●●●●●●●●●●●●●●●●●● ○

主義または実現主義によっているので，収入時に収益
が計上されるとは限らない。したがって，当期の収入
には，過去，現在，将来の収益に対するものが含まれ
ることがある。

2-5 ●●●●●●●●●●●●●●●●●●●●●●●●●● ×

はなく，費用収益対応の原則により，費用として認識
されるといわれる。

2-6 ●●●●●●●●●●●●●●●●●●●●●●●● ×

されるものであり，商品の納入を行う場合には，前受
金として計上される。　　「企業会計原則注解 【注5】」

2-7 ●●●●●●●●●●●●●●●●●●●●●●● ○

供を受けている場合には，単なる代金の未払いであり，
未払費用ではなく，未払金として処理される。

　　　　　　　　　「企業会計原則注解 【注5】」

2

損益計算書原則

損益計算書原則

 **2-4** ●●●●●●●●●●●●●●●●●●●●●●●●● ○

　収益の測定は，収入額にもとづくが，認識は，発生主義または実現主義によっているので，収入時に収益が計上されるとは限らない。したがって，当期の収入には，過去，現在，将来の収益に対するものが含まれることがある。

2-5 ●●●●●●●●●●●●●●●●●●●●●●●●●● ×

　引当金の計上については，財貨・用役の価値費消ではなく，費用収益対応の原則により，費用として認識されるといわれる。

2-6 ●●●●●●●●●●●●●●●●●●●●●●●● ×

　前受収益は，継続して役務の提供を行う場合に計上されるものであり，商品の納入を行う場合には，前受金として計上される。　　「企業会計原則注解 【注5】」

2-7 ●●●●●●●●●●●●●●●●●●●●●●● ○

　契約上の役務提供期間が満了し，すべての役務の提供を受けている場合には，単なる代金の未払いであり，未払費用ではなく，未払金として処理される。

「企業会計原則注解 【注5】」

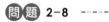

問題 2-8 - ★★★

　未収収益は，一定の契約に従い，継続して役務の提供を行う場合，未だ提供していない役務に対し支払いを受けた対価をいう。

問題 2-9 - ★★★

　未収収益は，一定の契約に従い継続して役務の提供を行う場合，すでに提供した役務に対していまだその対価の支払いを受けていないものをいう。このような役務に対する対価は，いまだその役務の提供が完了していないから，実現主義の原則により当期の収益に計上してはならない。

問題 2-10 - ★★☆

　費用および収益は，総額によって記載することを原則とし，費用の項目と収益の項目とを直接に相殺することによってその全部または一部を損益計算から除去してはならない。

問題 2-11 - ★★☆

　貸借対照表を作成する上では，売掛金と買掛金を相殺して表示してはならないように，総額主義の原則の適用がある。しかし，損益計算書を作成する上で，固定資産売却損益などは純額で表示されるから，一般に総額主義の適用はない。

 2-8

　未収収益は，すでに提供した役務に対して支払いを受けていない対価をいう。

「企業会計原則注解 【注5】」

 2-9

　このような対価は，時間の経過に伴いすでに当期の収益として発生しているものであるから，当期の収益に計上しなければならない。

「企業会計原則注解 【注5】」

 2-10

「損益計算書原則　一・B」

 2-11

　例外的に純額で表示される項目はあるが，原則として損益計算書においても総額主義の原則は適用される。

「損益計算書原則　一・B」，
「貸借対照表原則　一・B」

問題 2-12 ------------------------------- ★☆☆

費用収益の対応原則には，当期費用（収益）を実質的に判定するという意味と，相対応する損益項目を損益計算書に表示するという意味の二つがある。

問題 2-13 ------------------------------- ★☆☆

会社計算規則によると，子会社売上高および親会社売上高は，当該売上高を示す名称を付した科目をもって別に掲記しなければならない。

問題 2-14 ------------------------------- ★★★

仕入値引や戻し高は仕入価額から控除されるが，仕入割引は営業外収益となる。

問題 2-15 ------------------------------- ★★☆

会計単位内部における原材料や半製品等の振替えから生じる原価差額等は内部利益と呼ばれ，外部に公表する財務諸表の作成上，消去しなければならない。

問題 2-16 ------------------------------- ★★★

本店，支店，事業部等の企業内部における独立した会計単位相互間の内部取引から生じた内部利益は，本支店等の合併損益計算書において売上高から内部売上高を控除するとともに，仕入高（または売上原価）から内部仕入高（または内部売上原価）を控除することによって，除去できる。

2–12 ⚪

費用収益の対応原則には，実現収益に対応する費用を計上するという実質的な側面と，関連する収益および費用を対応表示するという形式的な側面がある。

2–13 ✕

子会社売上高および親会社売上高は，当該売上高を注記する。　　　　　　「会社計算規則　第135条」

2–14 ⚪

「財務諸表等規則　第79条，第90条」

2–15 ✕

会計単位内部における原材料，半製品等の振替えによって生じる原価差額等は，内部利益ではない。
　　　　　　　　　　「企業会計原則注解　【注11】」

2–16 ✕

内部利益を除去するためには，さらに期末棚卸高から内部利益の額を控除しなければならない。
　　　　　　　　　　「企業会計原則注解　【注11】」

問題 2-17 ------------------------- ★★★

仕入割引は，仕入控除項目としないで営業外収益区分に表示する。

問題 2-18 ------------------------- ★★☆

原価差額を売上原価に賦課した場合には，損益計算書において，売上原価の内訳科目として記載する。

問題 2-19 ------------------------- ★☆☆

標準原価計算を採用することによって生じた原価差額は，すべて売上原価の内訳科目として表示する。

問題 2-20 ------------------------- ★★☆

営業の必要にもとづいて経常的に発生する仕入先に対する貸付金の貸倒引当金繰入額は，異常なものを除き販売費及び一般管理費とされる。

問題 2-21 ------------------------- ★☆☆

商業を営む企業が当期分の地代を負担したとき，店舗のためのものは賃借料として販売費及び一般管理費の中に計上されるが，投資不動産のためのものは営業外費用の中に計上される。

2-17 ●●●●●●●●●●●●●●●●●●●●●●●● ○

「財務諸表等規則　第90条」

2-18 ●●●●●●●●●●●●●●●●●●●●●●●● ○

「企業会計原則注解　【注9】」

2-19 ●●●●●●●●●●●●●●●●●●●●●●●● ×

　多額な差異または異常な差異は，期末棚卸高に配賦
したり，非原価項目として処理されるため，すべての
差異が売上原価の内訳科目として表示されるとは限ら
ない。

「原価計算基準　47」，「企業会計原則注解　【注9】」

2-20 ●●●●●●●●●●●●●●●●●●●●●●●● ○

「財務諸表等規則　第87条，同ガイドライン　87」

2-21 ●●●●●●●●●●●●●●●●●●●●●●●● ○

　投資活動に伴う費用は，一般的に営業外費用に計上
される。

2-22 -------------------------- ★★☆

　当期純利益は，経常利益に特別利益を加え，これから特別損失を控除して表示する。

 **2-23** -------------------------- ★★☆

　法人税等の更正決定等による追徴税額および還付税額は，当期の負担に属するものと一括して表示しなければならない。

2-22

さらに当期の負担に属する法人税額，住民税額等を控除して表示する。　　「損益計算書原則　七，八」

2-23

法人税等の追徴税額および還付税額は，原則として当期の負担に属する法人税額とは区別して表示する。
「企業会計原則注解　【注13】」

貸借対照表原則

次の文章について，正しいものには○を，誤っている
ものには×を記入しなさい。

問題 3-1 ------------------------ ★★★

正規の簿記の原則に従って処理された場合に生じた簿
外資産および簿外負債は，貸借対照表の記載外におくこ
とができる。

問題 3-2 ------------------------ ★☆☆

資産および負債の配列は，原則として流動性配列法に
よることとされているが，業種によっては固定性配列法
を採用することも認められる。

問題 3-3 ------------------------ ★★★

資産を流動と固定に区分する基準として正常営業循環
基準と一年基準とがあるが，受取手形が流動資産として
分類されるのは正常営業循環基準によるものである。

問題 3-4 ------------------------ ★★★

資産負債を流動・固定に区分する基準として正常営業
循環基準と一年基準があるが，店舗にかけた長期の火災
保険料の支払額のうち貸借対照表日の翌日から起算して
一年を超える部分が固定資産とされるのは一年基準によ
る。

3−1 ●●●●●●●●●●●●●●●●●●●●●●●● ○

　重要性の乏しいものについて，簡便な処理を採用することにより簿外資産および簿外負債が生じることも，正規の簿記の原則に従った処理として認められる。

「貸借対照表原則　一」，「企業会計原則注解 【注 1】」

3−2 ●●●●●●●●●●●●●●●●●●●●●●●● ○

「貸借対照表原則　三」

3−3 ●●●●●●●●●●●●●●●●●●●●●●●● ○

「企業会計原則注解 【注16】」

3−4 ●●●●●●●●●●●●●●●●●●●●●●●● ○

「企業会計原則注解 【注16】」

問題 3-5 - ★★★

　資産負債を流動・固定に区分する基準として正常営業循環基準と一年基準とがあるが，支払手形が流動負債とされるのは正常営業循環基準によるからである。

問題 3-6 - ★★★

　受取手形，売掛金，支払手形，買掛金は流動資産または流動負債に属するが，前払金，前受金については，貸借対照表日の翌日から起算して一年以内に商品の受入れまたは引渡しの期限が到来するものは，流動資産または流動負債に属するものとし，その期限が一年を超えて到来するものは投資その他の資産または固定負債に属するものとする。

問題 3-7 - ★★★

　受取手形，売掛金など企業の主な目的である営業取引によって発生した債権の一部が更生債権となった。これらの更生債権は，すべて流動資産の区分から除外しなければならない。

問題 3-8 -

　前払費用や未収収益は，一年基準にもとづき，流動資産または固定資産に分類される。

3-5 ●●●●●●●●●●●●●●●●●●●●●● ○

「企業会計原則注解 【注16】」

 **3-6** ●●●●●●●●●●●●●●●●●●●●●● ×

　企業の主目的たる営業取引から生じた前払金および前受金は，期限にかかわらず，流動資産または流動負債に属するものとする。「**企業会計原則注解 【注16】**」

 3-7 ●●●●●●●●●●●●●●●●●●●●●● ×

　更生債権には，一年基準が適用されるため，そのすべてが流動資産の区分から除外されるとは限らない。

「**企業会計原則注解 【注16】**」

 3-8 ●●●●●●●●●●●●●●●●●●●●●● ×

　未収収益は，一年基準を適用せずに，すべて流動資産に計上する。　　　　「**企業会計原則注解 【注16】**」

経過勘定項目である前払費用・未収収益，未払費用・前受収益を貸借対照表において表示する場合，1年基準により流動項目と固定項目とに分類する。

問題 3-10 ★★☆

分割返済の定めのある長期の債権のうち，期限が一年以内に到来するもので，重要性の乏しいものは，固定資産として表示できるが，長期の債務のうち，期限が一年以内に到来するものは重要性の乏しいものであっても，固定負債に表示することは許されない。

問題 3-11 ★★☆

原材料のうち恒常在庫品として保有するものは，固定資産の部に記載する。

問題 3-12 ★★☆

稼働中の機械で，残存耐用年数が一年以下となったものは，流動資産中の貯蔵品勘定に振替えて表示される。

問題 3-13 ★★☆

固定資産のうち残存耐用年数が1年以下となったものは流動資産とせず固定資産に含ませ，棚卸資産のうち恒常在庫品として保有するものは固定資産とせず流動資産に含ませる。

3-9 ●●●●●●●●●●●●●●●●●●●●●●●

未収収益，未払費用，前受収益には，1年基準を適用せずに，すべて流動項目とする。

「企業会計原則注解 【注16】」

3-10 ●●●●●●●●●●●●●●●●●●●●●●

重要性が乏しければ，債務であっても固定負債のまま表示することは認められる。

「企業会計原則注解 【注1】」

3-11 ●●●●●●●●●●●●●●●●●●●●●●

原材料は，恒常在庫品として保有するものも，流動資産の部に記載する。 「企業会計原則注解 【注16】」

3-12 ●●●●●●●●●●●●●●●●●●●●●●

稼働中の機械は，残存耐用年数が一年以下となっても，固定資産のまま表示する。

「企業会計原則注解 【注16】」

3-13 ●●●●●●●●●●●●●●●●●●●●●● ○

「企業会計原則注解 【注16】」

問題 3-14 - ★★★

　預金については，貸借対照表日の翌日から起算して1年をこえて期限が到来するものについては，無形固定資産に属するものとする。

問題 3-15 - ★★☆

　資産の取得原価は，資産の種類に応じた費用配分の原則によって，各事業年度に配分しなければならない。

問題 3-16 - ★★☆

　贈与その他無償で取得した資産については，公正な評価額をもって取得原価とする。

無形固定資産ではなく，投資その他の資産に属する
ものとする。 「企業会計原則注解 【注16】」

有形固定資産における減価償却法のように，貸借対
照表に計上された費用性資産の取得原価は，費用配分
の原則にもとづいて，各事業年度に配分される。

「貸借対照表原則 五」

3-16

「貸借対照表原則 五・F」

収益の認識

次の文章について，正しいものには○を，誤っている
ものには×を記入しなさい。

問題 4-1 ------------------------------ ★★★

A株式会社は，特殊な機械を製造・販売しており，引
合いのあった会社（購入予定先）に対して，その機械を
引渡し，一定の期間使用した後に正式に売買契約を結ぶ
ことにしている。この場合，この機械の売上を便宜的に
機械の引渡し時に計上することは，不当な会計処理とは
いえない。

問題 4-2 ------------------------------ ★★☆

予約販売を行っている場合，予約金を受取った時点で
その予約金の総額を売上収益に計上することも認められ
る。

問題 4-3 ------------------------------ ★★★

一定の期間にわたり充足される履行義務については，
履行義務の充足に係る進捗度を見積り，当該進捗度に基
づき収益を一定の期間にわたり認識する。

4-1 ×

試用販売では，買取りの意思表示があったときに売上を計上しなければならない。

「企業会計原則注解 【注6】」

 4-2 ×

予約販売では，商品の引渡しまたは役務の給付が完了した分だけを当期の売上高に計上しなければならない。

「企業会計原則注解 【注6】」

4-3 ○

「収益認識に関する会計基準 41」

履行義務が一時点で充足される場合，資産に対する支配を顧客に移転することにより，当該履行義務が充足されたときに収益を認識する。ここで，資産に対する支配を顧客に移転した時点とは，顧客に向けて資産を出荷した時をいう。

　履行義務の充足に係る進捗度を合理的に見積ることができないが，当該履行義務を充足する際に発生する費用を回収することが見込まれる場合には，履行義務の充足に係る進捗度を合理的に見積ることができる時まで，一定の期間にわたり充足される履行義務について原価回収基準により処理する。

　販売した商品について予想される売上割戻に対しては，売上割戻引当金を設定しなければならない。

4-4 ●●●●●●●●●●●●●●●●●●●●●●●●●●

　資産に対する支配を顧客に移転した時点とは，顧客に向けて資産を出荷した時ではなく，顧客が資産を検収した時である。

「収益認識に関する会計基準　40」

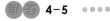 **4-5** ●●●●●●●●●●●●●●●●●●●●●●●●●

「収益認識に関する会計基準　45」

 4-6 ●●●●●●●●●●●●●●●●●●●●●●●●●

　販売した商品について予想される売上割戻については，返金負債として処理する。

「収益認識に関する会計基準　53」

棚卸資産

次の文章について，正しいものには○を，誤っている
ものには×を記入しなさい。

問題 5-1 ----------------------- ★☆☆

棚卸資産のなかには，通常の営業過程で販売のために
保有される財貨だけでなく，販売のために保有される用
役が棚卸資産として扱われる場合もある。

問題 5-2 ----------------------- ★★★

棚卸資産の取得原価に，引取費用，関税は含めてよい
が，買入事務費，移管費，保管費等を含めることは誤り
である。

問題 5-3 ----------------------- ★★☆

原価主義の場合でも，製品原価については，適正な原
価計算基準に従って，予定価格または標準原価を適用し
て算定した原価によることができる。

問題 5-4 ----------------------- ★★★

棚卸資産の期末評価において原価と比較するために用
いられる時価は，原則として，継続適用を前提に，正味
売却価額と再調達原価のどちらかを報告企業自身が任意
に選択する。

5-1

製造業においては，労務費などの無形の用役が棚卸資産に含まれる。　　　　「連続意見書第四　第一・七」

 **5-2**

買入事務費，移管費，保管費等の内部副費も原則として，棚卸資産の取得原価に含められる。
「貸借対照表原則　五・Ａ」,「企業会計原則注解 【注1】」

 5-3

「連続意見書第四　第一・二」

 **5-4**

棚卸資産の評価で用いられる時価は，原則として，正味売却価額とする。再調達原価は，製造業における原材料等で一定の要件を満たす場合にのみ認められている。　　　「棚卸資産の評価に関する会計基準　7，10」

問題 5-5 ---------------------------------- ★★☆

低価法の適用にさいして，品目別低価法・グループ別低価法・一括低価法があるが，いずれの場合にも，切放法によるのが保守主義原則にかなっている。

問題 5-6 ---------------------------------- ★★★

棚卸資産を異なる価格で取得した場合には，個別法，先入先出法，平均原価法等で処理される。

問題 5-7 ---------------------------------- ★☆☆

棚卸資産の原価配分法（棚卸方法）としての移動平均法は，先入先出法と同様に継続記録法と棚卸計算法の両者と結びつく。

問題 5-8 ---------------------------------- ★★☆

不動産販売会社が保有する分譲用および賃貸用不動産は，流動資産の部に棚卸資産として計上する。

問題 5-9 ---------------------------------- ★★★

地価の下落傾向が続いているため，Ｂ不動産会社が所有している分譲用の土地についてもその取得原価が正味売却価額よりもやや高くなっている。この場合，この土地を決算上，正味売却価額で評価しなければならない。

5-5 ●●●●●●●●●●●●●●●●●●●●●●●● ☒

グループ別低価法・一括低価法においては，個々の
棚卸資産の簿価が把握できないため，洗替法しか適用
できない。　　　　　　　　「連続意見書第四　第一・三」

5-6 ●●●●●●●●●●●●●●●●●●●●●●●● ◯

「棚卸資産の評価に関する会計基準　6－2」

5-7 ●●●●●●●●●●●●●●●●●●●●●●●● ☒

移動平均法は，棚卸計算法とは結びつかず，継続記
録法とのみ結びつく。　　「連続意見書第四　第一・六」

5-8 ●●●●●●●●●●●●●●●●●●●●●●●● ☒

賃貸用不動産は，棚卸資産には該当せず，固定資産
（有形固定資産または投資その他の資産）に表示する。

5-9 ●●●●●●●●●●●●●●●●●●●●●●●● ◯

不動産会社が所有する分譲用土地は，棚卸資産に該
当するため，通常の商品と同様に，正味売却価額が取
得原価よりも下落している場合には，正味売却価額で
評価する。　**「棚卸資産の評価に関する会計基準　7」**

問題 5-10 - ★★★

正味売却価額が取得原価より低下したが，その下落が翌事業年度末までに回復すると認められれば，評価損を計上しないことも認められる。

問題 5-11 - ★☆☆

「棚卸資産の評価に関する会計基準」によると，棚卸資産の評価方法として，売価還元法は認められているが，最終仕入原価法は認められていない。

問題 5-12 - ★★☆

棚卸減耗費が原価性を有するものと認められる場合には，製造原価，売上原価の内訳科目または販売費として表示しなければならない。

問題 5-13 - ★★★

棚卸資産の収益性の低下による簿価切下額は売上原価とするが，製造に関連し不可避的に発生すると認められるときには，製造原価として処理する。また，臨時の事象に起因し，かつ，多額であるときには，特別損失に計上する。

 **5-10** •••••••••••••••••••••• ✕

　回復の見込みにかかわらず評価損を計上しなければ
ならない。　「棚卸資産の評価に関する会計基準　7」

 **5-11** •••••••••••••••••••••••• ○

「棚卸資産の評価に関する会計基準　6 - 2」

 **5-12** •••••••••••••••••••••••• ○

　棚卸減耗費の表示については，「棚卸資産の評価に
関する会計基準」に定めがないため，「企業会計原則
注解」における品質低下，陳腐化等の原因によって生
ずる評価損に準じて表示する。

「企業会計原則注解　【注10】」

 5-13 •••••••••••••••••••••••• ○

「棚卸資産の評価に関する会計基準　17」

問題 5-14 ------------------------- ★★★

　通常の販売目的で保有する棚卸資産について，収益性の低下に基づく簿価切下額が多額であるときには，特別損失に計上する。

問題 5-15 ------------------------- ★★☆

　トレーディング目的で保有する棚卸資産については，市場価格に基づく価額をもって貸借対照表価額とし，評価差額は，原則として，営業外損益に表示するが，通常の販売目的で保有する棚卸資産の評価差額は，原則として，売上原価または製造原価として処理する。

問題 5-16 ------------------------- ★★☆

　トレーディング目的で保有する棚卸資産は，時価の変動により利益を得ることを目的として保有する点で，売買目的有価証券と同じ性格を有するので，当該棚卸資産に係る損益は，財務損益として営業外損益に計上する。

5-14 ••••••••••••••••••••••••

臨時の事象に起因し，かつ，多額であるときには，特別損失に計上する。

「棚卸資産の評価に関する会計基準　17」

 5-15 ••••••••••••••••••••••••

トレーディング目的で保有する棚卸資産に係る損益は，原則として，純額で売上高に表示する。

「棚卸資産の評価に関する会計基準　19」

 5-16 ••••••••••••••••••••••••

トレーディング目的で保有する棚卸資産に係る損益は，原則として，純額で売上高に計上する。

「棚卸資産の評価に関する会計基準　19」

金銭債権・有価証券

次の文章について，正しいものには〇を，誤っている
ものには×を記入しなさい。

問題 6-1 ------------------------- ★★★

債権の貸倒見積高を算定する場合には，債権を一般債
権，貸倒懸念債権および破産更生債権等に区分し，一般
債権については貸倒実績率法により，貸倒懸念債権につ
いては財務内容評価法またはキャッシュ・フロー見積法
により，破産更生債権等についてはリスク・経済価値ア
プローチ法による。

問題 6-2 ------------------------- ★★★

破産更生債権等については，債権額から担保の処分見
込額および保証による回収見込額を減額し，その残額に
ついて債務者の財政状態および経営成績を考慮して貸倒
見積高を算定する。

問題 6-3 ------------------------- ★★☆

破産更生債権等の貸倒見積高は，貸倒引当金として処
理しなければならない。

6-1 ••••••••••••••••••••••••

破産更生債権等については財務内容評価法による。

「金融商品に関する会計基準 28」

リスク・経済価値アプローチとは，金融資産の消滅の認識に関する理論上の考え方の1つであるが，金融商品に関する会計基準では，財務構成要素アプローチが採用されている。

 6-2 ••••••••••••••••••••••••

破産更生債権等については，債権額から担保の処分見込額および保証による回収見込額を減額し，その残額を貸倒見積高とする。

「金融商品に関する会計基準 28」

 **6-3** ••••••••••••••••••••••••

破産更生債権等の貸倒見積高は，債権金額または取得価額から直接減額することもできる。

「金融商品に関する会計基準注解 （注10）」

問題 6-4 ------------------------------------ ★★☆

手形を割引いた場合の手形金額と割引額との差額は，営業外費用とし，期間配分しなければならない。

問題 6-5 ------------------------------------ ★★★

時価のある株式の貸借対照表価額は，時価による方法を適用して算定しなければならない。

問題 6-6 ------------------------------------ ★★★

時価のある有価証券は，子会社株式および関連会社株式を除き，すべて時価基準を適用して貸借対照表価額を算定する。

問題 6-7 ------------------------------------ ★★★

満期保有目的の他社の社債を額面より低い価額で購入した場合には，毎期末に，額面額との差額について償却原価法によって評価しなければならない。

問題 6-8 ------------------------------------ ★★★

その他有価証券の貸借対照表価額は時価で評価し，評価差額をすべて純資産の部に直入する。

6−4 ••••••••••••••••••••••••••

　手形金額と割引額との差額は，期間配分せずに手形売却損として営業外費用に計上する。

　　　　　　　　　　　　「金融商品に関する会計基準　11」

　手形金額と割引額との差額である「割引料」は，利息的な性格をもっているが，金融商品に関する会計基準では，金融資産の譲渡として捉えるため，期間配分せずに当期の損益として処理することとしている。

 6−5 ••••••••••••••••••••••••••

　子会社株式および関連会社株式は，原則として取得原価をもって貸借対照表価額としなければならない。

　　　　　　　　　　　　「金融商品に関する会計基準　17」

 6−6 ••••••••••••••••••••••••••

　満期保有目的の債券は，取得原価または償却原価により評価される。

　　　　　　　　　　　　「金融商品に関する会計基準　16」

 6−7 ••••••••••••••••••••••••••

　償却原価法が適用されるのは，取得差額が金利調整差額と認められる場合である。

　　　　　　　　　　　　「金融商品に関する会計基準　16」

 6−8 ••••••••••••••••••••••••••

　部分純資産直入法によった場合には，時価が取得原価を下回る評価差額は，当期の損失として処理する。

　　　　　　　　　　　　「金融商品に関する会計基準　18」

その他有価証券の評価差額金の処理は，洗い替え法を原則とするが，切り放し法によることも認められる。

その他有価証券は，時価をもって貸借対照表価額とし，評価差額は切り放し方式にもとづき，全部純資産直入法または部分純資産直入法のいずれかにより処理する。なお，純資産の部に計上されるその他有価証券の評価差額については，税効果を考慮して計上しなければならない。

その他有価証券の評価差額金の処理は，全部純資産直入法と部分純資産直入法のいずれかの方法によるが，いずれの方法においても税効果会計を採用しなければならない。

子会社株式は取得原価をもって貸借対照表価額とするが，時価が著しく下落したときは，一定の条件の下に時価によって評価することが要求される。

時価のある株式については，その株式の実質価額が著しく低下したときは，相当の減額をしなければならない。

 **6-9** •••••••••••••••••••••••••• ✕

その他有価証券の評価差額は洗い替え法により処理
する。　　　　　　　「金融商品に関する会計基準　18」

 **6-10** •••••••••••••••••••••• ✕

その他有価証券の評価差額は洗い替え方式により処
理する。　　　　　「金融商品に関する会計基準　18」

 **6-11** •••••••••••••••••••••••••• ○

「金融商品に関する会計基準　18」

 **6-12** •••••••••••••••••••••••• ○

「金融商品に関する会計基準　20」

 **6-13** •••••••••••••••••••••••• ✕

実価法が適用されるのは，市場価格のない株式であ
る。　　　　　　　「金融商品に関する会計基準　21」

6

金銭債権・有価証券

問題 6-14 ━━━━━━━━━━━━━━━━━━━━━━━ ★★★

　市場価格のない株式については，発行会社の財務状態の悪化により実質価額が著しく低下したときは，相当の減額をなし，評価差額は当期の損失として処理しなければならないが，この場合には，当該実質価額を翌期首の取得原価とする。

問題 6-15 ━━━━━━━━━━━━━━━━━━━━━━━ ★☆☆

　A社がB社の発行済株式総数の60％に相当する株式を所有し，さらにA社とB社がそれぞれC社の発行済株式総数の30％に相当する株式を所有している場合において，もしもC社の株式が市場価格のある株式であれば，A社は，C社の株式を時価で評価する。

問題 6-16 ━━━━━━━━━━━━━━━━━━━━━━━ ★☆☆

　A社はB社の議決権のある株式を43％保有しており，A社以外の株主の保有はいずれも5％未満である。B社取締役7名のうち，1名はA社の現在の役員であり，3名は元役員であり，B社の財務および営業または事業の方針決定に影響を与えることができる立場にある。この場合，B社はA社の子会社となる。

問題 6-17 ━━━━━━━━━━━━━━━━━━━━━━━ ★☆☆

　B社の取締役10名のうち6名はA社の取締役または部長であるが，A社はB社の議決権の所有割合が50％以下であるため，B社はA社の子会社にはならない。

6-14 ●●●●●●●●●●●●●●●●●●●●●●●● ○

「金融商品に関する会計基準　21，22」

 **6-15** ●●●●●●●●●●●●●●●●●●●●● ✕

　C社はA社の子会社に該当するため，A社はC社の株式を取得原価で評価する。

「連結財務諸表に関する会計基準　6」，
「金融商品に関する会計基準　17」

 6-16 ●●●●●●●●●●●●●●●●●●●●●●●● ○

「連結財務諸表に関する会計基準　7」

 6-17 ●●●●●●●●●●●●●●●●●●●●●●● ✕

　A社がB社の議決権の40％以上を所有していれば，A社の取締役または部長がB社の取締役の過半数を占めているので，B社はA社の子会社になる。

「連結財務諸表に関する会計基準　7」

問題 6-18 ------------------------------ ★★☆

出資金は，原則として取得原価にもとづいて評価するが，当該会社の財政状態が著しく悪化したときは，相当の減額をしなければならない。

問題 6-19 ------------------------------ ★★☆

損益計算書において，投資その他の資産に属する有価証券の売却損益は原則として特別損益として表示するが，投資その他の資産に属する有価証券であっても，市場価格のあるもの（子会社株式および関連会社株式を除く）について計上された評価損は，原則として営業外費用として計上しなければならない。

問題 6-20 ------------------------------ ★★☆

新株予約権付社債を購入した場合には，その取得原価を社債の対価部分と新株予約権の対価部分とに区分して処理しなければならない。

問題 6-21 ------------------------------ ★★☆

新株予約権付社債の取得者側においては，一定の方法により，新株予約権付社債の取得原価を社債の対価部分と新株予約権の対価部分とに区別する。

6-18 ●●●●●●●●●●●●●●●●●●●●●●●● ○

出資金の評価は，市場価格のない株式に準じて処理する。

6-19 ●●●●●●●●●●●●●●●●●●●●●●●● ○

投資その他の資産に属する有価証券であっても，時価法（部分純資産直入法）を適用した場合の評価損は，原則として営業外費用に計上される。

6-20 ●●●●●●●●●●●●●●●●●●●●●●● ✕

転換社債型の新株予約権付社債の場合には，一括法により処理する。　「金融商品に関する会計基準　37」

6-21 ●●●●●●●●●●●●●●●●●●●●●●● ✕

転換社債型の新株予約権付社債の場合には，一括法により処理するため区別しない。

「金融商品に関する会計基準　37」

6-22 -------------------------- ★★☆

　転換社債型新株予約権付社債をその他有価証券として
取得した時は，一括法で処理しなければならないが，転
換社債型以外の新株予約権付社債をその他有価証券とし
て取得したときは，一括法または区分法のいずれかで処
理することとされている。

問題 **6-23** -------------------------- ★☆☆

　満期保有目的の債券への分類は，その取得当初の意図
にもとづくものであり，売買目的で取得した債券を，取
得後に満期保有目的の債券へ振り替えることは認められ
ない。

6-22 ●●●●●●●●●●●●●●●●●●●●●● ✕

　転換社債型以外の新株予約権付社債をその他有価証券として取得したときは，区分法で処理する。

「金融商品に関する会計基準　39」

 6-23 ●●●●●●●●●●●●●●●●●●●●●● ○

「金融商品会計に関する実務指針　82」

有形固定資産・リース取引

次の文章について，正しいものには○を，誤っている
ものには×を記入しなさい。

問題 7-1 ------------------------- ★★★

土地を取得しそれを利用可能とするために支出した整
地のための費用は，営業のための費用であるから販売費
及び一般管理費とする。

問題 7-2 ------------------------- ★★★

有形固定資産取得に要した付随費用は，正当な理由が
あれば，その一部または全部を取得原価に算入しないこ
とができる。

問題 7-3 ------------------------- ★★☆

固定資産の購入にさいして，付随費用の一部または全
部を取得原価に算入しないことも認められるが，購入に
さいして受けた値引・割戻は，取得原価から控除する。

問題 7-4 ------------------------- ★☆☆

支払利息は原則として費用処理されるが，固定資産を
自家建設するために借入れたことが明確な資金の利息は
すべて，当該固定資産の原価に算入することが認められ
ている。

7-1 ••••••••••••••••••••••••

　整地のための費用は付随費用であり，土地の取得原
価に含められる。　　　　　「連続意見書第三　第一・四」

 7-2 ••••••••••••••••••••••••

　「連続意見書第三　第一・四」，「企業会計原則注解 【注1】」

 7-3 •••••••••••••••••••••••• ○

　「連続意見書第三　第一・四」

 7-4 ••••••••••••••••••••••••

　固定資産の取得原価に算入できるのは，稼働前の期
間に属するものだけである。

　　　　　　　　　　　「連続意見書第三　第一・四」

問題 7-5 ------------------------- ★☆☆

建物を自家建設した場合に，その建物の建設に必要な資金を借り入れた利子のうち，稼働前の期間に属するものは，取得原価に算入しなければならない。

問題 7-6 ------------------------- ★★☆

市場性ある有価証券と交換に機械を取得した場合，当該機械の評価額は引渡した有価証券の適正な簿価による。

問題 7-7 ------------------------- ★☆☆

減価償却済みの機械装置も除却されるまでは，残存価額または備忘価額で記載しなければならない。

問題 7-8 ------------------------- ★★★

国庫補助金等によって取得した資産を貸借対照表に表示する場合は，取得原価から国庫補助金等に相当する金額を控除した残額のみを記載し，当該国庫補助金等の金額を注記する方法も容認されている。

問題 7-9 ------------------------- ★★☆

減価償却資産を圧縮記帳する場合，直接圧縮方式で処理しても，積立金方式で処理しても，毎期の当期純利益は同額となる。

 **7−5** ●●●●●●●●●●●●●●●●●●●●●●●● ✕

　利子を取得原価に算入することは任意であり，強制
されない。　　　　　　　　「連続意見書第三　第一・四」

 **7−6** ●●●●●●●●●●●●●●●●●●●●●● ✕

　機械の評価額は，引渡した有価証券の時価によらな
ければならない。　　　　　「連続意見書第三　第一・四」

 7−7 ●●●●●●●●●●●●●●●●●●●●●●●● ○

「貸借対照表原則　五・D」

 7−8 ●●●●●●●●●●●●●●●●●●●●●● ○

「企業会計原則注解　【注24】」

 7−9 ●●●●●●●●●●●●●●●●●●●●●● ✕

　積立金方式で処理した場合には，圧縮損が計上され
ず，また，毎期の減価償却額も異なるため，毎期の当
期純利益は異なる。

7

有形固定資産・リース取引

有形固定資産の減価償却累計額は，その有形固定資産が属する科目ごとに控除する形式で表示することを原則とするが，2以上の科目について減価償却累計額を一括して控除する方法又は減価償却累計額を控除した残額のみを記載し，当該減価償却累計額を注記する方法によることもできる。

減価償却は，固定資産の貸借対照表価額決定の問題であると同時に損益計算の問題である。すなわち減価償却は，減価償却累計額の繰入れを通じて貸借対照表価額に関係するとともに，減価償却費の計上を通じて損益計算に関係するのである。

生産高を配分基準として減価償却費を計算する場合には，固定資産の耐用年数は必要ない。

生産高比例法は，期間を配分基準とする方法と異なり，生産高（利用高）に比例して償却する方法なので，航空機・自動車・埋蔵資源・山林等に適用される方法である。

7-10 •••••••••••••••••••••••• ◯

「企業会計原則注解 【注17】」

 7-11 •••••••••••••••••••••••• ◯

「連続意見書第三　第二・二」

 7-12 •••••••••••••••••••••••• ◯

「連続意見書第三　第一・五」

 7-13 •••••••••••••••••••••••• ✕

　埋蔵資源・山林等に適用される減耗償却は，減価償
却とは異なる費用配分方法である。

「連続意見書第三　第一・六」

問題 7-14 - ★☆☆

固定資産に対する減価償却を定率法によると，減価償却費は年々減少していくが，級数法によった場合には，徐々に増加していく傾向がある。

問題 7-15 - ★☆☆

固定資産の減価償却について総合償却を用いている場合には，個々の資産の未償却残高は明らかでないから，もしも平均耐用年数が到来する前に除却される資産がある場合には，その除却損失は計上されない。

問題 7-16 - ★★☆

同種の物品が多数集まって一つの全体を構成し，老朽品の部分的取替えを繰返すことにより全体が維持されるような固定資産については，部分的取替えに要する費用を収益的支出として処理する方法を採用することができる。

問題 7-17 - ★★☆

取替法では，取替資産の構成部分を取替えたとき，その，取替えに要した支出を費用として計上しなければならない。

問題 7-18 - ★★☆

取替法とは，取替資産に適用される特殊な減価償却法である。

 **7-14** ●●●●●●●●●●●●●●●●●●●●●●● ✕

級数法は，毎期一定の額を算術級数的に逓減した減価償却費を計上する方法であり，減価償却費は，徐々に減少していく。 **「企業会計原則注解 【注20】」**

7-15 ●●●●●●●●●●●●●●●●●●●●●●●

「連続意見書第三　第一・十」

7-16 ●●●●●●●●●●●●●●●●●●●●●●●

「企業会計原則注解 【注20】」

7-17 ●●●●●●●●●●●●●●●●●●●●●●●

「企業会計原則注解 【注20】」

7-18 ●●●●●●●●●●●●●●●●●●●●●●●

取替法は，減価償却とは異なる費用配分の方法である。 **「連続意見書第三　第一・七」**

問題 7-19 -------------------------- ★★☆

　資本的支出として処理すべき支出を収益的支出として処理した場合には，当期の利益は，その分だけ大きくなる。

問題 7-20 -------------------------- ★☆☆

　減価償却と区別される費用配分方法に，森林等の枯渇性資産に適用される総合償却がある。

問題 7-21 -------------------------- ★★☆

　減耗償却は，採取されるにつれて漸次減耗し枯渇する減耗性資産に対して適用される方法であり，減価償却とは異なる別個の費用配分方法であるが，手続的には生産高比例法と同じである。

問題 7-22 -------------------------- ★★★

　減損の兆候がある資産または資産グループについての減損損失を認識するかどうかの判定は，資産または資産グループから得られる割引前将来キャッシュ・フローの総額と帳簿価額を比較することによって行う。

7-19 ●●●●●●●●●●●●●●●●●●●●●●●●

　資本的支出として処理すべき金額を収益的支出として処理した場合には，当期の利益は，その分だけ小さくなる。

　（資本的支出とは，資産の取得原価に算入すべき支出であり，収益的支出とは，当期の費用として処理すべき支出である。）

 **7-20** ●●●●●●●●●●●●●●●●●●●●●●

　森林等の枯渇性資産に適用されるのは，減耗償却である。　　　　　　　　　　「連続意見書第三　第一・六」

 7-21 ●●●●●●●●●●●●●●●●●●●●●●●

「連続意見書第三　第一・六」

 7-22 ●●●●●●●●●●●●●●●●●●●●●●

「固定資産の減損に係る会計基準　二・2」

問題 7-23 -------------------------- ★★★

　減損の兆候のある資産または資産グループについての減損損失を認識するかどうかの判定は，資産または資産グループから得られる割引後将来キャッシュ・フローの総額と帳簿価額を比較することによって行う。

問題 7-24 -------------------------- ★★★

　固定資産の減損損失は，帳簿価額とこれを下回る回収可能価額との差額として測定されるが，回収可能価額は，使用価値と正味売却価額のうちいずれか低い方の価額とされる。

問題 7-25 -------------------------- ★★☆

　減損会計を適用した結果として，ある資産又は資産グループに関して減損損失を計上した後で，適用対象となった資産又は資産グループの回収可能価額が回復した場合，取得原価又は減損損失を計上しなかった場合の償却後原価までであれば，減損損失の戻入れを行う。

問題 7-26 -------------------------- ★★★

　店舗の減損損失は，店舗使用の費用として販売費及び一般管理費の区分に計上される。

7-23 ✕

割引後将来キャッシュ・フローではなく，割引前将来キャッシュ・フローの総額と帳簿価額とを比較する。
「固定資産の減損に係る会計基準　二・2」

7-24 ✕

回収可能価額は，使用価値と正味売却価額のうち，いずれか高い方の価額である。
「固定資産の減損に係る会計基準注解　（注1）」

7-25 ✕

減損損失の戻入れは行わない。
「固定資産の減損に係る会計基準　三・2」

7-26 ✕

減損損失は，原則として，特別損失の区分に計上する。
「固定資産の減損に係る会計基準　四・2」

問題 7-27 ------------------------ ★★☆

　減損損失を認識するかどうかの判定に際して見積られる将来キャッシュ・フローおよび使用価値の算定において見積られる将来キャッシュ・フローは，企業の固有の事情を反映した合理的で説明可能な仮定および予測にもとづいて見積る。

問題 7-28 ------------------------ ★★☆

　資産除去債務は，有形固定資産の除去に要する割引前の将来キャッシュ・フローを見積り，割引率を用いて割引現在価値で算定する。この場合，リスクは，割引率に含めて計算する。

問題 7-29 ------------------------ ★★☆

　資産の取得にさいして計上された資産除去債務に対応する除去費用にかかる費用配分額は，損益計算書上，当該資産除去債務に関連する有形固定資産の減価償却費と同じ区分に含めて計上しなければならない。また，時の経過による資産除去債務の調整額についても，損益計算書上，当該資産除去債務に関連する有形固定資産の減価償却費と同じ区分に含めて計上しなければならない。

問題 7-30 ------------------------ ★☆☆

　資産除去債務の「引当金処理」は，除去費用が対象となる固定資産の使用に応じて各期間に費用配分されるという点で，「資産負債の両建処理」と同様であり，債務の負債計上額も同額となる。

7-27 ●●●●●●●●●●●●●●●●●●●●●●●●● ○

「固定資産の減損に係る会計基準　二・4」

 **7-28** ●●●●●●●●●●●●●●●●●●●●●●● ✕

リスクは，割引前の将来キャッシュ・フローの見積り額の計算に反映させ，割引率は無リスクの税引前の利率とする。　「資産除去債務に関する会計基準　6」

 **7-29** ●●●●●●●●●●●●●●●●●●●●●● ○

「資産除去債務に関する会計基準　13，14」

 **7-30** ●●●●●●●●●●●●●●●●●●●●●●● ✕

引当金処理では，費用計上のつど負債計上されるが，資産負債の両建処理では発生時に一括して負債計上される。

問題 7-31 ----------------------------- ★★★

　ファイナンス・リース取引については，借手側，貸手側ともに，通常の売買取引に係る方法に準じて会計処理を行う。

問題 7-32 ----------------------------- ★★★

　所有権移転外ファイナンス・リース取引において，借手側で資産計上している場合には，当該リース資産に係る減価償却費は，その経済的使用可能期間を耐用年数として，残存価額を0として算定しなければならない。

問題 7-33 ----------------------------- ★★☆

　所有権移転外ファイナンス・リース取引によってリースした資産の取得原価は，貸手の購入価額とリース資産の見積現金購入価額とのいずれか低い方の価額である。ただし，貸手の購入価額を知り得ない場合には，リース資産の見積現金購入価額とリース料総額の現在価値とのいずれか低い方とする。

問題 7-34 ----------------------------- ★★☆

　ファイナンス・リース取引の借手（レッシー）は，通常の売買取引に係る方法に準じた会計処理により，リース物件とこれに係る債務をリース投資資産およびリース債務として計上する。

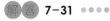 **7-31** ••••••••••••••••••••••

「リース取引に関する会計基準　9」

 **7-32** ••••••••••••••••••••••

　所有権移転外ファイナンス・リース取引においては，経済的使用可能期間ではなく，リース期間を耐用年数として減価償却費を計上する。

「リース取引に関する会計基準　12」

 **7-33** ••••••••••••••••••••••

　リースした資産の取得原価は，貸手の購入価額とリース料総額の現在価値とのいずれか低い方の価額とする。

「リース取引に関する会計基準の適用方針　22」

 **7-34** ••••••••••••••••••••••

　借手は，リース物件をリース投資資産ではなく，リース資産として計上する。

「リース取引に関する会計基準　10」

7-35 ------------------------- ★★☆

　貸手は，リース取引開始日に，通常の売買取引に係る方法に準じた会計処理により，所有権移転ファイナンス・リース取引についてはリース債権として，所有権移転外ファイナンス・リース取引についてはリース投資資産として計上する。

 7-36 ------------------------- ★★★

　オペレーティング・リース取引を行った場合には，原則として通常の売買取引の場合と同じような会計処理を行う。

7−35 ●●●●●●●●●●●●●●●●●●●●●●●●●●

「リース取引に関する会計基準　13」

 7−36 ●●●●●●●●●●●●●●●●●●●●●●●●●●

オペレーティング・リース取引を行った場合には，
通常の賃貸借取引の場合と同じような会計処理を行う。
「リース取引に関する会計基準　15」

7

有形固定資産・リース取引

無形固定資産・繰延資産・研究開発費等

次の文章について，正しいものには○を，誤っている
ものには×を記入しなさい。

問題 8-1 ------------------------ ★★☆

有形固定資産の減価償却累計額は，原則として該当す
る資産の取得原価から控除形式で貸借対照表に記載され
るが，無形固定資産については，減価償却累計額を控除
した未償却残高を貸借対照表に記載する。

問題 8-2 ------------------------ ★★☆

将来の期間に影響する特定の費用は，いまだ提供され
ていない役務に対し支払われた対価であるので，次期以
降の期間に配分して処理するため，貸借対照表の資産の
部に計上しなければならない。

問題 8-3 ------------------------ ★★★

将来の期間に影響する特定の費用は，次期以後の期間
に配分して処理するため，経過的に貸借対照表の負債の
部に記載することができる。

問題 8-4 ------------------------ ★★★

将来の期間に影響する特定の費用は，次期以後の期間
に配分するため，経過的に貸借対照表の資産の部に記載
しなくてはならない。

8-1 •••••••••••••••••••••••• ◯

「貸借対照表原則　五・D，五・E」

無形固定資産・繰延資産・研究開発費等

 8-2 •••••••••••••••••••••••• ✕

　　将来の期間に影響する特定の費用は，すでに役務の
提供を受けたものに対し支払われた対価である。
　　　　　　　　　　「企業会計原則注解　【注15】」

 8-3 •••••••••••••••••••••••• ✕

　　将来の期間に影響する特定の費用を繰延べる場合に
は，資産の部に記載される。
「貸借対照表原則　一・D」，「企業会計原則注解　【注15】」

 8-4 •••••••••••••••••••••••• ✕

　　将来の期間に影響する特定の費用を繰延べることは，
任意であり，強制されない。
「貸借対照表原則　一・D」，「企業会計原則注解　【注15】」

問題 8-5 -------------------------------- ★★☆

新製品または新技術の研究，新技術または新経営組織の採用，資源の開発および市場の開拓のために特別に支出した額は，これを貸借対照表の資産の部に計上することができる。

問題 8-6 -------------------------------- ★★☆

東京工業株式会社は，当期中に，新しい製品についてその販売市場を開発するために特別の支出を行った。この支出は，すべて当期の特別の費用として処理しなければならない。

問題 8-7 -------------------------------- ★★★

株式交付費には，新株の発行にともなう費用のみならず，自己株式の処分にかかる費用も含まれる。

問題 8-8 -------------------------------- ★★☆

特定の研究開発目的のみに使用され，他の目的に使用できない機械装置を取得した場合の原価は，取得時の研究開発費として，すべてその年度の費用に計上しなければならない。

問題 8-9 -------------------------------- ★★★

研究開発費を費用として処理する方法には，一般管理費として処理する方法と当期製造費用として処理する方法とがある。

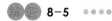 **8-5**

　研究開発費に該当する金額は，発生時に費用として処理しなければならない。

　　　　　　　　　「研究開発費等に係る会計基準　三」

 8-6

　販売市場を開発するための特別な支出（開発費）は，繰延資産として計上することも認められる。

　「繰延資産の会計処理に関する当面の取扱い　3・(5)」

 8-7

　「繰延資産の会計処理に関する当面の取扱い　3・(1)」

 8-8

　「研究開発費等に係る会計基準注解　（注1）」

8-9

　「研究開発費等に係る会計基準注解　（注2）」

問題 8-10 ------------------------------- ★★★

ソフトウェアの制作費のうち研究開発費に該当する部分は，研究開発費とされ，すべて当期の期間費用となる。

問題 8-11 ------------------------------- ★★★

当期に発生した研究開発費は，当期製造費用または一般管理費として処理されるが，当期の期間費用となるとは限らない。

問題 8-12 ------------------------------- ★★★

受注制作のソフトウェアの制作費は，請負工事の会計処理に準じて処理する。

問題 8-13 ------------------------------- ★★★

市場販売目的のソフトウェアである製品マスターの制作費は，棚卸資産に計上しなければならない。

問題 8-14 ------------------------------- ★★★

市場販売目的のソフトウェアを製作するための製品マスターの制作原価で無形固定資産として計上されたものの償却は，定額法による。

8−10 ●●●●●●●●●●●●●●●●●●●●●●●●●●●● ☒

当期製造費用として処理した場合には，期末棚卸高として次期以降に繰越されることもある。

「研究開発費等に係る会計基準注解 （注2）」

8−11 ●●●●●●●●●●●●●●●●●●●●●●●●●●●● ◯

「研究開発費等に係る会計基準注解 （注2）」

8−12 ●●●●●●●●●●●●●●●●●●●●●●●●●●●● ◯

「研究開発費等に係る会計基準 四・1」

8−13 ●●●●●●●●●●●●●●●●●●●●●●●●●●●● ☒

ソフトウェアの制作費を資産として計上する場合には，棚卸資産ではなく，無形固定資産に計上しなければならない。「研究開発費等に係る会計基準 四・4」

8−14 ●●●●●●●●●●●●●●●●●●●●●●●●●●●● ☒

市場販売目的のソフトウェアの償却は，見込販売数量にもとづく償却方法その他合理的な方法による。

「研究開発費等に係る会計基準 四・5」

問題 8-15 ------------------------- ★★★

　自社利用のソフトウェアについて，外部業者に業務処理等のサービスを提供する契約が締結されていることにより，将来の収益獲得が確実であると認められる場合，その制作費をソフトウェアとし，無形固定資産の区分に表示しなければならない。

問題 8-16 ------------------------- ★★☆

　市場販売目的のソフトウェアを資産として計上する場合には，無形固定資産の区分に計上し，その取得原価は見込販売数量にもとづく償却方法で償却しなければならない。したがって，毎期の償却額は，残存有効期間にもとづく均等配分額を下回ることも認められる。

問題 8-17 ------------------------- ★★☆

　無形固定資産の費用配分手続きを減価償却という。これは法律等によって保護されている期間を限度として毎年一定額ずつ費用処理するものであるが，無形固定資産の中でもソフトウェアについては生産高に基づく償却方法その他の合理的な方法によって費用配分する。

8-15 ••••••••••••••••••••

「研究開発費等に係る会計基準　四・3」

 8-16 •••••••••••••••••••••• ✕

　毎期の償却額は，残存有効期間にもとづく均等配分額を下回ってはならない。

「研究開発費等に係る会計基準　四・5」

 8-17 •••••••••••••••••••••• ✕

　ソフトウェアについては見込販売数量に基づく償却方法その他の合理的な方法によって費用配分する。

「研究開発費等に係る会計基準　四・5」

次の文章について，正しいものには○を，誤っている
ものには×を記入しなさい。

問題 9-1 ------------------------------ ★★☆

当期中に販売した製品に対する保証費用は，消費の事
実はないが，費用収益対応の原則を適用して，その見積
額を製品保証引当金として計上しなければならない。

問題 9-2 ------------------------------ ★★★

将来の特定の費用または損失であって，その発生が当
期以前の事象に起因し，発生の可能性が高く，かつ，金
額を合理的に見積ることができる場合であっても，重要
性の乏しいものについては，引当金を計上しないことが
できる。

問題 9-3 ------------------------------ ★★★

発生の可能性の低い偶発事象に係る費用または損失に
ついては，引当金を計上することはできない。

問題 9-4 ------------------------------ ★★★

会社は事務所建物につき，火災保険をつける代わりに，
火災が発生したときに生ずる損失に備えて，毎年保険料
に相当する金額を引当金に繰入れることも認められる。

9-1 ••••••••••••••••••••••••

引当金の設定論拠としては，費用収益対応の原則，
保守主義の原則などがあげられる。

「企業会計原則注解 【注18】」

 9-2 ••••••••••••••••••••••••

「企業会計原則注解 【注1】，【注18】」

 9-3 ••••••••••••••••••••••••

「企業会計原則注解 【注18】」

 9-4 ••••••••••••••••••••••••

発生の可能性の低い偶発事象に対して引当金を設定
することは認められない。

「企業会計原則注解 【注18】」

問題 9-5 -------------------------------- ★★☆

　取引銀行の依頼により，他の会社のために債務保証をしている場合には，その発生の可能性が高くなくても引当金を設定すべきであるという意見は妥当であるとはいえない。

問題 9-6 -------------------------------- ★★☆

　引当金は，将来の特定の費用または損失に対して設定されるものであるから，例えば将来の記念事業のための支出に備える目的で引当金を設定することはできない。ただし，この支出に備えるため，任意積立金を積立て，その額を貸借対照表の純資産の部に表示することは認められる。

問題 9-7 -------------------------------- ★★★

　期末後に開催される株主総会の決定事項となる，当該事業年度の職務に係る役員賞与は，当該支給が株主総会の決議が前提となるので，費用計上せず，繰越利益剰余金から控除する。

問題 9-8 -------------------------------- ★★☆

　退職給付債務の計算にあたっては，退職時に見込まれる退職給付の総額を一定の割引率によって残存勤務期間にわたって割引かなければならない。

 **9-5** ○

　債務保証は，発生の可能性が低い場合には，引当金を設定せずに，貸借対照表に注記するだけである。

「企業会計原則注解　【注18】」，
「貸借対照表原則　一・C」

 **9-6** ○

　将来の記念事業のための支出は，引当金の設定条件を満たしているとはいえず，引当金を設定することはできないが，任意積立金の積立ては，企業の任意であり，自由に積立てることができる。

「企業会計原則注解　【注18】」

 **9-7** ×

**　役員賞与は，発生した会計期間の費用として処理する。**

「役員賞与に関する会計基準　3」

　なお，金額が未確定の場合には，「役員賞与引当金」を設定し，金額が確定している場合には，「未払役員報酬等」を計上する。

 **9-8** ×

　退職時に見込まれる退職給付の総額のうち，期末までに発生していると認められる額を割引いて計算する。

「退職給付に関する会計基準　6，16」

問題 9-9 ------------------------- ★★☆

未認識過去勤務費用とは，退職給付水準の改訂等に起因した退職給付債務の増加または減少部分のうち費用処理されていないものをいう。

問題 9-10 ------------------------- ★★☆

退職給付会計において，過去勤務費用および数理計算上の差異は，原則として，各期の発生額について平均残存勤務期間以内の一定の年数で按分した額を毎期費用処理しなければならない。

問題 9-11 ------------------------- ★★☆

退職給付債務は退職給付見込額のうち退職時までに発生していると認められる額を一定の割引率および残存勤務期間にもとづき割り引いて計算する。

問題 9-12 ------------------------- ★★☆

臨時に支給される退職給付であってあらかじめ予測できないもの及び退職給付債務の計算にあたって考慮されていたもの以外の退職給付の支給は，必ずしも支給時の属する期間の労働に対する退職給付金分であるとは限らないが，その期の退職給付費用として処理される。

9-9 ●●●●●●●●●●●●●●●●●●●●●●●●●

「退職給付に関する会計基準　12」

 **9-10** ●●●●●●●●●●●●●●●●●●●●●●●●●

「退職給付に関する会計基準　24，25」

 9-11 ●●●●●●●●●●●●●●●●●●●●●●●●●

退職給付債務は，退職給付見込額のうち，期末まで
に発生していると認められる額を割り引いて計算する。
　　　　　　　　「退職給付に関する会計基準　16」

 9-12 ●●●●●●●●●●●●●●●●●●●●●●●●●

「退職給付に関する会計基準　（注2）」

9

引当金・社債

問題 9-13 ------------------------- ★★☆

　社債を発行した場合，その払込金額が社債金額より低いとき，当該価額をもって貸借対照表に記載する。この場合においては，その差額に相当する金額を償還期に至るまで毎期一定の方法で逐次貸借対照表の金額に加算しなければならない。

問題 9-14 ------------------------- ★★☆

　「金融商品に関する会計基準」により，時価のある社債は時価に評価替えされ，時価と債務額との差額は当期の損益とされることとなった。

問題 9-15 ------------------------- ★★★

　社債の貸借対照表価額は，社債金額とし，社債を社債金額より高い価額で発行した場合には，当該差額を負債として計上し，償還期に至るまで毎期一定の方法で償却しなければならない。

問題 9-16 ------------------------- ★★☆

　社債を社債金額よりも低い価額または高い価額で発行した場合など，収入に基づく金額と債務額とが異なる場合には，償却原価法に基づいて算定された価額をもって貸借対照表価額とするが，この場合の加減額は独立の営業外収益・費用項目として処理する。

9-13 ●●●●●●●●●●●●●●●●●●●●●●●● ○

　「金融商品に関する会計基準　26」

 9-14 ●●●●●●●●●●●●●●●●●●●●●●● ×

　自社が発行した社債は，債務額または償却原価にもとづいて評価され，時価で評価することは認められない。　　　　　　「金融商品に関する会計基準　26」

 9-15 ●●●●●●●●●●●●●●●●●●●●●●● ×

　社債を社債金額より高い価額で発行した場合には，払込金額を社債の貸借対照表価額とし，償却原価法を適用する。　　　　「金融商品に関する会計基準　26」

 9-16 ●●●●●●●●●●●●●●●●●●●●●●● ×

　社債に償却原価法を適用した場合の加減額（償却額）は，支払利息（社債利息）に含めて処理する。
　　　　　　　「金融商品に関する会計基準（注5）」

9-17 - ★★☆

新株予約権付社債を発行した際の会計処理は，代用払込が認められる社債の場合には区分法により，代用払込の請求があったとみなされる社債の場合には一括法によることとされている。

9-17 ●●●●●●●●●●●●●●●●●●●●●●●●●

　代用払込の請求があったとみなされる社債（転換社債型新株予約権付社債）の場合には，区分法または一括法のいずれかにより処理する。

「金融商品に関する会計基準　36」

9

引当金・社債

·········· 純資産（資本）··········

　次の文章について，正しいものには○を，誤っている
ものには×を記入しなさい。

問題 10-1 ------------------------ ★★☆

　申込期日経過後における新株式申込証拠金は，資本金
の次，資本剰余金の前に別に区分を設け，新株式申込証
拠金の科目をもって掲記しなければならない。

問題 10-2 ------------------------ ★★☆

　会社法上の準備金とは，資本準備金と利益準備金であ
る。

問題 10-3 ------------------------ ★★★

　純資産の部のうち株主資本は，資本金，資本剰余金お
よび利益剰余金に分類して記載しなければならない。

問題 10-4 ------------------------ ★★★

　株式会社は，資本準備金の額と利益準備金の額をあわ
せて資本金の4分の1に達するまで，剰余金の配当によ
り減少する剰余金の額の10分の1を資本準備金または利
益準備金として積立てなければならない。

10-1 ••••••••••••••••••••••••

「財務諸表等規則　第62条」

 10-2 ••••••••••••••••••••••••

　会社法で積立てが強制されている，資本準備金と利
益準備金の2つをあわせて準備金という。

「会社法　第445条」

 10-3 ••••••••••••••••••••••••

「貸借対照表の純資産の部の表示に関する会計基準　5」

 10-4 ••••••••••••••••••••••••

「会社法　第445条」，「会社計算規則　第22条」

自己株式処分差益は，その他資本剰余金であるから，配当することはできない。

株主資本等変動計算書において，剰余金の配当はすべて繰越利益剰余金の減少項目として計上される。

剰余金の配当を行う場合，会社法に規定されている正規の減資手続きを取れば，資本金さえも配当の財源とすることができるが，配当計算上は，最低１千万円の純資産額を維持しなければならない。

新株式申込証拠金は資本金の次に別に区分を設け掲記し，株式の消却のために取得した自己株式も，資本金のマイナス項目として資本金の次に別に区分を設け掲記する。

自己株式の取得に係る付随費用は取得原価となる。

10-5 ●●●●●●●●●●●●●●●●●●●●●●●●●●

　その他資本剰余金から配当することも認められてい
る。　　　　　　　　　　　　　　　　「会社法　第461条」

（会社法では，その他資本剰余金も分配可能額の算定
の基礎となる剰余金としているため，配当可能である。）

 10-6 ●●●●●●●●●●●●●●●●●●●●●●●●

　その他資本剰余金から配当した場合には，その他資
本剰余金の減少項目として計上される。

　　　　　　　　　　　　　　　　　「会社法　第461条」

 10-7 ●●●●●●●●●●●●●●●●●●●●●●●●

　配当計算上は，最低3百万円の純資産額を維持しな
ければならない。　　　　　　　　　「会社法　第458条」

 10-8 ●●●●●●●●●●●●●●●●●●●●●●●●

　自己株式は，純資産の部の株主資本から控除する形
式で表示するが，資本金の次ではない。

　　　　　　　　　　　　　　「会社計算規則　第76条」

 **10-9** ●●●●●●●●●●●●●●●●●●●●●●●●

　自己株式の取得に係る付随費用は，損益計算書の営
業外費用とする。

「自己株式及び準備金の額の減少等に関する会計基準　14」

問題 10-10 ---------------------- ★★★

自己株式処分差益は，資本準備金にしなければならない。

問題 10-11 ---------------------- ★★★

自己株式は純資産の部の株主資本の区分の末尾に自己株式として控除する形式で表示し，自己株式処分差益はその他資本剰余金に計上するが，自己株式処分差損はその他資本剰余金から減額せずに特別損失に計上する。

問題 10-12 ---------------------- ★★☆

自己株式の本質については，資産説と資本控除説の2つがあるが，現行の会計基準は，後者の立場に立脚しており，したがって自己株式処分差益は，資本準備金として表示される。

問題 10-13 ---------------------- ★★☆

一株当たり当期純利益は，普通株式に係る当期純利益を普通株式の期中平均株式数で除して算定する。

問題 10-14 ---------------------- ★★☆

一株当たり当期純利益は，損益計算書の当期純利益を株式の期中平均株式数で除して計算しなければならない。

10-10 ●●●●●●●●●●●●●●●●●●●●●● ✕

　自己株式処分差益は，その他資本剰余金にしなければならない。

「自己株式及び準備金の額の減少等に関する会計基準　9」

 10-11 ●●●●●●●●●●●●●●●●●●●●● ✕

　自己株式処分差損は，その他資本剰余金から減額する。

「自己株式及び準備金の額の減少等に関する会計基準　10」

 10-12 ●●●●●●●●●●●●●●●●●●●●● ✕

　自己株式処分差益は，その他資本剰余金として表示される。

「自己株式及び準備金の額の減少等に関する会計基準　9」

 10-13 ●●●●●●●●●●●●●●●●●●●●●● ○

「1株当たり当期純利益に関する会計基準　12」

 10-14 ●●●●●●●●●●●●●●●●●●●●●● ✕

　一株当たり当期純利益は，普通株式に係る当期純利益を普通株式の期中平均株式数で除して算定する。

「1株当たり当期純利益に関する会計基準　12」

問題 10-15 -------------------------- ★★★

　新株予約権の権利の消滅は，その他資本剰余金の増加
となる。

新株予約権の権利の消滅は，特別利益として処理するため，その他利益剰余金の増加となる。

「払込資本を増加させる可能性のある部分を含む複合金融商品に関する会計処理　6」

10

純資産（資本）

デリバティブ取引・外貨換算会計

次の文章について，正しいものには○を，誤っている
ものには×を記入しなさい。

問題 11-1 ------------------------ ★★★

デリバティブ取引により生じる正味の債権および債務
は，時価をもって貸借対照表価額とし，評価差額は，原
則として，当期の純資産の部に計上し，当期の損益には
影響させない。

問題 11-2 ------------------------ ★★★

デリバティブ取引により生ずる正味の債権および債務
は，時価をもって貸借対照表価額とし，評価損益は，原
則として当該デリバティブ取引の終了まで繰り延べ経理
する。

問題 11-3 ------------------------ ★★★

デリバティブ取引により生ずる正味の債権および債務
は，時価をもって貸借対照表価額とし，評価差額は原則
として当期の損益として処理する。

11-1 ●●●●●●●●●●●●●●●●●●●●●●●●

　デリバティブ取引から生じた評価差額は，原則とし
て，当期の損益として処理する。

　　　　　　　　　　「金融商品に関する会計基準　25」

 11-2 ●●●●●●●●●●●●●●●●●●●●●●●●

　デリバティブ取引から生じた評価差額は，原則とし
て，当期の損益として処理する。

　　　　　　　　　　「金融商品に関する会計基準　25」

 11-3 ●●●●●●●●●●●●●●●●●●●●●●●●

「金融商品に関する会計基準　25」

問題 11-4 ------------------------------ ★☆☆

　先物取引の記録における先物取引差金は，未実現の先物利益または損失を示す貸借対照表上の項目である。

問題 11-5 ------------------------------ ★★★

　ヘッジ会計の方法には，繰延ヘッジ会計と時価ヘッジ会計の２つがあるが，原則としては，繰延ヘッジ会計を適用することとされており，この場合には，ヘッジ対象の損益を純資産の部に計上する。

問題 11-6 ------------------------------ ★★★

　外貨建取引は，原則として，当該取引発生時の為替相場による円換算額をもって記録しなければならない。

問題 11-7 ------------------------------ ★★★

　外貨建金銭債権債務の決済による損益は，原則として，当期の為替差損益として処理する。

11-4 ●●●●●●●●●●●●●●●●●●●●●●

　先物取引差金は，実現した先物利益または損失を示
す貸借対照表上の項目である。

「金融商品に関する会計基準　25」

　（実現の概念をどのように捉えるかにより，本問は解
答が異なる可能性があるが，制度上，デリバティブ取
引による正味の債権または債務は時価で評価し，評価
差額は当期の損益として計上されるのであるから，実
現していると解釈するのが妥当であると考えられる。）

 11-5 ●●●●●●●●●●●●●●●●●●●●●●

　繰延ヘッジ会計の場合には，ヘッジ手段の損益を純
資産の部に計上する。

「金融商品に関する会計基準　32」

 11-6 ●●●●●●●●●●●●●●●●●●●●●●

　「外貨建取引等会計処理基準　一・1」

 11-7 ●●●●●●●●●●●●●●●●●●●●●●

　「外貨建取引等会計処理基準　一・3」

11

デリバティブ取引・外貨換算会計

問題 11-8 ------------------------ ★★★

　外国会社発行の外貨建社債（償還期限は2年後）を満期保有目的で所有している場合には，この社債を決算時の為替相場によって円換算しなければならない。

問題 11-9 ------------------------ ★★★

　外貨建金銭債権債務の決済に伴って生じた差額は，為替換算調整勘定として貸借対照表の純資産の部に記載する。

問題 11-10 ------------------------ ★★★

　外貨建金銭債権債務の決算時における換算によって生じた換算差額は，為替決済損益のような企業に対する確定的影響ではなく，為替相場の変動による暫定的影響であるから，当期の損益とせず，貸借対照表に為替換算調整勘定として記載する。

問題 11-11 ------------------------ ★★★

　売買目的で保有する外貨建保有株式については，取引時の為替相場を付さなければならない。

 **11-8**

　外貨建の満期保有目的債券は、取得原価または償却
原価を決算時の為替相場により円換算する。なお、そ
の他有価証券として所有する場合には、外貨による時
価を決算時の為替相場により円換算する。

「外貨建取引等会計処理基準　一・2・(1)・③」

 11-9

外貨建金銭債権債務の決済に伴って生じた差額は、
為替差損益として損益計算書の営業外損益に記載する。
「外貨建取引等会計処理基準　一・3」

 **11-10**

　決算時の換算によって生じた換算差額は、原則とし
て、当期の為替差損益として損益計算書に記載する。
「外貨建取引等会計処理基準　一・2」

 **11-11**

　売買目的で保有する外貨建保有株式は、外国通貨に
よる時価を決算時の為替相場により円換算した額を付
さなければならない。
「外貨建取引等会計処理基準　一・2・(1)・③」

問題 11-12 ------------------------ ★★★

　その他有価証券として分類される外貨建株式に強制評価減を行った場合に生じた差額は，有価証券評価損と為替差損益とに分析しなければならない。

問題 11-13 ------------------------ ★★★

　外貨建金銭債権債務に償却原価法を適用する場合の償却額は，外国通貨による償却額を決算時の為替相場により円換算した額による。

問題 11-14 ------------------------ ★★★

　外貨建その他有価証券の換算では，外国通貨による取得原価を決算日の為替相場により円換算した額を付す。

問題 11-15 ------------------------ ★★☆

　外貨建取引の円換算については，その取引発生時に円換算することが要求されているが，ある特定の場合については，外貨建取引を円換算せずに取引発生時の外国通貨の額で記録することも認められる。

 **11-12**

その他有価証券として分類される外貨建株式に強制評価減を行った場合に生じた差額は，当期の有価証券の評価損として処理する。

「外貨建取引等会計処理基準　一・2・(2)」

 **11-13**

外貨建金銭債権債務に償却原価法を適用する場合の償却額は，外国通貨による償却額を期中平均相場により円換算した額による。

「外貨建取引等会計処理基準注解　注9」

 **11-14**

外貨建その他有価証券の換算では，外国通貨による時価を決算日の為替相場により円換算した額を付す。

「外貨建取引等会計処理基準　一・2」

 **11-15**

「外貨建取引等会計処理基準注解　注3」

問題 11-16 ------------------------- ★★★

　為替予約の付されている外貨建金銭債権債務に振当処理を用いた場合に生ずる為替差損益のうち，直先差額は予約日の属する期の損益として処理し，直々差額は予約日の属する期から決済日の属する期までの期間にわたって配分する。

問題 11-17 ------------------------- ★★★

　外貨建取引は，原則として，当該取引発生時の為替相場による円換算額をもって記録する。ただし，外貨建取引に係る外貨建金銭債権債務と為替予約との関係が，ヘッジ会計の要件を満たしている場合には，予約レートによる円換算額をもって当該外貨建取引を記録することができる。

問題 11-18 ------------------------- ★★★

　在外支店における外貨建取引については，原則として本店と同様に処理するので，発生時の為替相場で換算する。ただし，本支店合併財務諸表を作成する場合には，収益及び費用（収益性負債の収益化額及び費用性資産の費用化額を除く。）の換算について，決算時の為替相場によることができる。

問題 11-19 ------------------------- ★★★

　在外支店の棚卸資産に低価法を適用する場合に取得原価と比較すべき時価は，外国通貨による時価を決算時の為替相場により円換算した額による。

 **11-16**

直々差額は予約日の属する期の損益として処理し，直先差額は予約日の属する期から決済日の属する期までの期間にわたって配分する。

「外貨建取引等会計処理基準注解　注7」

 11-17

「外貨建取引等会計処理基準　一・1，同注解（注6，7）」

 **11-18**

収益及び費用の換算については，期中平均相場によることが認められている。

「外貨建取引等会計処理基準　二・1」

 11-19

「外貨建取引等会計処理基準注解　注11」

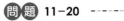 **問題 11-20** ------------------------- ★★★

　連結財務諸表の作成にあたり，在外子会社の外国通貨
で表示されている財務諸表項目のうち，収益および費用
については原則として期中平均相場による円換算額を付
するが，資産，負債および純資産に属する項目について
は，決算時の為替相場による円換算額を付する。

問題 11-21 ------------------------- ★★★

　在外支店と在外子会社の財務諸表項目の換算について
関連して発生する換算差額は，為替換算調整勘定として
貸借対照表に計上される点では同じである。

問題 11-22 ------------------------- ★★★

　連結財務諸表の作成において，在外子会社の財務諸表
項目の換算によって生じた換算差額は，貸借対照表の純
資産の部に計上しなければならない。

問題 11-23 ------------------------- ★★★

　連結財務諸表の作成または持分法の適用にあたり，外
国にある子会社または関連会社の外国通貨で表示されて
いる財務諸表項目の換算によって生じた換算差額は，当
期の為替差損益として処理する。

11-20 ••••••••••••••••••••••••

子会社株式を取得したときの純資産の項目は，取得時の為替相場による円換算額を付し，取得後に生じた資本の項目は，発生時の為替相場による円換算額を付する。 「外貨建取引等会計処理基準 三・2」

 11-21 ••••••••••••••••••••••••

在外支店の財務諸表項目の換算によって発生した換算差額は，当期の損益（為替差損益）として損益計算書に計上される。

「外貨建取引等会計処理基準 二・3」

 11-22 ••••••••••••••••••••••••

「外貨建取引等会計処理基準 三・4」

 11-23 ••••••••••••••••••••••••

在外子会社または在外関連会社の財務諸表項目の換算によって生じた換算差額は，為替換算調整勘定として，純資産の部に表示する。

「外貨建取引等会計処理基準 三・4」

11-24 ------------------------- ★☆☆

在外支店の財務諸表項目の換算において換算のパラド
クスが生じることは避けられない。

換算のパラドックスとは，換算前の当期純利益が換算後に当期純損失になること，あるいは，換算前の当期純損失が換算後に当期純利益になることをいう。換算前の損益計算書では為替差損益が計上されていないため，換算により生じた為替差損益が計上されることにより，換算後の損益計算書において損益が逆転することがある。

税効果会計

次の文章について，正しいものには○を，誤っている
ものには×を記入しなさい。

問題 12-1 -------------------------- ★★☆

事業税，法人税，法人住民税および消費税は，税効果
会計の対象となる税金である。

問題 12-2 -------------------------- ★★☆

繰延税金資産や繰延税金負債を計算する場合に用いら
れる実効税率の計算には，法人税，住民税および消費税
の税率が用いられる。

問題 12-3 -------------------------- ★★☆

税法上，交際費の損金限度額を超過する金額は，一時
差異として税効果会計の対象となる。

問題 12-4 -------------------------- ★★☆

税法上，寄付金のうち，損金に算入されない金額は，
将来減算一時差異として税効果会計の対象となる。

 **12-1**

消費税は税効果会計の対象とはならない。
「税効果会計に係る会計基準 第一」

 **12-2**

実効税率の計算には，法人税，住民税および事業税の税率が用いられる。
「税効果会計に係る会計基準 第一」

 12-3

交際費の損金限度額を超過する金額は，永久差異であり，税効果会計の対象とはならない。

 12-4 •••••••••••••••••••••••• ×

寄付金の損金不算入額は，永久差異であり，税効果会計の対象とはならない。

問題 12-5 ----------------------------- ★☆☆

繰越欠損金については，すべて税効果会計を適用する
ことができる。

問題 12-6 ----------------------------- ★★☆

繰延税金資産は，繰延資産の部に計上しなければなら
ない。

問題 12-7 ----------------------------- ★☆☆

税効果会計において適用される実効税率は，法人税・
住民税・事業税のうち，納付期限が到来した事業税が損
金算入となるため，各税率を加算したものと一致しない。

問題 12-8 ----------------------------- ★★☆

繰延税金資産または繰延税金負債の金額は，当期の税
率に基づいて計算しなければならない。

 **12-5**

　将来の課税所得と相殺することができないと認められる場合には，税効果会計を適用することはできない。

　　　　　「税効果会計に係る会計基準　第二・一・4」

（税務上，繰越欠損金を将来の課税所得と相殺できる期間に制限があるため，その期間内に課税所得と相殺することができないと予測される場合には，税効果会計を適用することはできない。）

 **12-6**

　繰延税金資産は，投資その他の資産に表示する。

　　　　　「税効果会計に係る会計基準　第三・1」

12-7

　税効果会計において適用される実効税率は，法人税，住民税および利益に関連する金額を課税標準とする事業税に対する総合的な税率であるが，このうち事業税は所得の計算上，損金算入が認められるため，単純に加算した税率とは一致しない。

 **12-8**

　繰延税金資産または繰延税金負債の金額は，回収または支払いが行われると見込まれる期の税率（将来の税率）に基づいて計算しなければならない。

　　　　　「税効果会計に係る会計基準　第二・二」

12

税効果会計

問題 12-9 - ★★☆

繰延税金資産または繰延税金負債の金額は，当期の税率ではなく回収または支払いが行われると見込まれる期の税率に基づいて計算しなければならない。

問題 12-10 - ★★★

その他有価証券について，その評価益相当額は純資産の部に表示され，その期の利益にならないため，税効果会計の対象とはならない。

問題 12-11 - ★★☆

繰延税金資産または繰延税金負債は，異なる納税主体に係る繰延税金資産と負債は相殺しないのが原則的な方法である。

問題 12-12 - ★★☆

繰延税金資産と繰延税金負債は，支払または回収が見込まれる期の税率により計算し，繰延税金資産と繰延税金負債はまとめて純額で計上しなければならない。

問題 12-13 - ★★☆

法人税等について税率の変更があったこと等により繰延税金資産および繰延税金負債の金額を修正した場合には，修正差額を法人税等に加減して処理するものとする。

 **12-9** ●●●●●●●●●●●●●●●●●●●●●●●●●

「税効果会計に係る会計基準　第二・二」

 **12-10** ●●●●●●●●●●●●●●●●●●●●●●●

　評価差額が直接純資産の部に計上されている場合で
あっても，課税所得の計算に含まれていない場合には，
一時差異として税効果会計の対象となる。

「税効果会計に係る会計基準　第二・一・2」

 **12-11** ●●●●●●●●●●●●●●●●●●●●●●●

「税効果会計に係る会計基準　第三・2」

 **12-12** ●●●●●●●●●●●●●●●●●●●●●●●

「税効果会計に係る会計基準　第二・二・2，第三・
2」

12-13 ●●●●●●●●●●●●●●●●●●●●●●● ✕

　税率の変更による修正差額は，法人税等調整額に加
減して処理する。

「税効果会計に係る会計基準注解　（注7）」

12

税効果会計

問題 12-14 -------------------------------- ★☆☆

繰延税金資産の回収可能性の判断は，法人税等調整額の存在，タックス・プランニングの存在，および将来の加算一時差異の十分性による。

12-14 ●●●●●●●●●●●●●●●●●●●●●●●

　法人税等調整額の存在ではなく，収益力にもとづく
課税所得の十分性による。

　「繰延税金資産の回収可能性に関する適用指針　6」

連結会計等

次の文章について，正しいものには○を，誤っている
ものには×を記入しなさい。

問題 13-1 ----------------------- ★★★

連結財務諸表は個別財務諸表準拠性の原則にもとづい
て作成されるので，親子間の決算日が異なる場合，子会
社は連結決算日に常に正規の決算に準ずる手続きによっ
て決算を行わねばならない。

問題 13-2 ----------------------- ★★★

A社がB社の発行済株式総数の45％を取得して実質的
にB社を支配している場合には，B社はA社の子会社と
なり，A社は，連結財務諸表の作成にあたり，B社株式
に対して持分法を適用しなければならない。

問題 13-3 ----------------------- ★★☆

連結貸借対照表の資本金は，親子会社の資本金の合計
額として表示される。

問題 13-4 ----------------------- ★★☆

連結会計上の剰余金は，主に親会社の剰余金と子会社
の取得後剰余金のうち親会社持分に帰属する部分からな
り，連結貸借対照表上，資本剰余金と利益剰余金に区分
して記載する。

13-1 •••••••••••••••••••••••• ☒

決算日の差異が 3 カ月を超えない場合には，子会社の正規の決算を基礎として連結決算を行うことができる。 「連結財務諸表に関する会計基準（注4）」

 13-2 •••••••••••••••••••••••• ☒

子会社株式は，原則として通常の連結手続を適用し，子会社の資本の勘定と相殺消去しなければならない。 「連結財務諸表に関する会計基準　7，13」

 13-3 •••••••••••••••••••••••• ☒

子会社の資本金は，親会社の投資勘定と相殺消去されるため，連結貸借対照表の資本金は，親会社の資本金だけになる。「連結財務諸表に関する会計基準　23」

 13-4 •••••••••••••••••••••••• ◯

「貸借対照表の純資産の部の表示に関する会計基準　5」

連結貸借対照表において，連結子会社の個別貸借対照表上，純資産の部に表示されている評価・換算差額等（その他の包括利益累計額）は，持分比率に基づき親会社持分割合と非支配株主持分割合とに按分し，親会社持分割合は当該区分において記載し，非支配株主持分割合は非支配株主持分に含めて記載する。

連結財務諸表について，子会社の欠損のうち，当該子会社に係る非支配株主持分に割り当てられる額が当該非支配株主の負担すべき額を超える場合には，当該超過額は親会社の持分に負担させる。この場合，当該非支配株主持分の金額は0円となる。

のれんの残高は，連結貸借対照表上，独立科目として，固定資産の部の次に記載する。

連結財務諸表において，非支配株主持分は子会社の株主の持分であるから，純資産の部の株主資本の区分に表示する。

 **13-5**

「貸借対照表の純資産の部の表示に関する会計基準　7」

　基準どおりの文章であり，表示について問われている問題であると判断し，「○」としている。ただし，支配獲得時に評価・換算差額等（その他の包括利益累計額）があった場合には，親会社持分割合は，資本として投資と相殺消去されるため，連結貸借対照表には記載されない。

 **13-6**

「連結財務諸表に関する会計基準　27」

 13-7

　のれんの残高は，無形固定資産の区分に記載する。
「企業結合に関する会計基準　47」

13-8

　非支配株主持分は，純資産の部の非支配株主持分の区分に表示する。
「貸借対照表の純資産の部の表示に関する会計基準　5」

問題 13-9 ----------------------------- ★★★

　連結会社が振出した手形を他の連結会社が銀行で割引いたときは，連結貸借対照表上，これを借入金として記載する。

問題 13-10 ----------------------------- ★★★

　親子会社間で利益を付して財貨を販売し，期末に当該財貨が残っているときには，連結財務諸表作成にさいして，同利益額を未実現利益として必ず消去しなければならない。

問題 13-11 ----------------------------- ★★☆

　連結財務諸表作成にさいしては，減価償却資産に含まれる未実現利益の消去を行う場合に，原則としてこれに係る減価償却費の修正を行わなければならない。

問題 13-12 ----------------------------- ★★☆

　連結財務諸表の作成において，連結会社相互間の取引が連結会社以外の会社を通じて行われたとき，独立した会社が介在し，その取引は実現しているので，消去してはならない。

問題 13-13 ----------------------------- ★★★

　のれんの当期償却額は，連結損益計算書上，販売費及び一般管理費の区分に記載する。

13-9 •••••••••••••••••••••••• ◯

「連結財務諸表に関する会計基準（注10)」

 **13-10** ••••••••••••••••••••••• ✕

　未実現損益の金額に重要性が乏しい場合には，これ
を消去しないことができる。
　　　　　　「連結財務諸表に関する会計基準　37」

 **13-11** ••••••••••••••••••••••• ◯

　減価償却資産に含まれる未実現利益の消去を行う場
合には，原則として，未実現利益に対応する減価償却
費も修正する。

 **13-12** ••••••••••••••••••••••• ✕

　実質的に連結会社間の取引であることが明確である
ときは，この取引を連結会社間の取引とみなして，取
引高および未実現損益を消去する。
　　　　　　「連結財務諸表に関する会計基準（注12)」

 **13-13** ••••••••••••••••••••••• ◯

「企業結合に関する会計基準　47」

問 題 13-14 ----------------------- ★★★

　連結貸借対照表において，非支配株主持分は純資産の部に表示する。

問 題 13-15 ----------------------- ★★☆

　連結財務諸表の期末商品の価額の決定において，ダウン・ストリームの場合，それに含まれている未実現利益は，その全額を商品から控除するとともに，親会社と該当する子会社の非支配株主との持分比率に応じて，親会社の持分と該当子会社の非支配株主持分に配分する。

問 題 13-16 ----------------------- ★★★

　連結財務諸表の作成において，アップ・ストリームの場合，期末棚卸資産に含まれている未実現利益はその全額を棚卸資産から控除するとともに親会社と非支配株主の持分比率に応じて親会社持分と非支配株主持分に配分する。

問 題 13-17 ----------------------- ★★★

　非連結子会社および関連会社に対する投資勘定には，原則として，持分法の適用が強制される。

問 題 13-18 ----------------------- ★★★

　持分法による投資損益は，連結損益計算書上，特別損益に記載する。

 **13-14**

「貸借対照表の純資産の部の表示に関する会計基準　5」

 13-15

ダウン・ストリームの場合には，消去した未実現利益の全額を親会社が負担する。

　　　　　　　　「連結財務諸表に関する会計基準　38」

 **13-16**

「連結財務諸表に関する会計基準　38」

 13-17

「持分法に関する会計基準　6」

 13-18

持分法による投資損益は，連結損益計算書上，営業外収益または営業外費用に記載する。

　　　　　　　　「持分法に関する会計基準　16」

13-19 ------------------------------ ★★☆

　取得と判定された企業結合において，現金以外の資産の引渡しにより取得した事業の取得原価は，支払対価となる財の時価である。

問題 13-20 ------------------------------ ★★★

　企業結合時に生じたのれんは，無形固定資産に計上し，定額法その他の合理的な方法により規則的に償却する。負ののれんが生じる場合には，それを固定負債に計上する。

問題 13-21 ------------------------------ ★★★

　連結財務諸表の作成において発生した負ののれんは負債として計上する。

問題 13-22 ------------------------------ ★★☆

　包括利益の計算は，当期純利益からの調整計算の形で示すことになっており，これは包括利益の定義に従った計算過程と異なっている。

 **13-19**

取得原価は，支払対価となる財の時価と取得した事業の時価のうち，より高い信頼性をもって測定可能な時価で算定する。　「企業結合に関する会計基準　23」

 **13-20**

負ののれんは，発生した事業年度の利益として処理する。　　　　　　「企業結合に関する会計基準　33」

 **13-21**

連結財務諸表の作成において発生した負ののれんは，発生した事業年度の利益として処理する。
　　　　　　　　「企業結合に関する会計基準　33」

 **13-22**

「包括利益の表示に関する会計基準　4，6」

　基準における定義と計算過程を要約すると次のようになる。

　定義：期末純資産－期首純資産＝包括利益

　計算：当期純利益＋その他の包括利益＝包括利益

13

連結会計等

キャッシュ・フロー計算書・中間財務諸表

次の文章について，正しいものには○を，誤っている
ものには×を記入しなさい。

問題 14-1 - ★★★

連結キャッシュ・フロー計算書の区分は，営業活動に
よるキャッシュ・フロー，投資活動によるキャッシュ・
フローおよび財務活動によるキャッシュ・フローの3つ
よりなる。

問題 14-2 - ★★☆

キャッシュ・フロー計算書の「営業活動によるキャッ
シュ・フロー」区分の表示方法には直接法と間接法とが
ある。

問題 14-3 - ★★☆

キャッシュ・フロー計算書において，利息の支払額は
「営業活動によるキャッシュ・フロー」の区分に表示し
なければならない。

問題 14-4 - ★★☆

連結範囲の変動を伴う子会社株式の取得または売却に
係るキャッシュ・フローは，「投資活動によるキャッシュ・
フロー」の区分に記載する。

 **14-1**

「連結キャッシュ・フロー計算書作成基準　第二・二」

 **14-2**

「連結キャッシュ・フロー計算書作成基準　第三・一」

 **14-3**

利息の支払額は,「財務活動によるキャッシュ・フロー」の区分に表示することもできる。

「連結キャッシュ・フロー計算書作成基準　第二・二」

 **14-4**

「連結キャッシュ・フロー計算書作成基準　第二・二」

問題 14-5 -------------------------- ★★☆

キャッシュ・フロー計算書において，支払利息は，「営業活動によるキャッシュ・フロー」の区分または「財務活動によるキャッシュ・フロー」の区分のいずれかに記載する。

問題 14-6 -------------------------- ★★☆

キャッシュ・フロー計算書において，支払配当金は「財務活動によるキャッシュ・フロー」の区分に記載する。

問題 14-7 -------------------------- ★★☆

キャッシュ・フロー計算書において，配当金と利息の支払額はともに財務活動によるキャッシュ・フローの部に計上しなければならない。

問題 14-8 -------------------------- ★★☆

キャッシュ・フロー計算書の「営業活動によるキャッシュ・フロー」の区分を間接法で作成した場合，売上債権および棚卸資産の減少はキャッシュ・フローの増加要因となり，仕入債務の減少はキャッシュ・フローの減少要因となる。

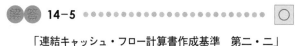 **14-5** ●●●●●●●●●●●●●●●●●●●●●●●●●● ○

「連結キャッシュ・フロー計算書作成基準　第二・二」

 **14-6** ●●●●●●●●●●●●●●●●●●●●●●●●● ○

「連結キャッシュ・フロー計算書作成基準　第二・二」

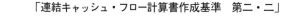 **14-7** ●●●●●●●●●●●●●●●●●●●●●●●● ×

利息の支払額は営業活動によるキャッシュ・フロー
の部に計上することも認められる。
「連結キャッシュ・フロー計算書作成基準　第二・二」

 **14-8** ●●●●●●●●●●●●●●●●●●●●●●● ○

営業資産の増加…CFの減少
営業資産の減少…CFの増加
営業負債の増加…CFの増加
営業負債の減少…CFの減少

問題 14-9 ----------------------------- ★☆☆

　「営業活動によるキャッシュ・フロー」と「投資活動によるキャッシュ・フロー」の金額の合計は，配当支払後フリー・キャッシュ・フローと呼ばれる。

問題 14-10 ----------------------------- ★★☆

　四半期財務諸表の性格付けについては，「実績主義」と「予測主義」という考え方があるが，わが国では「予測主義」にもとづいており，開示の迅速性が求められる四半期財務諸表では簡便的な会計処理も認められている。

問題 14-11 ----------------------------- ★★☆

　中間連結財務諸表の表示方法は，連結財務諸表に準ずるものとするが，利害関係者の判断を誤らせない限り，集約して記載することができる。

問題 14-12 ----------------------------- ★☆☆

　中間財務諸表を作成する日までに発生した重要な後発事象は，いずれ発生した年度の財務諸表に反映されるので，それを注記するかどうかは経営者の判断に任される。

 **14-9** ・・・・・・・・・・・・・・・・・・・・・・・ ✕

配当支払後ではなく，配当支払前フリー・キャッシュ・フローと呼ばれる。

（キャッシュ・フロー計算書において配当金の支払額は，財務活動によるキャッシュ・フローの区分に記載される。）

 **14-10** ・・・・・・・・・・・・・・・・・・・・・・ ✕

わが国の四半期財務諸表は，予測主義でなく実績主義にもとづいている。

「四半期財務諸表に関する会計基準　39」

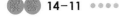 **14-11** ・・・・・・・・・・・・・・・・・・・・・・ ○

「中間連結財務諸表作成基準　第三」

 14-12 ・・・・・・・・・・・・・・・・・・・・・・ ✕

中間財務諸表であっても，重要な後発事象は注記しなければならない。　「中間財務諸表作成基準　第四」

14-13 ---------------------------- ★★☆

　中間連結財務諸表も，連結財務諸表と同じ表示方法をとらなければならない。

14-13 ●●●●●●●●●●●●●●●●●●●●●●● ☒

　利害関係者の判断を誤らせない限り科目を集約して
記載することも認められている。

「中間連結財務諸表作成基準　第三」

第2部 会計基準編

第一　一般原則

一　企業会計は，企業の 財政状態 及び 経営成績 に関して， 真実な報告 を提供するものでなければ ならない。

二　企業会計は，すべての取引につき， 正規の簿記の 原則 に従って， 正確な会計帳簿 を作成しなけれ ばならない。(注1)

三 資本取引 と 損益取引 とを明瞭に区別し，特 に 資本剰余金 と 利益剰余金 とを混同してはな らない。(注2)

四　企業会計は，財務諸表によって， 利害関係者 に 対し必要な会計事実を 明瞭に表示 し，企業の状況 に関する判断を誤らせないようにしなければならない。 (注1)(注1-2)(注1-3)(注1-4)

五　企業会計は，その処理の 原則及び手続 を 毎期 継続 して適用し，みだりにこれを変更してはならな い。(注1-2)(注3)

六　企業の財政に不利な影響を及ぼす可能性がある場合 には，これに備えて適当に 健全な会計処理 をしな ければならない。(注4)

七 ┃株主総会提出┃ のため，┃信用目的┃ のため，┃租税
目的┃ のため等種々の目的のために ┃異なる形式┃ の
財務諸表を作成する必要がある場合，それらの内容は，
┃信頼しうる会計記録┃ に基づいて作成されたもので
あって，政策の考慮のために事実の ┃真実な表示┃ を
ゆがめてはならない。

第二 損益計算書原則

■損益計算書の本質

一 損益計算書は，企業の ┃経営成績┃ を明らかにする
ため，一会計期間に属するすべての ┃収益┃ とこれに
対応するすべての ┃費用┃ とを記載して ┃経常利益┃
を表示し，これに ┃特別損益┃ に属する項目を加減し
て ┃当期純利益┃ を表示しなければならない。

A すべての費用及び収益は，その ┃支出┃ 及び ┃収入┃
に基づいて計上し，その ┃発生した期間┃ に正しく割
当てられるように処理しなければならない。ただし，
┃未実現収益┃ は，原則として，当期の損益計算に計
上してはならない。
┃前払費用┃ 及び ┃前受収益┃ は，これを当期の損
益計算から除去し，┃未払費用┃ 及び ┃未収収益┃ は，
当期の損益計算に計上しなければならない。（注5）

B 費用及び収益は，┃総額┃ によって記載することを
原則とし，費用の項目と収益の項目とを直接に相殺す
ることによってその全部又は一部を損益計算書から除
去してはならない。

C 費用及び収益は，その発生源泉に従って明瞭に分類
し，各収益項目とそれに関連する費用項目とを損益計

算書に 対応表示 しなければならない。

■損益計算書の区分

二 損益計算書には，営業損益計算 ， 経常損益計算
及び 純損益計算 の区分を設けなければならない。

A 営業損益計算 の区分は，当該企業の営業活動か
ら生ずる費用及び収益を記載して，営業利益 を計
算する。
　　二つ以上の営業を目的とする企業にあっては，その
費用及び収益を主要な営業別に区分して記載する。

B 経常損益計算 の区分は，営業損益計算の結果を
受けて，利息及び割引料，有価証券売却損益その他
営業活動以外 の原因から生ずる損益であって 特
別損益 に属しないものを記載し，経常利益 を計
算する。

C 純損益計算 の区分は，経常損益計算の結果を受
けて，前期損益修正額，固定資産売却損益等の 特別
損益 を記載し，当期純利益 を計算する。

D 純損益計算の結果を受けて，前期繰越利益等を記載し，
　当期未処分利益を計算する。

■営業利益

三 営業損益計算は，一会計期間に属する 売上高 と
売上原価 とを記載して 売上総利益 を計算し，
これから 販売費及び一般管理費 を控除して，営
業利益 を表示する。

A　企業が商品等の販売と役務の給付とをともに主たる営業とする場合には，商品等の売上高と役務による営業収益とは，これを 区別 して記載する。

B　売上高は， 実現主義 の原則に従い，商品等の 販売 又は役務の給付によって 実現 したものに限る。（注6）

> ただし，長期の未完成請負工事等については，合理的に収益を見積もり，これを当期の損益計算に計上することができる。（注7）

C　売上原価は，売上高に対応する商品等の仕入原価又は製造原価であって，商業の場合には， 期首商品たな卸高 に 当期商品仕入高 を加え，これから 期末商品たな卸高 を控除する形式で表示し，製造工業の場合には，期首製品たな卸高に当期製品製造原価を加え，これから期末製品たな卸高を控除する形式で表示する。（注8）（注9）（注10）

D　 売上総利益 は， 売上高 から 売上原価 を控除して表示する。
　　役務の給付を営業とする場合には，営業収益から役務の費用を控除して総利益を表示する。

E　同一企業の各経営部門の間における商品等の移転によって発生した 内部利益 は，売上高及び売上原価を算定するに当たって 除去 しなければならない。（注11）

F　 営業利益 は， 売上総利益 から 販売費及び一般管理費 を控除して表示する。販売費及び一般管理費は，適当な科目に分類して営業損益計算の区分に記

載し，これを 売上原価 及び 期末たな卸高 に算入してはならない。ただし，長期の請負工事については，販売費及び一般管理費を適当な比率で請負工事に配分し，売上原価 及び 期末たな卸高 に算入することができる。

■営業外損益

四 営業外損益 は，受取利息及び割引料，有価証券売却益等の 営業外収益 と支払利息及び割引料，有価証券売却損，有価証券評価損等の 営業外費用 とに区分して表示する。

■経常利益

五 経常利益 は，営業利益に 営業外収益 を加え，これから 営業外費用 を控除して表示する。

■特別損益

六 特別損益 は，前期損益修正益，固定資産売却益等の 特別利益 と前期損益修正損，固定資産売却損，災害による損失等の 特別損失 とに区分して表示する。（注12）

■税引前当期純利益

七 税引前当期純利益 は，経常利益に 特別利益 を加え，これから 特別損失 を控除して表示する。

■当期純利益

八 当期純利益 は，税引前当期純利益から当期の負担に属する 法人税額 ，住民税額 等を控除して表示する。（注13）

■当期未処分利益

九　当期未処分利益は，当期純利益に前期繰越利益，一定
　の目的のために設定した積立金のその目的に従った取崩
　額，中間配当額，中間配当に伴う利益準備金の積立額等
　を加減して表示する。

第三　貸借対照表原則

■貸借対照表の本質

一　貸借対照表は，企業の　財政状態　を明らかにする
　ため，貸借対照表日におけるすべての　資産　，　負
　債　及び　資本　を記載し，株主，債権者その他の
　利害関係者　にこれを正しく表示するものでなければ
　ならない。ただし，　正規の簿記の原則　に従って処
　理された場合に生じた　簿外資産　及び　簿外負債
　は，貸借対照表の記載外におくことができる。（注1）

> ※　「貸借対照表の純資産の部の表示に関する会計
> 　　基準」の公表により，「資本の部」は「純資産の
> 　　部」として表示されることになり，その内容も変
> 　　更されている。

A　資産，負債及び　資本　は，適当な　区分　，　配列　，
　分類　及び　評価　の基準に従って記載しなければ
　ならない。

B　資産，負債及び　資本　は，　総額　によって記載す
　ることを原則とし，資産の項目と負債又は　資本　の項
　目とを相殺することによって，その全部又は一部を貸
　借対照表から除去してはならない。

C　受取手形の割引高又は裏書譲渡高，保証債務等の 偶発債務 ， 債務の担保 に供している資産，発行済株式1株当たり 当期純利益 及び同1株当たり 純資産額 等企業の財務内容を判断するために重要な事項は，貸借対照表に 注記 しなければならない。

D　 将来の期間に影響する特定の費用 は，次期以後の期間に配分して処理するため，経過的に貸借対照表の 資産の部 に記載することができる。（注15）

E　貸借対照表の資産の合計金額は，負債と 資本 の合計金額に 一致 しなければならない。

■貸借対照表の区分

二　貸借対照表は， 資産の部 ， 負債の部 及び 資本の部 の三区分に分ち，さらに資産の部を 流動資産 ， 固定資産 及び 繰延資産 に，負債の部を 流動負債 及び 固定負債 に区分しなければならない。

■貸借対照表の配列

三　資産及び負債の項目の配列は，原則として， 流動性配列法 によるものとする。

■貸借対照表科目の分類

四　資産，負債及び 資本 の各科目は，一定の基準に従って明瞭に分類しなければならない。

（一）資　産

　資産は， 流動資産 に属する資産， 固定資産 に属する資産及び 繰延資産 に属する資産に区別しなければならない。仮払金，未決算等の勘定を貸借対照表に記載するには，その性質を示す適当な科目で表示しなければならない。（注16）

A　現金預金，市場性ある有価証券で一時的所有のもの，取引先との通常の商取引によって生じた受取手形，売掛金等の債権，商品，製品，半製品，原材料，仕掛品等のたな卸資産及び期限が一年以内に到来する債権は，流動資産 に属するものとする。

前払費用 で一年以内に費用となるものは，流動資産 に属するものとする。

受取手形，売掛金その他流動資産に属する債権は，取引先との通常の商取引上の債権とその他の債権とに区別して表示しなければならない。

※　「金融商品に関する会計基準」の公表により，流動資産に属する有価証券は，次の2つになった。
① 売買目的有価証券
② 1年内に満期の到来する社債その他の債券

B　固定資産は，有形固定資産 ，無形固定資産 及び 投資その他の資産 に区分しなければならない。

建物，構築物，機械装置，船舶，車両運搬具，工具器具備品，土地，建設仮勘定等は，有形固定資産 に属するものとする。

営業権，特許権，地上権，商標権等は，無形固定資産 に属するものとする。

子会社株式その他流動資産に属しない有価証券，出資金，長期貸付金並びに有形固定資産，無形固定資産及び繰延資産に属するもの以外の長期資産は，投資その他の資産 に属するものとする。

有形固定資産に対する減価償却累計額は，原則として，その資産が属する 科目 ごとに取得原価から 控除する形式 で記載する。（注17）

無形固定資産については，減価償却額を 控除 した未償却残高を記載する。

> ※ 「企業結合に関する会計基準」の公表により，
> 「営業権」は「のれん」として表示することとなった。

C 創立費，開業費，新株発行費，社債発行費，社債発行差
金，開発費，試験研究費及び建設利息 は，繰延資産に属
するものとする。これらの資産については，償却額を
控除 した未償却残高を記載する。（注15）

> ※ 「繰延資産の会計処理に関する当面の取扱い」
> の公表により，繰延資産として計上できるものは，
> 次の5つになった。
> ① 株式交付費，② 社債発行費等，③ 創立費，
> ④ 開業費，⑤ 開発費

D 受取手形，売掛金その他の債権に対する貸倒引当金
は，原則として，その債権が属する 科目 ごとに債
権金額又は取得価額から 控除する形式 で記載する。
（注17）（注18）

　債権のうち，役員等企業の内部の者に対するものと
親会社又は子会社に対するものは，特別の科目を設け
て 区別 して表示し，又は 注記 の方法によりそ
の内容を明瞭に示さなければならない。

（二）負　債

　負債は， 流動負債 に属する負債と 固定負債 に
属する負債とに区別しなければならない。仮受金，未決
算等の勘定を貸借対照表に記載するには，その性質を示
す適当な科目で表示しなければならない。（注16）

A 取引先との通常の商取引によって生じた支払手形，
買掛金等の債務及び期限が一年以内に到来する債務は，
流動負債 に属するものとする。

　　支払手形，買掛金その他流動負債に属する債務は，取引先との通常の商取引上の債務とその他の債務とに区別して表示しなければならない。

　　引当金のうち，賞与引当金，工事補償引当金，修繕引当金のように，通常一年以内に使用される見込のものは |流動負債| に属するものとする。（注18）

B　社債，長期借入金等の長期債務は，|固定負債| に属するものとする。

　　引当金のうち，|退職給与引当金|，特別修繕引当金のように，通常一年をこえて使用される見込のものは，|固定負債| に属するものとする。（注18）

> ※　「退職給付に関する会計基準」の公表により，「退職給与引当金」は「退職給付引当金」として計上されることになった。

C　債務のうち，役員等企業の内部の者に対するものと親会社又は子会社に対するものは，特別の科目を設けて |区別| して表示し，又は |注記| の方法によりその内容を明瞭に示さなければならない。

（三）資　本

　資本は，資本金に属するものと剰余金に属するものとに区別しなければならない。（注19）

A　資本金の区分には，法定資本の額を記載する。発行済株式の数は普通株，優先株等の種類別に注記するものとする。

B　剰余金は，資本準備金，利益準備金及びその他の剰余金に区分して記載しなければならない。

株式払込剰余金，減資差益及び合併差益は，資本準備金として表示する。

その他の剰余金の区分には，任意積立金及び当期未処分利益を記載する。

C　新株式払込金又は申込期日経過後における新株式申込証拠金は，資本金の区分の次に特別の区分を設けて表示しなければならない。

D　法律で定める準備金で資本準備金又は利益準備金に準ずるものは，資本準備金又は利益準備金の次に特別の区分を設けて表示しなければならない。

■資産の貸借対照表価額

五　貸借対照表に記載する資産の価額は，原則として，当該資産の 取得原価 を基礎として計上しなければならない。

資産の取得原価は，資産の種類に応じた 費用配分の原則 によって，各事業年度に配分しなければならない。有形固定資産は，当該資産の 耐用期間 にわたり，定額法，定率法等の一定の 減価償却 の方法によって，その取得原価を各事業年度に配分し，無形固定資産は，当該資産の 有効期間 にわたり，一定の 減価償却 の方法によって，その取得原価を各事業年度に配分しなければならない。繰延資産についても，これに準じて，各事業年度に均等額以上を配分しなければならない。（注20）

A　商品，製品，半製品，原材料，仕掛品等のたな卸資産については，原則として購入代価又は製造原価に引取費用等の付随費用を加算し，これに個別法，先入先出法，

後入先出法，平均原価法等の方法を適用して算定した取得原価をもって貸借対照表価額とする。

ただし，時価が取得原価より著しく下落したときは，回復する見込があると認められる場合を除き，時価をもって貸借対照表価額としなければならない。（注9）（注10）（注21）

たな卸資産の貸借対照表価額は，時価が取得原価よりも下落した場合には時価による方法を適用して算定することができる。（注10）

※ 「棚卸資産の評価に関する会計基準」の公表により，棚卸資産の貸借対照表価額が変更されている。

B 有価証券については，原則として購入代価に手数料等の付随費用を加算し，これに平均原価法等の方法を適用して算定した取得原価をもって貸借対照表価額とする。ただし，取引所の相場のある有価証券については，時価が著しく下落したときは，回復する見込があると認められる場合を除き，時価をもって貸借対照表価額としなければならない。取引所の相場のない有価証券のうち株式については，当該会社の財政状態を反映する株式の実質価額が著しく低下したときは，相当の減額をしなければならない。（注22）

取引所の相場のある有価証券で子会社の株式以外のものの貸借対照表価額は，時価が取得原価よりも下落した場合には時価による方法を適用して算定することができる。

C 受取手形，売掛金その他の債権の貸借対照表価額は，債権金額又は取得価額から正常な貸倒見積高を控除した金額とする。（注23）

※ 「金融商品に関する会計基準」の公表により，
有価証券その他の金融商品（金銭債権・債務を含
む）の貸借対照表価額および処理方法が変更され
ている。

D　有形固定資産については，その取得原価から 減価
償却累計額 を控除した価額をもって貸借対照表価額
とする。有形固定資産の取得原価には，原則として当
該資産の引取費用等の 付随費用 を含める。現物出
資として受入れた固定資産については，出資者に対し
て交付された株式の発行価額をもって取得原価とする。
（注24）

　　　償却済 の有形固定資産は，除却されるまで 残存
価額 又は 備忘価額 で記載する。

E　無形固定資産については，当該資産の取得のために
支出した金額から 減価償却累計額 を控除した価額
をもって貸借対照表価額とする。（注25）

F　贈与その他 無償 で取得した資産については，
公正な評価額 をもって取得原価とする。（注24）

企業会計原則注解

【注1】 重要性の原則の適用について

(一般原則二，四及び貸借対照表原則一)

企業会計は，定められた会計処理の方法に従って 正確な計算 を行うべきものであるが，企業会計が目的とするところは，企業の財務内容を明らかにし，企業の状況に関する 利害関係者 の判断を誤らせないようにすることにあるから， 重要性の乏しいもの については，本来の厳密な会計処理によらないで他の 簡便な方法 によることも 正規の簿記の原則 に従った処理として認められる。

重要性の原則は，財務諸表の 表示 に関しても適用される。

重要性の原則の適用例としては，次のようなものがある。

(1) 消耗品，消耗工具器具備品その他の貯蔵品等のうち，重要性の乏しいものについては，その 買入時 又は 払出時 に費用として処理する方法を採用することができる。

(2) 前払費用，未収収益，未払費用及び前受収益のうち，重要性の乏しいものについては， 経過勘定項目 として処理しないことができる。

(3) 引当金 のうち，重要性の乏しいものについては，これを計上しないことができる。

(4) たな卸資産の取得原価に含められる引取費用，関税，買入事務費，移管費，保管費等の 付随費用 のうち，重要性の乏しいものについては， 取得原価 に算入しないことができる。

(5) 分割返済 の定めのある長期の債権又は債務のうち，期限が一年以内に到来するもので重要性の乏しいものについては， 固定資産 又は 固定負債 として表示することができる。

【注1－2】 重要な会計方針の開示について

（一般原則四及び五）

　財務諸表には，｜重要な会計方針｜を｜注記｜しなければならない。

　会計方針とは，企業が損益計算書及び貸借対照表の作成に当たって，その財政状態及び経営成績を正しく示すために採用した会計処理の｜原則及び手続並びに表示｜の方法をいう。

　会計方針の例としては，次のようなものがある。

イ　｜有価証券｜の評価基準及び評価方法

ロ　｜たな卸資産｜の評価基準及び評価方法

ハ　｜固定資産｜の減価償却方法

ニ　｜繰延資産｜の処理方法

ホ　｜外貨建資産・負債｜の本邦通貨への換算基準

ヘ　｜引当金｜の計上基準

ト　｜費用・収益｜の計上基準

　｜代替的｜な会計基準が認められていない場合には，会計方針の｜注記｜を｜省略｜することができる。

【注1－3】 重要な後発事象の開示について

（一般原則四）

　財務諸表には，損益計算書及び貸借対照表を｜作成する日｜までに発生した｜重要な後発事象｜を｜注記｜しなければならない。

　後発事象とは，｜貸借対照表日後｜に発生した事象で，｜次期以後｜の財政状態及び経営成績に影響を及ぼすものをいう。

　重要な後発事象を注記事項として開示することは，当該企業の｜将来｜の財政状態及び経営成績を理解するための｜補足情報｜として有用である。

　重要な後発事象の例としては，次のようなものがある。

イ　｜火災，出水｜等による重大な損害の発生

ロ　多額の｜増資｜又は｜減資｜及び多額の｜社債｜の

発行又は繰上償還

ハ　会社の　合併　，重要な営業の　譲渡　又は　譲受

ニ　重要な　係争事件　の発生又は解決

ホ　主要な取引先の　倒産

【注1－4】　注記事項の記載方法について（一般原則四）

重要な会計方針に係る注記事項は，損益計算書及び貸借対照表の次にまとめて記載する。

なお，その他の注記事項についても，重要な会計方針の注記の次に記載することができる。

【注2】　資本取引と損益取引との区別について

（一般原則三）

(1)　資本剰余金　は，資本取引　から生じた剰余金であり，利益剰余金　は　損益取引　から生じた剰余金，すなわち　利益の留保額　であるから，両者が混同されると，企業の財政状態及び経営成績が適正に示されないことになる。従って，例えば，新株発行による株式払込剰余金から新株発行費用を控除することは許されない。

(2)　商法上資本準備金として認められる資本剰余金は限定されている。従って，資本剰余金のうち，資本準備金及び法律で定める準備金で資本準備金に準ずるもの以外のものを計上する場合には，その他の剰余金の区分に記載されることになる。

【注3】　継続性の原則について　　（一般原則五）

企業会計上継続性が問題とされるのは，一つの　会計事実　について二つ以上の　会計処理　の原則又は手続の選択適用が認められている場合である。

このような場合に，企業が選択した会計処理の原則及び手続を毎期継続して適用しないときは，同一の会計事

実について 異なる利益額 が算出されることになり，財務諸表の 期間比較 を困難ならしめ，この結果，企業の財務内容に関する利害関係者の判断を誤らしめることになる。

従って，いったん採用した会計処理の原則又は手続は， 正当な理由 により変更を行う場合を除き，財務諸表を作成する各時期を通じて 継続 して適用しなければならない。

なお， 正当な理由 によって，会計処理の原則又は手続に重要な変更を加えたときは，これを当該財務諸表に 注記 しなければならない。

【注4】 保守主義の原則について　　　　（一般原則六）

企業会計は，予測される将来の危険に備えて 慎重な判断 に基づく会計処理を行わなければならないが， 過度 に保守的な会計処理を行うことにより，企業の財政状態及び経営成績の真実な報告をゆがめてはならない。

【注5】 経過勘定項目について

（損益計算書原則一のAの2項）

(1)　前払費用

前払費用 は， 一定の契約 に従い， 継続 して 役務の提供 を 受ける 場合，いまだ提供されていない役務に対し支払われた対価をいう。従って，このような役務に対する対価は，時間の経過とともに次期以降の費用となるものであるから，これを当期の損益計算から 除去 するとともに貸借対照表の 資産の部 に計上しなければならない。また，前払費用は，かかる役務提供契約以外の契約等による 前払金 とは区別しなければならない。

(2)　前受収益

前受収益 は， 一定の契約 に従い， 継続 し

て 役務の提供 を 行う 場合，いまだ提供していない役務に対し支払を受けた対価をいう。従って，このような役務に対する対価は，時間の経過とともに次期以降の収益となるものであるから，これを当期の損益計算から 除去 するとともに貸借対照表の 負債の部 に計上しなければならない。また，前受収益は，かかる役務提供契約以外の契約等による 前受金 とは区別しなければならない。

(3) 未払費用

未払費用 は， 一定の契約 に従い， 継続 して 役務の提供 を 受ける 場合，すでに提供された役務に対していまだその対価の支払が終らないものをいう。従って，このような役務に対する対価は，時間の経過に伴いすでに当期の費用として発生しているものであるから，これを当期の損益計算に 計上 するとともに貸借対照表の 負債の部 に計上しなければならない。また，未払費用は，かかる役務提供契約以外の契約等による 未払金 とは区別しなければならない。

(4) 未収収益

未収収益 は， 一定の契約 に従い， 継続 して 役務の提供 を 行う 場合，すでに提供した役務に対していまだその対価の支払を受けていないものをいう。従って，このような役務に対する対価は，時間の経過に伴いすでに当期の収益として発生しているものであるから，これを当期の損益計算に 計上 するとともに貸借対照表の資産の部に計上しなければならない。また，未収収益は，かかる役務提供契約以外の契約等による 未収金 とは区別しなければならない。

【注6】 実現主義の適用について

（損益計算書原則三のB）

委託販売，試用販売，予約販売，割賦販売等特殊な販売契約による売上収益の実現の基準は，次によるものとする。

(1) 委託販売

委託販売については，受託者が 委託品を販売した日 をもって売上収益の実現の日とする。従って，決算手続中に仕切精算書（売上計算書）が到達すること等により決算日までに販売された事実が明らかとなったものについては，これを当期の売上収益に計上しなければならない。

ただし，仕切精算書が販売のつど送付されている場合には，当該仕切精算書が到達した日をもって売上収益の実現の日とみなすことができる。

(2) 試用販売

試用販売については，得意先が 買取りの意思 を表示することによって売上が実現するのであるから，それまでは，当期の売上高に計上してはならない。

(3) 予約販売

予約販売については，予約金受取額のうち，決算日までに 商品の引渡し 又は 役務の給付 が完了した分だけを当期の売上高に計上し，残額は貸借対照表の 負債の部 に記載して次期以後に繰延べなければならない。

(4) 割賦販売

割賦販売については，商品等を 引渡した日 をもって売上収益の実現の日とする。

しかし，割賦販売は通常の販売と異なり，その代金回収の期間が長期にわたり，かつ，分割払であることから代金回収上の危険率が高いので，貸倒引当金及び代金回収費，

アフター・サービス費等の引当金の計上について特別の配慮を要するが，その算定に当っては，不確実性と煩雑さを伴う場合が多い。従って，収益の認識を慎重に行うため，販売基準に代えて，割賦金の回収期限の到来の日又は入金の日をもって売上収益実現の日とすることも認められる。

【注7】 工事収益について

(損益計算書原則三のBただし書)

　長期の請負工事に関する収益の計上については，工事進行基準又は工事完成基準のいずれかを選択適用することができる。

(1) 工事進行基準

　　決算期末に工事進行程度を見積り，適正な工事収益率によって工事収益の一部を当期の損益計算に計上する。

(2) 工事完成基準

　　工事が完成し，その引渡しが完了した日に工事収益を計上する。

【注8】 製品等の製造原価について

(損益計算書原則三のC)

　製品等の製造原価は，適正な原価計算基準に従って算定しなければならない。

【注9】 原価差額の処理について

(損益計算書原則三のC及び貸借対照表原則五のAの1項)

　原価差額を売上原価に賦課した場合には，損益計算書に　売上原価の内訳科目　として次の形式で原価差額を記載する。

```
売  上  原  価
  1   期首製品たな卸高     ×××
  2   当期製品製造原価     ×××
          合   計        ×××
  3   期末製品たな卸高     ×××
      標準（予定）売上原価   ×××
  4   原  価  差  額     ×××      ×××
```

原価差額をたな卸資産の科目別に配賦した場合には，これを貸借対照表上のたな卸資産の科目別に各資産の価額に含めて記載する。

【注10】　たな卸資産の評価損について
　　　　（損益計算書原則三のC及び貸借対照表原則五のA）

(1)　商品，製品，原材料等のたな卸資産に低価基準を適用する場合に生ずる評価損は，原則として，売上原価の内訳科目又は営業外費用として表示しなければならない。

(2)　時価が取得原価より著しく下落した場合（貸借対照表原則五のA第1項ただし書の場合）の評価損は，原則として，営業外費用又は特別損失として表示しなければならない。

(3)　品質低下，陳腐化等の原因によって生ずる評価損については，それが原価性を有しないものと認められる場合には，これを営業外費用又は特別損失として表示し，これらの評価損が原価性を有するものと認められる場合には，製造原価，売上原価の内訳科目又は販売費として表示しなければならない。

【注11】　内部利益とその除去の方法について
　　　　　　　　　　　　（損益計算書原則三のE）

　内部利益とは，原則として，本店，支店，事業部等の企業内部における 独立した会計単位 相互間の内部取引から生ずる 未実現の利益 をいう。従って，会計単

位内部における原材料，半製品等の振替から生ずる 振替損益 は内部利益ではない。

内部利益の除去は，本支店等の合併損益計算書において売上高から内部売上高を控除し，仕入高（又は売上原価）から内部仕入高（又は内部売上原価）を控除するとともに， 期末たな卸高 から内部利益の額を控除する方法による。これらの控除に際しては，合理的な見積概算額によることも差支えない。

【注12】 特別損益項目について　　（損益計算書原則六）

特別損益に属する項目としては，次のようなものがある。

(1) 臨時損益
　　イ　固定資産売却損益
　　ロ　転売以外の目的で取得した有価証券の売却損益
　　ハ　災害による損失
(2) 前期損益修正
　　イ　過年度における引当金の過不足修正額
　　ロ　過年度における減価償却の過不足修正額
　　ハ　過年度におけるたな卸資産評価の訂正額
　　ニ　過年度償却済債権の取立額

なお，特別損益に属する項目であっても， 金額の僅少なもの 又は毎期経常的に発生するものは， 経常損益計算 に含めることができる。

> ※　「会計上の変更及び誤謬の訂正に関する会計基準」の公表により，前期損益修正として特別損益に計上されるケースは極めて限定的になると考えられる。

【注13】 法人税等の追徴税額等について

（損益計算書原則八）

法人税等の更正決定等による 追徴税額 及び 還付

税額 は，税引前当期純利益に加減して表示する。この場合，当期の負担に属する法人税額等とは 区別 することを原則とするが，重要性の乏しい場合には，当期の負担に属するものに含めて表示することができる。

【注14】　削　除

【注15】　将来の期間に影響する特定の費用について
　　　　　（貸借対照表原則一のD及び四の（一）のC）
「 将来の期間に影響する特定の費用 」とは，すでに 代価の支払 が完了し又は支払義務が確定し，これに対応する 役務の提供 を受けたにもかかわらず，その 効果 が 将来 にわたって発現するものと期待される費用をいう。

　これらの費用は，その効果が及ぶ数期間に合理的に配分するため，経過的に貸借対照表上 繰延資産 として計上することができる。

　なお，天災等により固定資産又は企業の営業活動に必須の手段たる資産の上に生じた損失が，その期の純利益又は 当期未処分利益 から当期の処分予定額を控除した金額をもって負担しえない程度に 巨額 であって特に 法令 をもって認められた場合には，これを経過的に貸借対照表の資産の部に記載して繰延経理することができる。

【注16】　流動資産又は流動負債と固定資産又は固定負債とを区別する基準について
　　　　　（貸借対照表原則四の（一）及び（二））
　受取手形，売掛金，前払金，支払手形，買掛金，前受金等の当該企業の 主目的たる営業取引 により発生した債権及び債務は， 流動資産 又は 流動負債 に属するものとする。ただし，これらの債権のうち，破産債権，更生債権及びこれに準ずる債権で一年以内に回収さ

れないことが明らかなものは，固定資産たる $\boxed{\text{投資その}}$ $\boxed{\text{他の資産}}$ に属するものとする。

　貸付金，借入金，差入保証金，受入保証金，当該企業の $\boxed{\text{主目的以外の取引}}$ によって発生した未収金，未払金等の債権及び債務で，貸借対照表日の翌日から起算して一年以内に入金又は支払の期限が到来するものは，$\boxed{\text{流動資産}}$ 又は $\boxed{\text{流動負債}}$ に属するものとし，入金又は支払の期限が一年をこえて到来するものは，$\boxed{\text{投資その他の資産}}$ 又は $\boxed{\text{固定負債}}$ に属するものとする。

　現金預金は，原則として，$\boxed{\text{流動資産}}$ に属するが，預金については，貸借対照表日の翌日から起算して一年以内に期限が到来するものは，$\boxed{\text{流動資産}}$ に属するものとし，期限が一年をこえて到来するものは，$\boxed{\text{投資その他の資産}}$ に属するものとする。

　所有有価証券のうち，証券市場において流通するもので，短期的資金運用のために一時的に所有するものは，流動資産に属するものとし，証券市場において流通しないもの若しくは他の企業を支配する等の目的で長期的に所有するものは，投資その他の資産に属するものとする。

　$\boxed{\text{前払費用}}$ については，貸借対照表日の翌日から起算して一年以内に費用となるものは，$\boxed{\text{流動資産}}$ に属するものとし，一年をこえる期間を経て費用となるものは，$\boxed{\text{投資その他の資産}}$ に属するものとする。未収収益は $\boxed{\text{流動資産}}$ に属するものとし，未払費用及び前受収益は，$\boxed{\text{流動負債}}$ に属するものとする。

　商品，製品，半製品，原材料，仕掛品等のたな卸資産は，$\boxed{\text{流動資産}}$ に属するものとし，企業がその営業目的を達成するために所有し，かつ，その加工若しくは売却を予定しない財貨は，$\boxed{\text{固定資産}}$ に属するものとする。

　なお，固定資産のうち残存耐用年数が一年以下となったものも流動資産とせず $\boxed{\text{固定資産}}$ に含ませ，たな卸

資産のうち恒常在庫品として保有するもの若しくは余剰品として長期間にわたって所有するものも固定資産とせず │流動資産│ に含ませるものとする。

【注17】 貸倒引当金又は減価償却累計額の控除形式について

（貸借対照表原則四の（一）のBの5項及びDの1項）

貸倒引当金又は減価償却累計額は，その債権又は有形固定資産が属する │科目│ ごとに │控除する形式│ で表示することを原則とするが，次の方法によることも妨げない。

(1) 二以上の科目について，貸倒引当金又は減価償却累計額を │一括│ して記載する方法

(2) 債権又は有形固定資産について，貸倒引当金又は減価償却累計額を控除した │残額│ のみを記載し，当該貸倒引当金又は減価償却累計額を │注記│ する方法

【注18】 引当金について

（貸借対照表原則四の（一）のDの1項，

（二）のAの3項及びBの2項）

│将来の特定の費用又は損失│ であって，その発生が当期以前の事象に │起因│ し，発生の可能性が │高く│ ，かつ，その金額を │合理的│ に見積ることができる場合には，当期の負担に属する金額を当期の費用又は損失として │引当金│ に繰入れ，当該引当金の残高を貸借対照表の │負債の部│ 又は │資産の部│ に記載するものとする。

製品保証引当金，売上割戻引当金，返品調整引当金，賞与引当金，工事補償引当金，│退職給与引当金│，修繕引当金，特別修繕引当金，債務保証損失引当金，損害補償損失引当金，貸倒引当金等がこれに該当する。

発生の可能性の低い │偶発事象│ に係る費用又は損失については，引当金を計上することはできない。

【注19】 剰余金について 　　（貸借対照表原則四の（三））

　会社の純資産額が法定資本の額をこえる部分を剰余金という。

　剰余金は，次のように資本剰余金と利益剰余金とに分れる。

(1) 資本剰余金

　　株式払込剰余金，減資差益，合併差益等

　　なお，合併差益のうち消滅した会社の利益剰余金に相当する金額については，資本剰余金としないことができる。

(2) 利益剰余金

　　利益を源泉とする剰余金

【注20】 減価償却の方法について

　　　　　　　　　　　　　　　（貸借対照表原則五の２項）

　固定資産の減価償却の方法としては，次のようなものがある。

(1) 定額法 　固定資産の耐用期間中，毎期均等額の減価償却費を計上する方法

(2) 定率法 　固定資産の耐用期間中，毎期 期首未償却残高 に一定率を乗じた減価償却費を計上する方法

(3) 級数法 　固定資産の耐用期間中，毎期一定の額を算術級数的に逓減した減価償却費を計上する方法

(4) 生産高比例法 　固定資産の耐用期間中，毎期当該資産による生産又は用役の提供の度合に比例した減価償却費を計上する方法

　この方法は，当該固定資産の総利用可能量が物理的に確定でき，かつ，減価が主として固定資産の利用に比例して発生するもの，例えば，鉱業用設備，航空機，自動車等について適用することが認められる。

　なお，同種の物品が多数集まって一つの全体を構成し，老朽品の部分的取替を繰り返すことにより全体が

維持されるような固定資産については，部分的取替に要する費用を 収益的支出 として処理する方法（ 取替法 ）を採用することができる。

【注21】 たな卸資産の貸借対照表価額について

(貸借対照表原則五のAの1項)

(1) たな卸資産の貸借対照表価額の算定のための方法としては，次のようなものが認められる。

イ 個別法 たな卸資産の取得原価を異にするに従い区別して記録し，その個々の実際原価によって期末たな卸品の価額を算定する方法

ロ 先入先出法 最も古く取得されたものから順次払出しが行われ，期末たな卸品は最も新しく取得されたものからなるものとみなして期末たな卸品の価額を算定する方法

ハ 後入先出法 最も新しく取得されたものから払出しが行われ，期末たな卸品は最も古く取得されたものからなるものとみなして期末たな卸品の価額を算定する方法

ニ 平均原価法 取得したたな卸資産の平均原価を算出し，この平均原価によって期末たな卸品の価額を算定する方法

平均原価は，総平均法又は移動平均法により算出する。

ホ 売価還元原価法 異なる品目の資産を値入率の類似性に従って適当なグループにまとめ，一グループに属する期末商品の売価合計額に原価率を適用して期末たな卸品の価額を算定する方法

この方法は，取扱品種のきわめて多い小売業及び卸売業におけるたな卸資産の評価に適用される。

(2) 製品等の製造原価については，適正な原価計算基準に従って， 予定価格 又は 標準原価 を適用して算定した原価によることができる。

【注22】 社債の貸借対照表価額について

(貸借対照表原則五のBの1項)

所有する社債については，社債金額より低い価額又は高い価額で買入れた場合には，当該価額をもって貸借対照表価額とすることができる。この場合においては，その差額に相当する金額を償還期に至るまで毎期一定の方法で逐次貸借対照表価額に加算し，又は貸借対照表価額から控除することができる。

【注23】 債権の貸借対照表価額について

(貸借対照表原則五のC)

債権については，債権金額より低い価額で取得したときその他これに類する場合には，当該価額をもって貸借対照表価額とすることができる。この場合においては，その差額に相当する金額を弁済期に至るまで毎期一定の方法で逐次貸借対照表価額に加算することができる。

【注24】 国庫補助金等によって取得した資産について

(貸借対照表原則五のDの1項及びF)

国庫補助金，工事負担金等で取得した資産については，国庫補助金等に相当する金額をその取得原価から 控除 することができる。

この場合においては，貸借対照表の表示は，次のいずれかの方法によるものとする。

(1) 取得原価から国庫補助金等に相当する金額を 控除する形式 で記載する方法

(2) 取得原価から国庫補助金等に相当する金額を控除した 残額 のみを記載し，当該国庫補助金等の金額を 注記 する方法

【注25】 営業権について (貸借対照表原則五のE)

営業権は，有償で譲受け又は合併によって取得したもの

に限り貸借対照表に計上し，毎期均等額以上を償却しなければならない。

財務会計の概念フレームワーク

2006年12月22日

第1章　財務報告の目的

■序　文

　本章では，財務報告を支える基本的な前提や概念のうち，その目的の記述に主眼が置かれている。基礎概念の体系化に際し，財務報告の目的を最初にとりあげたのは，一般に社会のシステムは，その目的が基本的な性格を決めているからである。財務報告のシステムも，その例外ではない。

　ただし，どのような社会のシステムも，時代や環境の違いを超えた普遍的な目的を持つわけではない。財務報告制度の目的は，社会からの要請によって与えられるものであり，自然に決まってくるのではない。とすれば，この制度に対し，いま社会からいかなる要請がなされているのかを確かめることは，そのあり方を検討する際に最優先すべき作業であろう。

　財務報告はさまざまな役割を果たしているが，ここでは，その目的が，投資家による企業成果の予測と企業価値の評価に役立つような，企業の財務状況の開示にあると考える。自己の責任で将来を予測し投資の判断をする人々のために，企業の投資のポジション（ストック）とその成果（フロー）が開示されるとみるのである。

　もちろん，会計情報を企業価値の推定に利用することを重視するからといって，それ以外の使われ方を無視できるわけではない。本章では，会計情報の副次的な利用の典型例やそれらと会計基準設定との関係についても記述されている。

■本　文

〔ディスクロージャー制度と財務報告の目的〕

1　企業の将来を予測するうえで，企業の現状に関する情報は不可欠であるが，その情報を入手する機会について，投資家と経営者の間には一般に大きな格差がある。このような状況のもとで，情報開示が不十分にしか行われないと，企業の発行する株式や社債などの価値を推定する際に投資家が自己責任を負うことはできず，それらの証券の円滑な発行・流通が妨げられることにもなる。そうした情報の非対称性を緩和し，それが生み出す市場の機能障害を解決するため，経営者による私的情報の開示を促進するのがディスクロージャー制度の存在意義である。

2　投資家は不確実な将来キャッシュフローへの期待のもとに，自らの意思で自己の資金を企業に投下する。その不確実な成果を予測して意思決定をする際，投資家は企業が資金をどのように投資し，実際にどれだけの成果をあげているかについての情報を必要としている。経営者に開示が求められるのは，基本的にはこうした情報である。財務報告の目的は，投資家の意思決定に資するディスクロージャー制度の一環として，投資のポジションとその成果を測定して開示することである。

（注1）「投資のポジション」に類似する用語としては，従来，「財政状態」という用語が用いられてきた。しかし，この用語は，多義的に用いられているため，新たに抽象的な概念レベルで使用する用語として，「投資のポジション」を用いた。

3　財務報告において提供される情報の中で，投資の成果を示す利益情報は基本的に過去の成果を表すが，企業価値評価の基礎となる将来キャッシュフローの予測に広く用いられている。このように利益の情報を利用

することは，同時に，利益を生み出す投資のストックの情報を利用することも含意している。投資の成果の絶対的な大きさのみならず，それを生み出す投資のストックと比較した収益性（あるいは効率性）も重視されるからである。

〔会計基準の役割〕

4　経営者は本来，投資家の保守的なリスク評価によって企業価値が損なわれないよう，自分の持つ私的な企業情報を自発的に開示する誘因を有している。それゆえ，たとえ公的な規制がなくても，投資家に必要な情報はある程度まで自然に開示されるはずである。ただし，その場合でも，虚偽情報を排除するとともに情報の等質性を確保する最小限のルールは必要であり，それを当事者間の交渉（契約）に委ねていたのではコストがかかりすぎることになる。それを社会的に削減するべく，標準的な契約を一般化して，会計基準が形成される。ディスクロージャー制度を支える社会規範としての役割が，会計基準に求められているのである。

5　会計基準が「最小限のルール（ミニマム・スタンダード）」として有効に機能するか否かは，契約の標準化ないし画一化による便益がそれに伴うコストを上回っているか否かに依存する。そこでいうコストや便益は環境に依存して決まるため，その環境変化に応じて，会計基準のあり方も変わり得る。

〔ディスクロージャー制度における各当事者の役割〕

6　ディスクロージャー制度の主たる当事者としては，情報を利用して企業に資金を提供する投資家，情報を開示して資金を調達する経営者，及び両者の間に介在し，保証業務を通じて情報の信頼を高める監査人の3者を想定できる。

7　ここで投資家とは，証券市場で取引される株式や社債などに投資する者をいい，これらを現に保有する者だけでなく，これらを保有する可能性のある者を含ん

でいる。投資家は開示された情報を利用して，自己の責任で将来の企業成果を予想し，現在の企業価値を評価する。投資家の中には会計情報の分析能力に優れた者のほか，自らは十分な分析能力を持たず専門家の助けを必要とする者も含まれているが，証券市場が効率的であれば，情報処理能力の差は投資家の間に不公正をもたらさない。それゆえ，会計基準の設定にあたっては，原則として，一定以上の分析能力を持った投資家を想定すればよい。

8　経営者には，投資家がその役割を果たすのに必要な情報を開示することが期待されている。予測は投資家の自己責任で行われるべきであり，経営者が負うべき責任は基本的には事実の開示である。会計情報を開示するうえで経営者自身の予測が必要な場合でも，それを開示する目的は原則として現在までに生じている事実を明らかにすることにある。

9　監査人は，投資家の必要とする会計情報を経営者が適正に開示しているか否かを確かめる。具体的には，一般に公正妥当と認められた会計基準への準拠性について，一般に公正妥当と認められた監査基準に従って監査することを，その役割としている。監査人には経営者が作成した情報を監査する責任が課されているのであり，財務情報の作成責任はあくまでも経営者が負う。

10　ディスクロージャー制度の当事者はそれぞれ，会計基準が遵守されることで便益を享受する。会計基準に従って作成され，独立した監査人の監査を受けた情報は，一般に投資家の信頼を得られやすい。そうした情報を低いコストで入手できることは，投資家にとっての便益となる。それによって投資家の要求する資本のコストが下がり，企業価値が高まれば，経営者も会計基準から便益を享受することとなる。また経営者は，投資家の情報要求を個別に確かめるためのコストを削

減できるという点でも，便益を享受する。投資家の最
低限の情報要求に応えるには，どのような会計情報を
提供すればよいのかを，会計基準が明らかにするから
である。さらに会計基準は，監査上の判断の基礎を提
供する機能を果たし，監査人にも便益を与える。

〔会計情報の副次的な利用〕

11　ディスクロージャー制度において開示される会計情
　報は，企業関係者の間の私的契約等を通じた利害調整
　にも副次的に利用されている。また，会計情報は不特
　定多数を対象とするいくつかの関連諸法規や政府等の
　規制においても副次的に利用されている。その典型例
　は，配当制限（会社法），税務申告制度（税法），金融
　規制（例えば自己資本比率規制，ソルベンシー・マー
　ジン規制）などである。

12　会計基準の設定にあたり最も重視されるべきは，本
　章第2項に記述されている目的の達成である。しかし，
　会計情報の副次的な利用の事実は，会計基準を設定・
　改廃する際の制約となることがある。すなわち会計基
　準の設定・改廃を進める際には，それが公的規制や私
　的契約等を通じた利害調整に及ぼす影響も，同時に考
　慮の対象となる。そうした副次的な利用との関係も検
　討しながら，財務報告の目的の達成が図られる。

第2章　会計情報の質的特性

■序　文

　本章では，財務報告の目的を達成するにあたり，会計
情報が備えるべき質的な特性を論じている。財務報告の
目的は，投資家による企業成果の予測や企業評価のため
に，将来キャッシュフローの予測に役立つ情報を提供す
ることである。会計情報に求められる最も重要な特性は，
その目的にとっての有用性である。この概念フレームワー

クでは，この特性を意思決定有用性と称している。これは，すべての会計情報とそれを生み出すすべての会計基準に要求される規範として機能する。

　しかし，その特性は具体性や操作性に欠けるため，それだけでは，将来の基準設定の指針として十分ではない。本章では，意思決定有用性を支える下位の諸特性を具体化して，整理するとともに，特性間の関係を記述することにより，意思決定有用性という規範が機能できるようにすることを目的としている。したがって，この概念フレームワークは現行の会計基準や会計実務を帰納要約的に記述したものではなく，その内容には，財務報告の目的の達成にとって有益であるか否か，必要であるか否かという判断が反映されている。

　会計情報の質的特性は，しばしば会計基準を設定する際の象徴的な標語として自己目的化する危険性を有している。そのような危険をなくすため，本章は，海外の先例における諸特性を議論の出発点にしながら，それらを相対化・客観化する検討作業を経て，まとめられている。その検討結果に基づき，諸特性の並列・対立関係と上下の階層関係などに対して特別な注意が払われるとともに，諸特性の記述に際しては，常に財務報告の目的との関連が意識されている。

　ただし，本章に記した諸特性は，予定調和的に体系を形成しているものでもなければ，相互排他的な関係にあるわけでもない。会計基準の設定にあたり，どの特性をどれほど重視するのかは，与えられた環境条件の下で，財務報告の目的に照らして個々に判断されなければならない。本章の目的は，その判断の指針を示すことではなく，もっぱら諸特性の意義と相互関係を明らかにすることに向けられている。

■本　文

〔会計情報の基本的な特性：意思決定有用性〕

1　財務報告の目的は，企業価値評価の基礎となる情報，つまり投資家が将来キャッシュフローを予測するのに役立つ企業成果等を開示することである。この目的を達成するにあたり，会計情報に求められる最も基本的な特性は，意思決定有用性である。すなわち，会計情報には，投資家が企業の不確実な成果を予測するのに有用であることが期待されている。

2　意思決定有用性は，意思決定目的に関連する情報であること（意思決定との関連性）と，一定の水準で信頼できる情報であること（信頼性）の2つの下位の特性により支えられている。さらに，内的整合性と比較可能性が，それら3者の階層を基礎から支えると同時に，必要条件ないし閾限界として機能する。

〔意思決定有用性を支える特性(1)：意思決定との関連性〕

3　このうち意思決定との関連性とは，会計情報が将来の投資の成果についての予測に関連する内容を含んでおり，企業価値の推定を通じた投資家による意思決定に積極的な影響を与えて貢献することを指す。

4　会計情報が投資家の意思決定に貢献するか否かは，第一に，それが情報価値を有しているか否かと関わっている。ここでいう情報価値とは，投資家の予測や行動が当該情報の入手によって改善されることをいう。ただし，会計基準の設定局面において，新たな基準に基づく会計情報の情報価値は不確かな場合も多い。そのケースでは，投資家による情報ニーズの存在が，情報価値を期待させる。そのような期待に基づいて，情報価値の存否について事前に確たることがいえない場合であっても，投資家からの要求に応えるために会計基準の設定・改廃が行われることもある。この意味で，情報価値の存在と情報ニーズの充足は，意思決定との関連性を支える2つの特性と位置づけられる。

（注1）特定の情報が投資家の行動を改善するか否かについて，事前に確たることをいうのは難しい。投資

家の意思決定モデルを特定するのが困難なうえ，予想される多様な結果を社会全体としてどのように評価したらよいのか，評価の尺度を特定するのも困難だからである。

5　もっとも，情報開示のニーズがある会計情報のすべてが投資家の意思決定と関連しているとは限らない。投資家の意思決定に関連する情報はディスクロージャー制度以外の情報源からも投資家に提供されており，投資家の情報ニーズのすべてにディスクロージャー制度で応えるべきか否かは，慎重な検討を要する問題である。これらの点で，情報ニーズの充足が基準設定で果たす役割には一定の限界がある。

〔意思決定有用性を支える特性(2)：信頼性〕

6　会計情報の有用性は，信頼性にも支えられている。信頼性とは，中立性・検証可能性・表現の忠実性などに支えられ，会計情報が信頼に足る情報であることを指す。

7　会計情報の作成者である経営者の利害は，投資家の利害と必ずしも一致していない。そのため，経営者の自己申告による情報を投資家が全面的に信頼するのは難しい。利害の不一致に起因する弊害を小さく抑えるためには，一部の関係者の利害だけを偏重することのない財務報告が求められる（中立性）。また，利益の測定では将来事象の見積りが不可欠であるが，見積りによる測定値は，誰が見積るのかによっても，大きなばらつきが生じることがある。このような利益情報には，ある種のノイズが含まれており，見積りのみに基づく情報を投資家が完全に信頼するのは難しい。そのような事態を避けるには，測定者の主観には左右されない事実に基づく財務報告が求められる（検証可能性）。さらに企業が直面した事実を会計データの形で表現しようとする際，もともと多様な事実を少数の会計上の項目へと分類しなければならない。しかし，その分類

規準に解釈の余地が残されている場合は，分類結果を信頼できない事態も起こり得る。このような事態を避けるため，事実と会計上の分類項目との明確な対応関係が求められる（表現の忠実性）。

（注2）信頼性は意思決定との関連性から完全に独立しているわけではない。例えば表現の忠実性に関して述べた，事実を会計データにどう置き換えるのかという問題は，会計情報の情報価値を左右する問題でもある。

〔特性間の関係〕

8　意思決定との関連性と信頼性は同時に満たすことが可能な場合もあれば，両者の間にトレードオフが生じることもある。ある種の情報が，いずれかの特性を高める反面で，他方の特性を損なうケースもあり得る。両特性間にトレードオフの関係がみられる場合は，双方の特性を考慮に入れたうえで，新たな基準のもとで期待される会計情報の有用性を総合的に判断することになる。

（注3）例えば，測定に主観が入る見積り情報の場合には，意思決定との関連性と信頼性との間にトレードオフが生じ得る。

〔一般的制約となる特性(1)：内的整合性〕

9　会計情報が利用者の意思決定にとって有用であるためには，会計情報を生み出す会計基準が内的整合性を満たしていなければならない。会計基準は少数の基礎概念に支えられた1つの体系をなしており，意思決定有用性がその体系の目標仮説となっている。一般に，ある個別の会計基準が，会計基準全体を支える基本的な考え方と矛盾しないとき，その個別基準は内的整合性を有しているという。そのように個別基準が内的に整合している場合，その個別基準に従って作成される会計情報は有用であると推定される。

10　新たな経済事象や新たな形態の取引に関する個別基

準についても，それによる会計情報が意思決定との関連性と信頼性という特性を満たしているか否かを事前に判断しなければならない。そのとき，類推可能な経験的証拠が，結論を下せるほどには十分に得られていないこともある。その場合，その会計情報（を生み出す個別基準）が既存の会計基準の体系と整合的であるか否かの判断を通じて，意思決定との関連性や信頼性が満たされているかが判断される。すなわち，この内的整合性は，会計情報の意思決定との関連性や信頼性について，間接的，補完的に推定する役割をもっている。ただし，そのような推定方法が有効に機能するのは，既存の会計基準の体系が有用な会計情報を生み出していると合意されている場合である。環境条件や会計理論のパラダイムが変化したことにより，そのような合意が成立していないと判断される場合には，既存の体系との内的整合性によって意思決定との関連性や信頼性を推定することはできない。

〔一般的制約となる特性(2)：比較可能性〕

11 会計情報が利用者の意思決定にとって有用であるためには，会計情報には比較可能性がなければならない。ここで比較可能性とは，同一企業の会計情報を時系列で比較する場合，あるいは，同一時点の会計情報を企業間で比較する場合，それらの比較に障害とならないように会計情報が作成されていることを要請するものである。そのためには，同様の事実（対象）には同一の会計処理が適用され，異なる事実（対象）には異なる会計処理が適用されることにより，会計情報の利用者が，時系列比較や企業間比較にあたって，事実の同質性と異質性を峻別できるようにしなければならない。

12 比較可能性が確保されるためには，財務諸表の報告様式の統一はもちろん，企業において同一の会計方法が継続的に（首尾一貫して）適用されなければならない。さらに，その変更に際しては，利用者の比較作業

に資するための情報の開示が必要となる。また，会計基準が変更された場合の移行措置を検討したり，注意喚起のために注記で開示すべき項目や内容を決めたりする場合にも，比較可能性が考慮されなければならない。しかし，比較可能性は必ずしも，形式基準を求めるものでも，画一的な会計処理を求めるものでもない。事実の差異が会計情報の利用者の比較にとって必要であり，それを知ることが利用者の意思決定に役立つのであれば，その差異に応じて，異なる会計処理（方法）が必要とされる。

第3章　財務諸表の構成要素

■序　文

　本章では，財務諸表の構成要素を特定し，それらに定義を与えることを通じて，財務報告が対象とすべき事象を明確にしている。そうすることで，環境の変化により新たな経済事象が生じたとき，それを財務報告の対象に含めるか否かの指針としての機能が果たされる。財務報告の対象として不適格な項目を排除するとともに，財務報告の対象とすべき項目を包摂するように構成要素の定義を記述することが，本章の役割である。その記述に際しては，財務報告の目的に資することを判断規準としている。財務諸表には財務報告の目的に関連して特定の役割が期待されており，それぞれの構成要素となり得るのは，その役割を果たすものに限られる。

　財務諸表の構成要素の中には，他から独立しているものもあれば，他に従属しているものもある。本章では，はじめに資産と負債に独立した定義を与え，そこから純資産と包括利益の定義を導いている。また，投資家の利用目的との適合性を考慮して，包括利益とは別に純利益に定義を与え，純利益と関連させて収益と費用の定義を

導出している。ここで資産・負債の定義からはじめるのは，財務報告の対象を確定し定義する作業が容易になるからであり，情報としての有用性を比較したものでもなければ，特定の測定方法を一義的に導くことを意図したものでもない。

　構成要素に定義を与えるといっても，それらは別の抽象概念に依存する。会計の専門用語をより一般的な用語に置き換えることはできても，解釈の余地のない用語に還元しつくすことはできない。そのため，会計基準の設定に際しては一定の解釈が必要になるが，構成要素の定義の字義を解釈するだけでは，財務報告の対象とすべき事象は決められない。財務報告の対象とすべきか否かは，財務報告の対象とすることによってその目的がよりよく達成できるようになるのかどうかも加味して，総合的に判断しなければならない。

■本　文

〔財務諸表の役割とその構成要素〕

1　財務報告の目的を達成するため，現行のディスクロージャー制度においては，貸借対照表，損益計算書，キャッシュ・フロー計算書等の財務諸表が開示されている。これらは企業の所有者が提供した資金をもとに，企業が実行した投資の特定時点のポジションと，その投資から得られた特定期間の成果を反映している。

2　この概念フレームワークでは，投資のポジションと成果を表すため，貸借対照表及び損益計算書に関する構成要素として，資産や負債，純資産，株主資本，包括利益，純利益，収益，費用が定義される。

（注1）キャッシュ・フロー計算書等については，改めて構成要素を定義しない。

〔財務報告の目的による制約〕

3　貸借対照表と損益計算書が投資のポジションと成果を開示するという役割を担っているため，それぞれの

構成要素は，これらの役割を果たすものに限られる。構成要素の定義は，財務報告の目的と財務諸表の役割に適合するかぎりで意味を持つのであり，そうした役割を果たさないものは，たとえ以下の各定義を充足しても，財務諸表の構成要素とはならない。

〔資　産〕

4　資産とは，過去の取引または事象の結果として，報告主体が支配している 経済的資源 をいう。

（注2）ここでいう支配とは，所有権の有無にかかわらず，報告主体が経済的資源を利用し，そこから生み出される便益を享受できる状態をいう。経済的資源とは，キャッシュの獲得に貢献する便益の源泉をいい，実物財に限らず，金融資産及びそれらとの同等物を含む。経済資源は市場での処分可能性を有する場合もあれば，そうでない場合もある。

（注3）一般に，繰延費用と呼ばれてきたものでも，将来の便益が得られると期待できるのであれば，それは，資産の定義には必ずしも反していない。その資産計上がもし否定されるとしたら，資産の定義によるのではなく，認識・測定の要件または制約による。

〔負　債〕

5　負債とは，過去の取引または事象の結果として，報告主体が支配している 経済的資源 を 放棄 もしくは 引き渡す義務 ，またはその同等物をいう。

（注4）ここでいう義務の同等物には，法律上の義務に準じるものが含まれる。

（注5）繰延収益は，この概念フレームワークでは，原則として，純資産のうち株主資本以外の部分となる。

〔純資産〕

6　純資産とは， 資産 と 負債 の 差額 をいう。

〔株主資本〕

7　株主資本とは，純資産のうち報告主体の所有者である 株主 （連結財務諸表の場合には親会社株主）に

| 帰属 | する部分をいう。

（注6）ここで報告主体の所有者である株主に帰属する
部分とは，報告主体の所有者との直接的な取引によっ
て発生した部分，及び投資のリスクから解放された
部分のうち，報告主体の所有者に割り当てられた部
分をいう。

（注7）株主資本は，株主との直接的な取引，または，
株主に帰属する純利益によって増減する。その結果，
子会社の少数株主との直接的な取引や，オプション
所有者との直接的な取引で発生した部分は，株主資
本から除かれる。

〔包括利益〕

8　包括利益とは， | 特定期間 | における | 純資産の変
動額 | のうち，報告主体の所有者である株主，子会社
の少数株主，及び将来それらになり得るオプションの
所有者との直接的な取引によらない部分をいう。

（注8）直接的な取引の典型例は，親会社の増資による
親会社株主持分の増加，いわゆる資本連結手続を通
じた少数株主持分の発生，新株予約権の発行などで
ある。なお，純資産を構成する項目間の振替であっ
ても，それらの項目の一部がここでいう直接的な取
引によらないものであるときは，その部分が包括利
益に含められる場合もある。

〔純利益〕

9　純利益とは，特定期間の期末までに生じた純資産の
変動額（報告主体の所有者である株主，子会社の少数
株主，及び前項にいうオプションの所有者との直接的
な取引による部分を除く。）のうち，その期間中に
| リスクから解放 | された | 投資の成果 | であって，
報告主体の所有者に帰属する部分をいう。純利益は，
純資産のうちもっぱら株主資本だけを増減させる。

10　企業の投資の成果は，最終的には，投下した資金と
回収した資金の差額にあたるネット・キャッシュフロー

であり，各期の利益の合計がその額に等しくなること
が，利益の測定にとって基本的な制約になる。包括利
益と純利益とはともにこの制約を満たすが，このうち純
利益はリスクから解放された投資の成果であり，それ
は，企業が行った投資に関する期待に対比される事実
が生じたか否かで判断される。

（注9）投資に関する期待の内容は，投資の実態や本質
に応じて異なる。したがって，投資の成果のリスク
からの解放のタイミングをどのように捉えるかも，
投資の実態や本質に応じて異なり得る。

11　純利益は，収益から費用を控除した後，少数株主損
益を控除して求められる。ここでいう少数株主損益と
は，特定期間中にリスクから解放された投資の成果の
うち，子会社の少数株主に帰属する部分をいう。

〔包括利益と純利益との関係〕

12　包括利益のうち，(1)投資のリスクから解放されてい
ない部分を除き，(2)過年度に計上された包括利益のう
ち期中に投資のリスクから解放された部分を加え，(3)
少数株主損益を控除すると，純利益が求められる。

（注10）このことを，リサイクリングということもある。

（注11）本章第12項の(2)の処理に伴う調整項目と，(1)の
要素をあわせて，その他の包括利益と呼ばれること
もある。

〔収　益〕

13　収益とは，純利益または少数株主損益を増加させる
項目であり，特定期間の期末までに生じた資産の増加
や負債の減少に見合う額のうち，投資のリスクから解
放された部分である。収益は，投資の産出要素，すな
わち，投資から得られるキャッシュフローに見合う会
計上の尺度である。投入要素に投下された資金は，将
来得られるキャッシュフローが不確実であるというリ
スクにさらされている。キャッシュが獲得されること
により，投資のリスクがなくなったり，得られたキャッ

シュの分だけ投資のリスクが減少したりする。一般に，キャッシュとは現金及びその同等物をいうが，投資の成果がリスクから解放されるという判断においては，実質的にキャッシュの獲得とみなされる事態も含まれる。収益は，そのように投下資金が投資のリスクから解放されたときに把握される。

（注12）収益は，多くの場合，同時に資産の増加や負債の減少を伴うが，そうでないケースには，純資産を構成する項目間の振替と同時に収益が計上される場合（新株予約権が失効した場合や過年度の包括利益をリサイクリングした場合など）がある。

14　収益を生み出す資産の増加は，事実としてのキャッシュ・インフローの発生という形をとる。そうしたキャッシュ・インフローについては，投資のリスクからの解放に基づいて，収益としての期間帰属を決める必要がある。なお，事業に拘束されている資産については，現実とは異なる売却取引等を仮定し，キャッシュ・インフローを擬制して，収益が把握されるわけではない。

〔費　用〕

15　費用とは，純利益または少数株主損益を減少させる項目であり，特定期間の期末までに生じた資産の減少や負債の増加に見合う額のうち，投資のリスクから解放された部分である。費用は，投資によりキャッシュを獲得するために費やされた（犠牲にされた）投入要素に見合う会計上の尺度である。投入要素に投下された資金は，キャッシュが獲得されたとき，または，もはやキャッシュを獲得できないと判断されたときに，その役割を終えて消滅し，投資のリスクから解放される。費用は，そのように投下資金が投資のリスクから解放されたときに把握される。

（注13）費用は，多くの場合，同時に資産の減少や負債の増加を伴うが，そうでないケースには，純資産を構成する項目間の振替と同時に費用が計上される場

合（過年度の包括利益をリサイクリングした場合など）がある。

16 費用についても，投入要素の取得に要するキャッシュ・アウトフローとの関係が重視される。そうしたキャッシュ・アウトフローについては，投資のリスクからの解放に基づいて，費用としての期間帰属を決める必要がある。

第4章　財務諸表における認識と測定

■序　文

　本章では，第3章「財務諸表の構成要素」における定義を充足した各種構成要素をいつ認識し，それらをどのように測定するのかという問題を取り扱っている。最初に，定義を充足した構成要素が，どのようなタイミングで財務諸表に計上されるのか（認識の契機）について記述しており，次いで，財務諸表で認識される各構成要素の測定方法としてどのような選択肢があり得るのか，さらに，それぞれの測定値がどのような意味を持ち得るのかを記述している。その記述は，資産・負債に関する部分と収益・費用に関する部分に大別されている。

　資産と負債に関する部分では，各種の測定値が企業の投資とどのような関連を持つのかに着目して，測定値の意味が説明されている。特に，資産・負債それ自体の価値を直接表現する測定値には，その測定値が投資のどのような状況を表現しているのかについて，独立の説明を与えている。

　収益と費用に関する部分では，企業が投資した資金は，いつ投資のリスクから解放され，投資の成果を表す収益はどのように計上されるのか，その成果を得るための犠牲である費用は，いつ，どのように計上されるのか，といった事項の説明に主眼が置かれている。これは，第3

章「財務諸表の構成要素」において，純利益がリスクから解放された投資の成果として定義されていることを受けたものである。

本章で列挙されている認識・測定方法には，現在用いられている主要な方法に加え，近い将来に用いられる可能性のある方法も含まれている。この概念フレームワークには，現在の会計基準を規定する基礎概念を体系化するとともに将来の基準設定に対する指針を提示する役割が期待されているからである。その使命を果たすため，本章では，現在日本で採用されていない認識・測定方法も記述の対象となっている。逆に，たとえ現在用いられている認識・測定方法であっても，その適用範囲が極めて狭く限られているものは，ここではとりあげていない。それらに特定の意味を与えたところで，その記述には，将来の基準設定に対する指針としての役割を期待できないからである。したがって，本章は，想定可能な認識・測定方法のすべてを網羅しているわけではない。

個々の認識・測定方法の意味を記述するにあたり，本章では，企業の投資と会計上の測定値との関係に着目している。すなわち，それぞれの認識・測定方法はどのような状態の投資に適用し得るのか，またそれを適用した結果，各測定値にはどのような意味が与えられるのかに着目している。投資家が会計情報から企業の将来キャッシュフローを予測するには，会計数値は企業の投資活動と経験的に意味のある関連を持つ必要があるからである。その関連を記述しておけば，将来，新たな会計基準が対象とする投資活動を明確にすることを通じて，適切な認識・測定方法を選択できるようになると期待される。もちろん，適切な認識・測定方法を選択するには，各種の投資の実態や本質について共通の解釈が必要となるが，その解釈は会計基準設定段階での検討に委ねられている。

■本　文

認識及び測定の意義

1　財務諸表における認識とは，構成要素を財務諸表の本体に計上することをいう。

2　財務諸表における測定とは，財務諸表に計上される諸項目に貨幣額を割り当てることをいう。

認識に関する制約条件

（認識の契機）

3　第3章「財務諸表の構成要素」の定義を充足した各種項目の認識は，基礎となる契約の原則として少なくとも一方の履行が契機となる。さらに，いったん認識した資産・負債に生じた価値の変動も，新たな構成要素を認識する契機となる。

4　前項の第一文は，双務契約であって，双方が未履行の段階にとどまるものは，原則として，財務諸表上で認識しないことを述べている。履行の見込みが不確実な契約から各種の構成要素を認識すれば，誤解を招く情報が生み出されてしまうとみるのが通念である。それを避けるため，伝統的に，各種構成要素の認識は，契約が少なくとも部分的に履行されるのを待って行われてきた。

5　ただし，金融商品に属する契約の一部は，双務未履行の段階で財務諸表に計上されている。その典型例が，決済額と市場価格との差額である純額を市場で随時取引できる金融商品である。そのような金融商品への投資について，その純額の変動そのものがリスクから解放された投資の成果とみなされる場合には，その変動額を未履行の段階で認識することもある。

（認識に求められる蓋然性）

6　第3章「財務諸表の構成要素」の定義を充足した各種項目が，財務諸表上での認識対象となるためには，本章第3項に記した事象が生じることに加え，一定程

度の発生の可能性が求められる。一定程度の発生の可能性（蓋然性）とは，財務諸表の構成要素に関わる将来事象が，一定水準以上の確からしさで生じると見積られることをいう。

7　財務諸表の構成要素を認識する際に前項の要件が求められるのは，発生の可能性が極めて乏しい構成要素を財務諸表上で認識すると，誤解を招く情報が生まれるからである。とはいえ，逆に確定した事実のみに依拠した会計情報は有用ではないとみるのも，伝統的な通念である。発生の可能性を問題にする場合には，2つの相反する要請のバランスを考えなければならない。

（注1）発生の可能性に関する判断は，資産と負債との間で必ずしも対称的になされるわけではない。こうした非対称性の一部は，伝統的に，投資家の意思決定に有用な情報の提供とは別の観点から保守性あるいは保守的思考と呼ばれ，定着してきた。

資産の測定

(1)　取得原価

（定　義）

8　取得原価とは，資産取得の際に支払われた現金もしくは現金同等物の金額，または取得のために犠牲にされた財やサービスの公正な金額をいう。これを特に原始取得原価と呼ぶこともある。原始取得原価の一部を費用に配分した結果の資産の残高は，未償却原価と呼ばれる。原始取得原価を基礎としていることから，未償却原価も広義にとらえた取得原価の範疇に含まれる。

（測定値の意味）

9　原始取得原価は，実際に投下した資金の額であり，未償却原価は，そのうち，いまだ収益に賦課されていない額である。原始取得原価であれ未償却原価であれ，取得原価によって資産を測定する場合は，現在の投資行動をそのまま継続することが前提とされる。また，未償却原価によって資産が測定される場合は，投下資

金の一部が，投資成果を得るための犠牲を表す費用として，計画的・規則的に配分される。

10　取得原価，特に未償却原価による測定値は，継続利用している資産について将来に回収されるべき投資の残高を表す。つまり，この測定は，資産の価値の測定方法としてよりも，資産の利用に伴う費用を測定するうえで重要な意味を持つ。なお，費用測定のための期間配分の手続においては，いくつかの将来事象について見積りが必要であり，重要な誤りが事後的に判明した場合は，見積りが適宜修正され，それに応じて未償却原価も修正される。

（注2）一般に，見積りが修正された場合の会計処理には，その影響額の全額を修正した期の会計数値に反映させる方法と，複数の会計期間に分けて影響額を反映させる方法との2通りの方法がある。

(2)　市場価格

（定義と分類）

11　市場価格とは，特定の資産について，流通市場で成立している価格をいう。報告主体が直面する市場は，購買市場と売却市場とが区別される場合と，されない場合に分けることができる。それぞれのケースに応じて，市場価格の意味は異なる。その点を考慮して，ここでは，2つのケースを区別する。

（注3）　日本の現行基準においては，市場価格と時価が異なる意味で用いられている。狭い意味で使われるのは市場価格であり，この用語は実際に市場が存在する場合にしか用いられない。これに対し，時価は公正な評価額と同義であり，観察可能な市場価格のほか，推定された市場価格なども含んでいる。

(2-a)　購買市場と売却市場とが区別されない場合

（測定値の意味）

12　購買市場と売却市場とが区別されない場合の市場価格は，資産の経済価値を表す代表的な指標の1つであ

り，資産を処分ないし清算したときに得られる資金の額，あるいは再取得するのに必要な資金の額を表す（ただし取引コストは考慮していない。）。現在の事業投資活動の継続が前提とされる場合，それに利用されている資産については，この測定値に経験的な意味を見出すのは困難であるが，例えば個別の資産の売却処分が前提とされる場合には，その市場価格の情報が投資家にとって有益なこともある。また，予期せざる環境変化などにより，簿価が従来の意味を失うことがあり，臨時の簿価修正手続として，市場価格による再測定が意味を持つこともある。

（注4）この測定値が意味を持つ典型例は，売買目的の有価証券である。

13　市場価格の変動額には，将来キャッシュフローや割引率に関する市場の平均的な期待の改訂が反映される。その変動額は，事業上の制約がなく清算できる投資で，かつ市場における有利な価格変動を期待しているものについての成果を表す。

（注5）より正確には，市場価格の変動に加え，利付債に係る受取利息のように，投資対象から分離する形で生じたキャッシュフローも投資の成果に含まれる。同様のことは，後述の再調達原価・正味実現可能価額・割引価額などにもあてはまる。

14　独立した第三者間の取引を前提とするかぎり，資産取得に際しての支出額は，そのときの市場価格と大きく乖離しないと想定できる。両者に著しい乖離がなく，また支出額を操作する意図が推察されない場合は，取得した資産は当初認識時には支出額で測定されるのが原則である。ただし，それらの点について反証がある場合は，支出額にとらわれることなく，市場価格によって原始取得原価が測定されることもある。

（2-b）　購買市場と売却市場とが区別される場合

（2-b-①）　再調達原価

（定　義）

15　再調達原価とは，購買市場と売却市場とが区別され
る場合において，購買市場（当該資産を購入し直す場
合に参加する市場）で成立している価格をいう。

（測定値の意味）

16　再調達原価は，保有する資産を測定時点で改めて調
達するのに必要な資金の額を表す。しばしば，その変
動額は，資産の調達時期を遅らせていたならば生じた
はずの損益として意味づけられている。しかし，実際
には保有したまま再調達していないときに購入価格の
変動額を投資成果とみなせる状況は，限られている。
ただし，予期せざる環境変化などにより，簿価が従来
の意味を失うことがあり，臨時の簿価修正手続として，
再調達原価による再測定が意味を持つこともある。

(2-b-②)　正味実現可能価額

（定　義）

17　正味実現可能価額とは，購買市場と売却市場とが区
別される場合において，売却市場（当該資産を売却処
分する場合に参加する市場）で成立している価格から
見積販売経費（アフター・コストを含む。）を控除し
たものをいう。

（測定値の意味）

18　正味実現可能価額は，保有する資産を測定時点で売
却処分することによって回収できる資金の額を表す。
しばしば，その変動額は，資産を期末に売却したら生
じたはずの損益（の一部）として意味づけられている。
しかし，実際には保有したまま売却していないときに
売却価格の変動額を投資成果とみなせる状況は，限ら
れている。ただし，予期せざる環境変化などにより，
簿価が従来の意味を失うことがあり，臨時の簿価修正
手続として，正味実現可能価額による再測定が意味を
持つこともある。

(3)　割引価値

（定義と分類）

19 割引価値とは，資産の利用から得られる将来キャッシュフローの見積額を，何らかの割引率によって測定時点まで割り引いた測定値をいう。この測定方法を採用する場合は，キャッシュフローが発生するタイミングを合理的に予想できることが前提となる。割引価値による測定は，①将来キャッシュフローを継続的に見積り直すか否か，②割引率を継続的に改訂するか否かに応じて，いくつかの類型に分けられる。

（3-a） 将来キャッシュフローを継続的に見積り直すとともに，割引率も改訂する場合

（3-a-①） 利用価値

（定 義）

20 利用価値は，使用価値とも呼ばれ，資産の利用から得られる将来キャッシュフローを測定時点で見積り，その期待キャッシュフローをその時点の割引率で割り引いた測定値をいう。

（注6）ここで用いられる割引率については，いくつかの選択肢があり得る。

（測定値の意味）

21 利用価値は，市場価格と並んで，資産の価値を表す代表的な指標の1つである。利用価値は，報告主体の主観的な期待価値であり，測定時点の市場価格と，それを超える無形ののれん価値とを含んでいる。そのため，利用価値は，個々の資産の価値ではなく，貸借対照表には計上されていない無形資産も含んだ企業全体の価値を推定する必要がある場合に利用される。ただし，取得原価を超える利用価値で資産を測定した場合には，自己創設のれんが計上されることになる。

22 仮に将来に関する期待が変わらなければ，利用価値の変動額は，この投資額に対する正常なリターンの額（資本コストに見合う額）に等しくなる。他方，その期待が期中で変化した場合は，正常なリターンに加え

て，期待の変化（いわゆるウィンドフォール）が，経営者の主観的な見込みだけで，その変動額に算入される。第1章「財務報告の目的」において記述されているとおり，事実あるいは実績を開示するという財務報告の目的に照らすと，利用価値による測定が意味を持つ状況は，主観的な見積りを事実の代理とするしかない例外的なケースに限られる。

（注7）例えば資産の収益性が低下し，簿価を回収できる見込みがなくなったときに，回収可能な額まで簿価を切り下げるようなケースがこれに該当する。

（3-a-②）　市場価格を推定するための割引価値（時価または公正な評価額）

（定　義）

23　市場価格を推定するための割引価値とは，市場で平均的に予想されているキャッシュフローと市場の平均的な割引率を測定時点で見積り，前者を後者で割り引いた測定値をいう。市場価格が存在しない資産について，期末時点の価値を測定する必要がある場合には，この測定値が市場価格の代理指標として積極的な意味を持つ。この測定については，本章の第12項から第14項を参照。

（3-b）　将来キャッシュフローのみを継続的に見積り直す場合

（定　義）

24　将来キャッシュフローのみを継続的に見積り直した割引価値とは，資産の利用から得られる将来キャッシュフローを測定時点で見積り，その期待キャッシュフローを資産の取得時点における割引率で割り引いた測定値をいう。

（注8）金銭債権については，その取得時点で回収が見込まれる将来キャッシュフローを原始取得原価に一致させる割引率（当初の実効金利）を求め，この割引率で割り増して毎期の簿価を計算するのが支配的

な実務となっている。この簿価は利息法による簿価と呼ばれ，第24項にいう割引価値の典型例である。

（測定値の意味）

25　この測定値は，資産から得られる将来キャッシュフローについて，回収可能性の変化のみを反映させた額を表す。必ずしも回収リスクのすべてを反映させたものではなく，また割引率に内在する金利のリスクを無視する点でも，それは測定時点の資産価値を表しているとはいえないが，その変動額に含まれる2つの要素を投資の成果としてとらえるために，この測定方法が利用されることもある。1つは，当初用いた割引率に見合う利息収益の要素である。もう1つは，期待キャッシュフローが変化したことに伴う損益の要素である。そこでは回収可能額の改訂分を当初の割引率で割り引いた全額が，見積りの修正時点に生じた損益とみなされる。

⑷　入金予定額（決済価額または将来収入額）

（定　義）

26　入金予定額とは，資産から期待される将来キャッシュフローを単純に（割り引かずに）合計した金額をいう。一般に，入金予定額という場合，債権の契約上の元本についての回収可能額を指すことが多い。

（測定値の意味）

27　この測定値は，将来に入金が予定される額，回収可能見込額（貸倒引当金が別に設定されている場合は，それを控除した額）を表す。その変動額には，借り手の信用状況の変化が反映される。

⑸　被投資企業の純資産額に基づく額

（定　義）

28　被投資企業の純資産額に基づく額とは，被投資企業の純資産のうち，投資企業の持分に対応する額をいう。

　（注9）この測定値には，いわゆる持分法による評価額も含まれる。ただし，「持分法による評価額」とい

う用語法には，未償却の連結調整勘定相当額を含めた意味で使われるケースと，それを除いた意味で使われるケースとがある。

（測定値の意味）

29 この測定値は，被投資企業に対する報告主体の持分額，あるいは投資額を表す。被投資企業の純資産変動に基づいて利益を測定する際に用いられるが，他の測定方法では投資の現状をとらえられないケースで利用されることもある。例えば予期せざる環境変化などにより，簿価が従来の意味を失う場合は，臨時の簿価修正手続として，この測定値が意味を持つこともある。

（注10）被投資企業の活動成果に着目した収益の測定については，本章第47項にも記述がある。

（注11）例えば，非上場株式の簿価切下げに用いられることがある。

負債の測定

(1) **支払予定額（決済価額または将来支出額）**

（定 義）

30 支払予定額とは，負債の返済に要する将来キャッシュフローを単純に（割り引かずに）合計した金額をいう。一般に，支払予定額という場合，債務の契約上の元本額を指すことが多い。

（測定値の意味）

31 支払予定額は，将来支払うべき金額を表す。支払予定額が契約などにより固定されている場合，この方法で負債を測定すれば，返済までの間，支払利息以外の損益は計上されない。他方，支払予定額が見積りによる場合，この方法によると，見積りの変更のすべてがその期の損益に計上される。

（注12）ただし，債務が免除された場合は，契約上の要返済額と実際の（要）返済額との差に見合う債務免除益が生じる。

(2) **現金受入額**

（定　義）

32　現金受入額とは，財・サービスを提供する義務の見
　　返りに受け取った現金または現金同等物の金額をいう。
　　時の経過に応じてサービスの提供が行われるケースな
　　どにおいては，現金受入額を計画的・規則的に減額す
　　る期間配分の手続がとられる。その配分した結果の負
　　債の残高は，未決済残高または未消滅残高と呼ばれる。
　　現金受入額を基礎としていることから，未決済残高・
　　未消滅残高も，広義にとらえた現金受入額の範疇に含
　　まれる。

（測定値の意味）

33　現金受入額は，実際に受け入れた資金の額を表す。
　　金融負債を現金受入額で測定する場合，この負債に係
　　る支出額（元利返済額）との差は利息費用や償還損益
　　となる。他方，非金融負債の場合は，財・サービスの
　　引渡し義務の履行に伴って，その履行に見合う額が収
　　益に振り替えられる。その結果，負債は未決済残高・
　　未消滅残高によって測定される。

(3)　割引価値

34　割引価値の定義，割引価値を採用することの意味，
　　割引価値の類型については，本章第19項を参照。

**(3-a)　将来キャッシュフローを継続的に見積り直すと
　　ともに，割引率も改訂する場合**

(3-a-①)　リスクフリー・レートによる割引価値

（定　義）

35　リスクフリー・レートによる割引価値とは，測定時
　　点で見積った将来のキャッシュ・アウトフローを，そ
　　の時点におけるリスクフリー・レートで割り引いた測
　　定値をいう。

　（注13）本章の第35項から第41項にいうキャッシュ・ア
　　　　　ウトフローには，元本の返済額だけでなく，利息の
　　　　　支払額も含まれる。

（測定値の意味）

36　リスクフリー・レートによる割引価値は，借り手である報告主体が自身のデフォルトを考慮せずに見積った，負債の価値を表す。その変動額には，期待キャッシュ・アウトフローの増減や時の経過，及びリスクフリー・レートの変化は反映される一方，報告主体の信用リスクの変化は反映されない。

(3-a-②)　リスクを調整した割引率による割引価値

(定　義)

37　リスクを調整した割引率による割引価値とは，測定時点で見積った将来のキャッシュ・アウトフローを，その時点における報告主体の信用リスクを加味した最新の割引率で割り引いた測定値をいう。

(測定値の意味)

38　この測定値は，負債の市場価格を推定する際に意味を持つことがある。その変動額には，期待キャッシュ・アウトフローの増減，時の経過や，リスクフリー・レートの変化に加えて，報告主体の信用リスクの変化も反映される。ただし，報告主体の契約上の支払義務が変わらない状況では，その変動額を投資成果とみなすことはできない。

(3-b)　将来キャッシュフローのみを継続的に見積り直す場合

(定　義)

39　将来キャッシュフローのみを継続的に見積り直した割引価値とは，測定時点で見積った将来のキャッシュ・アウトフローを，負債が生じた時点における割引率で割り引いた測定値をいう。

(測定値の意味)

40　この測定値の変動額には，2つの要素が含まれている。1つは，負債発生当初に用いた割引率に見合う利息費用の要素である。もう1つは，期待キャッシュ・アウトフローが変化したことに伴う損益の要素である。要返済額の改訂分を当初の割引率で割り引いた全額が，

その変動額に含まれる。

(3-c) 将来キャッシュフローを見積り直さず，割引率も改訂しない場合

（定　義）

41　将来キャッシュフローを見積り直さず，割引率も改訂しない場合の割引価値とは，負債が生じた時点で見積った将来のキャッシュ・アウトフローを，その時点での割引率によって割り引いた測定値をいう。

（測定値の意味）

42　この測定値の変動額は，期首の負債額（期中に発生したものについては発生時の負債額）に対する当初の実効金利による利息費用を表す。

(4) 市場価格

43　市場価格の定義とその意味については，本章の第11項及び第12項を参照。

収益の測定

(1) 交換に着目した収益の測定

44　交換に着目した収益の測定とは，財やサービスを第三者に引き渡すことで獲得した対価によって収益をとらえる方法をいう。収益計上の判断規準は投資のリスクから解放されたか否かであり，事業投資の場合，原則として，事業のリスクに拘束されない資産を交換によって獲得したか否かで判断される。この場合の収益の額は，獲得した対価の測定値に依存する。すなわち，対価が資産の増加となる場合にはその増加額，負債の減少となる場合にはその減少額によって収益は測定され，収益は当該資産・負債の測定値に基づくことになる。

(2) 市場価格の変動に着目した収益の測定

45. 市場価格の変動に着目した収益の測定とは，資産や負債に関する市場価格の有利な変動によって収益をとらえる方法をいう。随時換金（決済）可能で，換金（決済）の機会が事業活動による制約・拘束を受けな

い資産・負債については，換金（決済）による成果を期待して資金の回収（返済）と再投資（再構築）とが繰り返されているとみなすこともできる。その場合には，市場価格の変動によって，投資の成果が生じたと判断される。この場合の収益の額は，1期間中に生じた市場価格の上昇額によって測定される。

(3) 契約の部分的な履行に着目した収益の測定

46 契約の部分的な履行に着目した収益の測定とは，財やサービスを継続的に提供する契約が存在する場合，契約の部分的な履行に着目して収益をとらえる方法をいう。そのような契約において，相手方による契約の履行（代金の支払）が確実視される場合は，報告主体が部分的に履行しただけで（つまり相手方の履行を待たずに），契約価額の一部を成果として得たとみなすことができる。この場合の収益の額は，1期間中に履行された割合を契約額に乗じて測定される。

（注14）これと同様に，契約価額を受領済みで，自身による契約の履行が確実視される場合も，報告主体が部分的に履行しただけで（つまり契約の完全な履行を待たずに），履行割合に見合う成果を得たとみなすことができる。

（注15）例えば，金銭消費貸借契約の場合，時の経過によって契約が部分的に履行したとみなされる。

(4) 被投資企業の活動成果に着目した収益の測定

47 被投資企業の活動成果に着目した収益の測定とは，投資企業が，被投資企業の成果の獲得に応じて投資勘定を増加させて収益をとらえる方法をいう。被投資企業との間に一体性を見出せる場合は，被投資企業の事業活動は投資企業の事業活動の延長線上にあると位置づけられる。その場合，被投資企業の成果の帰属に着目して，投資企業の成果を計算することができる。この場合の収益の額は，被投資企業の純利益に持分割合を乗じた額として測定される。

費用の測定

(1) 交換に着目した費用の測定

48　交換に着目した費用の測定とは，財やサービスを第三者に引き渡すことで犠牲にした対価によって費用をとらえる方法をいう。この測定については，本章第44項を参照。

(2) 市場価格の変動に着目した費用の測定

49　市場価格の変動に着目した費用の測定とは，資産や負債に関する市場価格の不利な変動によって費用をとらえる方法をいう。この測定については，本章第45項を参照。

(3) 契約の部分的な履行に着目した費用の測定

50　契約の部分的な履行に着目した費用の測定とは，財やサービスの継続的な提供を受ける契約が存在する場合，契約の部分的な履行に着目して費用をとらえる方法をいう。この測定については，本章第46項を参照。

(4) 利用の事実に着目した費用の測定

51　利用の事実に着目した費用の測定とは，資産を実際に利用することによって生じた消費や価値の減耗に基づいて費用をとらえる方法をいう。これは一般には，事業活動に拘束された資産に適用される方法である。この場合の費用は，減少した資産の測定値（財・サービスの取得と同時に消費される場合には，それらの原始取得原価）によって測定される。なお，財・サービスの消費に伴う費用のうち，資産の定義と認識・測定の要件を充足するものについては，繰延費用として資産に計上されることもある。

52　利用に伴う資産の数量的な減少を把握するのが困難な場合には，費用配分が，資産の金額的な減少を測る方法として妥当であると伝統的にみなされてきた。費用配分とは，あらかじめ定められた計画に従って，資産の原始取得原価を一定の期間にわたって規則的に費用に配分するものである。規則的な配分によって費用

を測定する場合には，事前にいくつかの将来事象を見積らなければならない。その見積りについて事後的に誤りが判明した場合は，見積りの改訂に伴う配分計画の修正が求められることもある。また，修正方法によっては，修正の際に損益が計上されることもある。

貸借対照表の純資産の部の表示に関する会計基準

最終改正　2021年1月28日

■範　囲

3　本会計基準は，すべての株式会社の貸借対照表における純資産の部の表示を定める。

■純資産の部の表示

4　貸借対照表は，資産の部，負債の部及び 純資産の部 に区分し， 純資産の部 は， 株主資本 と株主資本以外の各項目（第7項参照）に区分する。

5　株主資本は， 資本金 ， 資本剰余金 及び 利益剰余金 に区分する。

6　個別貸借対照表上，資本剰余金及び利益剰余金は，さらに次のとおり区分する。

　(1)　資本剰余金は， 資本準備金 及び資本準備金以外の資本剰余金（以下「 その他資本剰余金 」という。）に区分する。

　(2)　利益剰余金は， 利益準備金 及び利益準備金以外の利益剰余金（以下「 その他利益剰余金 」という。）に区分し，その他利益剰余金のうち， 任意積立金 のように，株主総会又は取締役会の決議に基づき設定される項目については，その内容を示す科目をもって表示し，それ以外については 繰越利益剰余金 にて表示する。

7　株主資本以外の各項目は，次の区分とする。

　(1)　個別貸借対照表上， 評価・換算差額等 （第8項参照），株式引受権及び 新株予約権 に区分する。

　(2)　連結貸借対照表上，その他の包括利益累計額（第8項参照），株式引受権， 新株予約権 及び 非支

配株主持分 に区分する。

　なお，連結貸借対照表において，連結子会社の個別貸借対照表上，純資産の部に計上されている評価・換算差額等は，持分比率に基づき親会社持分割合と非支配株主持分割合とに按分し，親会社持分割合は当該区分において記載し，非支配株主持分割合は非支配株主持分に含めて記載する。

8　評価・換算差額等 には，その他有価証券評価差額金 や 繰延ヘッジ損益 のように，資産又は負債は時価をもって貸借対照表価額としているが当該資産又は負債に係る評価差額を当期の損益としていない場合の当該評価差額や，為替換算調整勘定，退職給付に係る調整累計額 等が含まれる。当該評価・換算差額等は，その他有価証券評価差額金，繰延ヘッジ損益，退職給付に係る調整累計額等その内容を示す科目をもって表示する。

　なお，当該評価・換算差額等については，これらに関する，当期までの期間に課税された，法人税その他利益に関連する金額を課税標準とする税金（以下「法人税等」という。）の額及び繰延税金資産又は繰延税金負債の額を控除した金額を記載することとなる。

> ※　「包括利益の表示に関する会計基準」の公表により，連結貸借対照表においては，「評価・換算差額等」は「その他の包括利益累計額」として表示することとなった。

個別貸借対照表の記載例

純　資　産　の　部

Ⅰ　株　主　資　本
  1　資　　　本　　　金
  2　新株式申込証拠金
  3　資　本　剰　余　金
   (1)　資　本　準　備　金
   (2)　その他資本剰余金
      資　本　剰　余　金　合　計
  4　利　益　剰　余　金
   (1)　利　益　準　備　金
   (2)　その他利益剰余金
      ○　○　積　立　金
      繰　越　利　益　剰　余　金
      利　益　剰　余　金　合　計
  5　自　　己　　株　　式
  6　自己株式申込証拠金
      株　主　資　本　合　計
Ⅱ　評価・換算差額等
  1　その他有価証券評価差額金
  2　繰　延　ヘ　ッ　ジ　損　益
  3　土　地　再　評　価　差　額　金
      評価・換算差額等合計
Ⅲ　株　式　引　受　権
Ⅳ　新　株　予　約　権
      純　資　産　合　計

```
┌─────────────────────────────────────────┐
│          連結貸借対照表の記載例            │
├─────────────────────────────────────────┤
│           純　資　産　の　部               │
│ Ⅰ　株　主　資　本                          │
│　1　資　　　本　　　金                       │
│　2　新株式申込証拠金                         │
│　3　資　本　剰　余　金                       │
│　4　利　益　剰　余　金                       │
│　5　自　己　株　式                          │
│　6　自己株式申込証拠金                       │
│　　　株　主　資　本　合　計                   │
│ Ⅱ　その他の包括利益累計額                    │
│　1　その他有価証券評価差額金                  │
│　2　繰延ヘッジ損益                           │
│　3　土　地　再　評　価　差　額　金             │
│　4　為　替　換　算　調　整　勘　定             │
│　5　退職給付に係る調整累計額                  │
│　　　その他の包括利益累計額合計               │
│ Ⅲ　株　式　引　受　権                        │
│ Ⅳ　新　株　予　約　権                        │
│ Ⅴ　非　支　配　株　主　持　分                 │
│　　　純　資　産　合　計                       │
└─────────────────────────────────────────┘
```

3

貸借対照表の純資産の部の表示に関する会計基準

株主資本等変動計算書に関する会計基準

最終改正　2013年 9 月13日
修正　2020年 3 月31日

■範　囲

3　本会計基準は，株主資本等変動計算書を作成することとなるすべての会社に適用する。

■表示区分

4　株主資本等変動計算書の表示区分は，企業会計基準第 5 号「貸借対照表の純資産の部の表示に関する会計基準」（以下「純資産会計基準」という。）に定める 貸借対照表 の 純資産の部 の表示区分に従う。

■表示方法

5　株主資本等変動計算書に表示される各項目の当期首残高及び当期末残高は，前期及び当期の貸借対照表の純資産の部における各項目の期末残高と整合したものでなければならない。

　　なお，企業会計基準第24号「会計方針の開示，会計上の変更及び誤謬の訂正に関する会計基準」（以下「企業会計基準第24号」という。）に従って遡及処理を行った場合には，表示期間のうち最も古い期間の株主資本等変動計算書の期首残高に対する，表示期間より前の期間の累積的影響額を区分表示するとともに，遡及処理後の期首残高を記載する。

5 - 2　会計基準等における特定の経過的な取扱いとして，会計方針の変更による影響額を適用初年度の期首残高に加減することが定められている場合には，第 5 項なお書きに準じて，期首残高に対する影響額を区分

表示するとともに，当該影響額の反映後の期首残高を
記載する。

5 － 3 　企業会計基準第21号「企業結合に関する会計基準」（以下「企業結合会計基準」という。）に従って暫定的な会計処理の確定が企業結合年度の翌年度に行われ，当該年度の株主資本等変動計算書のみの表示が行われる場合には，第5項なお書きに準じて，期首残高に対する影響額を区分表示するとともに，当該影響額の反映後の期首残高を記載する。

■株主資本の各項目

6 　貸借対照表の純資産の部における 株主資本 の各項目は， 当期首残高 ， 当期変動額 及び 当期末残高 に区分し，当期変動額は 変動事由ごと にその金額を表示する。

7 　連結損益計算書の親会社株主に帰属する当期純利益（又は親会社株主に帰属する当期純損失）は，連結株主資本等変動計算書において利益剰余金の変動事由として表示する。また，個別損益計算書の当期純利益（又は当期純損失）は，個別株主資本等変動計算書においてその他利益剰余金又はその内訳科目である繰越利益剰余金の変動事由として表示する。

■株主資本以外の各項目

8 　貸借対照表の純資産の部における 株主資本以外 の各項目は， 当期首残高 ， 当期変動額 及び 当期末残高 に区分し，当期変動額は 純額 で表示する。ただし，当期変動額について主な変動事由ごとにその金額を表示（注記による開示を含む。）することができる。

■注記事項

9 　株主資本等変動計算書には，次に掲げる事項を注記

する。
(1) 連結株主資本等変動計算書の注記事項
　① 発行済株式の種類及び総数に関する事項
　② 自己株式の種類及び株式数に関する事項
　③ 新株予約権及び自己新株予約権に関する事項
　④ 配当に関する事項
(2) 個別株主資本等変動計算書の注記事項
　自己株式の種類及び株式数に関する事項
　なお，個別株主資本等変動計算書には，上記の事項に加え，(1)①，③及び④に準ずる事項を注記することを妨げない。
　また，連結財務諸表を作成しない会社においては，(2)の事項に代えて，(1)に準ずる事項を個別株主資本等変動計算書に注記する。

■中間株主資本等変動計算書

10　中間連結株主資本等変動計算書及び中間個別株主資本等変動計算書（以下合わせて「中間株主資本等変動計算書」という。）は，株主資本等変動計算書に準じて作成する。

会計方針の開示，会計上の変更及び誤謬の訂正に関する会計基準

改正　2020年3月31日

■範　囲

3　本会計基準は，会計方針の開示，会計上の変更及び過去の誤謬の訂正に関する会計処理及び開示について適用する。

■用語の定義

4　本会計基準における用語の定義は次のとおりとする。
　(1)　「会計方針」とは，財務諸表の作成にあたって採用した会計処理の原則及び手続をいう。
　(2)　「表示方法」とは，財務諸表の作成にあたって採用した表示の方法（注記による開示も含む。）をいい，財務諸表の科目分類，科目配列及び報告様式が含まれる。
　(3)　「会計上の見積り」とは，資産及び負債や収益及び費用等の額に不確実性がある場合において，財務諸表作成時に入手可能な情報に基づいて，その合理的な金額を算出することをいう。
　(4)　「会計上の変更」とは，会計方針の変更，表示方法の変更及び会計上の見積りの変更をいう。過去の財務諸表における誤謬の訂正は，会計上の変更には該当しない。
　(5)　「会計方針の変更」とは，従来採用していた一般に公正妥当と認められた会計方針から他の一般に公正妥当と認められた会計方針に変更することをいう。
　(6)　「表示方法の変更」とは，従来採用していた一般に公正妥当と認められた表示方法から他の一般に公

正妥当と認められた表示方法に変更することをいう。

(7) 「会計上の見積りの変更」とは，新たに入手可能となった情報に基づいて，過去に財務諸表を作成する際に行った会計上の見積りを変更することをいう。

(8) 「誤謬」とは，原因となる行為が意図的であるか否かにかかわらず，財務諸表作成時に入手可能な情報を使用しなかったことによる，又はこれを誤用したことによる，次のような誤りをいう。

① 財務諸表の基礎となるデータの収集又は処理上の誤り

② 事実の見落としや誤解から生じる会計上の見積りの誤り

③ 会計方針の適用の誤り又は表示方法の誤り

(9) 「遡及適用」とは，新たな会計方針を過去の財務諸表に遡って適用していたかのように会計処理することをいう。

(10) 「財務諸表の組替え」とは，新たな表示方法を過去の財務諸表に遡って適用していたかのように表示を変更することをいう。

(11) 「修正再表示」とは，過去の財務諸表における誤謬の訂正を財務諸表に反映することをいう。

■会計上の取扱い

会計方針の開示の取扱い
開示目的

4－2 重要な会計方針に関する注記の開示目的は，財務諸表を作成するための基礎となる事項を財務諸表利用者が理解するために，採用した会計処理の原則及び手続の概要を示すことにある。この開示目的は，会計処理の対象となる会計事象や取引（以下「会計事象等」という。）に関連する会計基準等（適用指針第5項の会計基準等をいう。以下同じ。）の定めが明らかでない場合に，会計処理の原則及び手続を

採用するときも同じである。

4－3　前項において関連する会計基準等の定めが明らかでない場合とは，特定の会計事象等に対して適用し得る具体的な会計基準等の定めが存在しない場合をいう。

重要な会計方針に関する注記

4－4　財務諸表には，重要な会計方針を注記する。

4－5　会計方針の例としては，次のようなものがある。ただし，重要性の乏しいものについては，注記を省略することができる。

(1)　有価証券の評価基準及び評価方法

(2)　棚卸資産の評価基準及び評価方法

(3)　固定資産の減価償却の方法

(4)　繰延資産の処理方法

(5)　外貨建資産及び負債の本邦通貨への換算基準

(6)　引当金の計上基準

(7)　収益及び費用の計上基準

4－6　会計基準等の定めが明らかであり，当該会計基準等において代替的な会計処理の原則及び手続が認められていない場合には，会計方針に関する注記を省略することができる。

会計方針の変更の取扱い

会計方針の変更の分類

5　会計方針は，│正当な理由│により変更を行う場合を除き，毎期│継続して適用│する。│正当な理由│により変更を行う場合は，次のいずれかに分類される。

(1)　会計基準等の改正に伴う会計方針の変更

会計基準等の改正によって特定の会計処理の原則及び手続が強制される場合や，従来認められていた会計処理の原則及び手続を任意に選択する余地がなくなる場合など，会計基準等の改正に伴って会計方針の変更を行うことをいう。会計基準等の改正には，既存の会計基準等の改正又は廃止のほか，新たな会

計基準等の設定が含まれる。

なお，会計基準等に早期適用の取扱いが定められ
ており，これを適用する場合も，会計基準等の改正
に伴う会計方針の変更として取り扱う。

(2) (1)以外の正当な理由による会計方針の変更

正当な理由に基づき自発的に会計方針の変更を行
うことをいう。

会計方針の変更に関する原則的な取扱い

6 会計方針の変更 に関する原則的な取扱いは，次
のとおりとする。

(1) 会計基準等の改正に伴う会計方針の変更の場合

会計基準等に特定の経過的な取扱い（適用開始時
に遡及適用を行わないことを定めた取扱いなどをい
う。以下同じ。）が定められていない場合には，新
たな会計方針を過去の期間のすべてに 遡及適用
する。会計基準等に特定の経過的な取扱いが定めら
れている場合には，その経過的な取扱いに従う。

(2) (1)以外の正当な理由による会計方針の変更の場合

新たな会計方針を過去の期間のすべてに 遡及適
用 する。

7 前項に従って新たな会計方針を遡及適用する場合に
は，次の処理を行う。

(1) 表示期間（当期の財務諸表及びこれに併せて過去
の財務諸表が表示されている場合の，その表示期間
をいう。以下同じ。）より前の期間に関する遡及適
用による累積的影響額は，表示する財務諸表のうち，
最も古い期間の期首の資産，負債及び純資産の額に
反映する。

(2) 表示する過去の各期間の財務諸表には，当該各期
間の影響額を反映する。

原則的な取扱いが実務上不可能な場合の取扱い
（遡及適用が実務上不可能な場合）

8 遡及適用が実務上不可能な場合とは，次のような状

況が該当する。

(1) 過去の情報が収集・保存されておらず，合理的な努力を行っても，遡及適用による影響額を算定できない場合

(2) 遡及適用にあたり，過去における経営者の意図について仮定することが必要な場合

(3) 遡及適用にあたり，会計上の見積りを必要とするときに，会計事象等が発生した時点の状況に関する情報について，対象となる過去の財務諸表が作成された時点で入手可能であったものと，その後判明したものとに，客観的に区別することが時の経過により不可能な場合

（原則的な取扱いが実務上不可能な場合の取扱い）

9 遡及適用の原則的な取扱いが実務上不可能な場合の取扱いは，次のとおりとする。

(1) 当期の期首時点において，過去の期間のすべてに新たな会計方針を遡及適用した場合の累積的影響額を算定することはできるものの，表示期間のいずれかにおいて，当該期間に与える影響額を算定することが実務上不可能な場合には，遡及適用が実行可能な最も古い期間（これが当期となる場合もある。）の期首時点で累積的影響額を算定し，当該期首残高から新たな会計方針を適用する。

(2) 当期の期首時点において，過去の期間のすべてに新たな会計方針を遡及適用した場合の累積的影響額を算定することが実務上不可能な場合には，期首以前の実行可能な最も古い日から将来にわたり新たな会計方針を適用する。

会計方針の変更に関する注記

（会計基準等の改正に伴う会計方針の変更）

10 会計基準等の改正に伴う会計方針の変更の場合（第5項(1)参照）で，当期又は過去の期間に影響があるとき，又は将来の期間に影響を及ぼす可能性があるとき

は，当期において，次の事項を注記する。なお，(3)から(7)については，(5)ただし書きに該当する場合を除き，連結財務諸表における注記と個別財務諸表における注記が同一であるときには，個別財務諸表においては，その旨の記載をもって代えることができる。

(1) 会計基準等の名称
(2) 会計方針の変更の内容
(3) 経過的な取扱いに従って会計処理を行った場合，その旨及び当該経過的な取扱いの概要
(4) 経過的な取扱いが将来に影響を及ぼす可能性がある場合には，その旨及び将来への影響。ただし，将来への影響が不明又はこれを合理的に見積ることが困難である場合には，その旨
(5) 表示期間のうち過去の期間について，影響を受ける財務諸表の主な表示科目に対する影響額及び1株当たり情報に対する影響額。ただし，経過的な取扱いに従って会計処理を行った場合並びに前項(1)又は(2)に該当する場合で，表示する過去の財務諸表について遡及適用を行っていないときには，表示期間の各該当期間において，実務上算定が可能な，影響を受ける財務諸表の主な表示科目に対する影響額及び1株当たり情報に対する影響額
(6) 表示されている財務諸表のうち，最も古い期間の期首の純資産の額に反映された，表示期間より前の期間に関する会計方針の変更による遡及適用の累積的影響額。ただし，前項(1)に該当する場合は，累積的影響額を反映させた期におけるその金額。前項(2)に該当する場合は，その旨
(7) 原則的な取扱いが実務上不可能な場合（前項参照）には，その理由，会計方針の変更の適用方法及び適用開始時期

（その他の会計方針の変更）

11 会計基準等の改正に伴う会計方針の変更以外の正当

な理由による会計方針の変更の場合（第5項(2)参照）で，当期又は過去の期間に影響があるとき，又は将来の期間に影響を及ぼす可能性があるときは，当期において，次の事項を注記する。なお，(2)から(5)については，(3)ただし書きに該当する場合を除き，連結財務諸表における注記と個別財務諸表における注記が同一であるときには，個別財務諸表においては，その旨の記載をもって代えることができる。

(1) 会計方針の変更の内容

(2) 会計方針の変更を行った正当な理由

(3) 表示期間のうち過去の期間について，影響を受ける財務諸表の主な表示科目に対する影響額及び1株当たり情報に対する影響額。ただし，第9項(1)又は(2)に該当する場合で，表示する過去の財務諸表について遡及適用を行っていないときには，表示期間の各該当期間において，実務上算定が可能な，影響を受ける財務諸表の主な表示科目に対する影響額及び1株当たり情報に対する影響額

(4) 表示されている財務諸表のうち，最も古い期間の期首の純資産の額に反映された，表示期間より前の期間に関する会計方針の変更による遡及適用の累積的影響額。ただし，第9項(1)に該当する場合は，累積的影響額を反映させた期におけるその金額。第9項(2)に該当する場合は，その旨

(5) 原則的な取扱いが実務上不可能な場合（第9項参照）には，その理由，会計方針の変更の適用方法及び適用開始時期

表示方法の変更の取扱い

表示方法の変更に関する原則的な取扱い

13 表示方法は，次のいずれかの場合を除き，毎期継続して適用する。

(1) 表示方法を定めた会計基準又は法令等の改正により表示方法の変更を行う場合

(2) 会計事象等を財務諸表により適切に反映するために表示方法の変更を行う場合

14 財務諸表の 表示方法を変更 した場合には，原則として表示する過去の財務諸表について，新たな表示方法に従い 財務諸表の組替え を行う。

原則的な取扱いが実務上不可能な場合の取扱い

15 表示する過去の財務諸表のうち，表示方法の変更に関する原則的な取扱いが実務上不可能な場合には，財務諸表の組替えが実行可能な最も古い期間から新たな表示方法を適用する。なお，財務諸表の組替えが実務上不可能な場合とは，第8項に示されたような状況が該当する。

表示方法の変更に関する注記

16 表示方法の変更を行った場合には，次の事項を注記する。ただし，(2)から(4)については，連結財務諸表における注記と個別財務諸表における注記が同一である場合には，個別財務諸表においては，その旨の記載をもって代えることができる。

(1) 財務諸表の組替えの内容

(2) 財務諸表の組替えを行った理由

(3) 組替えられた過去の財務諸表の主な項目の金額

(4) 原則的な取扱いが実務上不可能な場合（前項参照）には，その理由

会計上の見積りの変更の取扱い

会計上の見積りの変更に関する原則的な取扱い

17 会計上の見積りの変更 は，当該変更が変更期間のみに影響する場合には， 当該変更期間 に会計処理を行い，当該変更が将来の期間にも影響する場合には， 将来にわたり 会計処理を行う。

会計上の見積りの変更に関する注記

18 会計上の見積りの変更を行った場合には，次の事項を注記する。

(1) 会計上の見積りの変更の内容

(2) 会計上の見積りの変更が，当期に影響を及ぼす場合は当期への影響額。当期への影響がない場合でも将来の期間に影響を及ぼす可能性があり，かつ，その影響額を合理的に見積ることができるときには，当該影響額。ただし，将来への影響額を合理的に見積ることが困難な場合には，その旨

会計方針の変更を会計上の見積りの変更と区別することが困難な場合の取扱い

19 会計方針の変更 を 会計上の見積りの変更 と区別することが困難な場合については， 会計上の見積りの変更 と同様に取り扱い，遡及適用は行わない。ただし，注記については，第11項(1)，(2)及び前項(2)に関する記載を行う。

20 有形固定資産等の減価償却方法及び無形固定資産の償却方法は，会計方針に該当するが，その変更については前項により取り扱う。

過去の誤謬の取扱い

過去の誤謬に関する取扱い

21 過去の財務諸表における 誤謬 が発見された場合には，次の方法により 修正再表示 する。

(1) 表示期間より前の期間に関する修正再表示による累積的影響額は，表示する財務諸表のうち，最も古い期間の期首の資産，負債及び純資産の額に反映する。

(2) 表示する過去の各期間の財務諸表には，当該各期間の影響額を反映する。

過去の誤謬に関する注記

22 過去の誤謬の修正再表示を行った場合には，次の事項を注記する。

(1) 過去の誤謬の内容

(2) 表示期間のうち過去の期間について，影響を受ける財務諸表の主な表示科目に対する影響額及び1株当たり情報に対する影響額

(3) 表示されている財務諸表のうち，最も古い期間の期首の純資産の額に反映された，表示期間より前の期間に関する修正再表示の累積的影響額

未適用の会計基準等に関する注記

22-2 既に公表されているものの，未だ適用されていない新しい会計基準等がある場合には，次の事項を注記する。なお，連結財務諸表で注記を行っている場合は，個別財務諸表での注記を要しない。

(1) 新しい会計基準等の名称及び概要

(2) 適用予定日（早期適用する場合には早期適用予定日）に関する記述

(3) 新しい会計基準等の適用による影響に関する記述

■I 範 囲

2 本会計基準は，会計上の見積りの開示に適用する。

■II 用語の定義

3 「会計上の見積り」とは，資産及び負債や収益及び費用等の額に不確実性がある場合において，財務諸表作成時に入手可能な情報に基づいて，その合理的な金額を算出することをいう（企業会計基準第24号「会計方針の開示，会計上の変更及び誤謬の訂正に関する会計基準」（以下「企業会計基準第24号」という。）第4項(3)）。

■III 開示

1 開示目的

4 会計上の見積りは，財務諸表作成時に入手可能な情報に基づいて合理的な金額を算出するものであるが，財務諸表に計上する金額に係る見積りの方法や，見積りの基礎となる情報が財務諸表作成時にどの程度入手可能であるかは様々であり，その結果，財務諸表に計上する金額の不確実性の程度も様々となる。したがって，財務諸表に計上した金額のみでは，当該金額が含まれる項目が翌年度の財務諸表に影響を及ぼす可能性があるかどうかを財務諸表利用者が理解することは困難である。

このため，本会計基準は，当年度の財務諸表に計上した金額が会計上の見積りによるもののうち，翌年度の財務諸表に重要な影響を及ぼす リスク （有利と

なる場合及び不利となる場合の双方が含まれる。以下同じ。）がある項目における会計上の見積りの内容について，財務諸表利用者の理解に資する情報を開示することを目的とする。

2　開示する項目の識別

5　会計上の見積りの開示を行うにあたり，当年度の財務諸表に計上した金額が会計上の見積りによるもののうち，翌年度の財務諸表に重要な影響を及ぼすリスクがある項目を識別する。識別する項目は，通常，当年度の財務諸表に計上した資産及び負債である。また，翌年度の財務諸表に与える影響を検討するにあたっては，影響の金額的大きさ及びその発生可能性を総合的に勘案して判断する。

なお，直近の市場価格により時価評価する資産及び負債の市場価格の変動は，項目を識別する際に考慮しない。

3　注記事項

6　前項に基づき識別した項目について，本会計基準に基づいて識別した会計上の見積りの内容を表す項目名を注記する。

なお，会計上の見積りの開示は独立の注記項目とする。識別した項目が複数ある場合には，それらの項目名は単一の注記として記載する。

7　第5項に基づき識別した項目のそれぞれについて，前項に基づき注記した項目名に加えて次の事項を注記する。

(1)　当年度の財務諸表に計上した金額

(2)　会計上の見積りの内容について財務諸表利用者の理解に資するその他の情報

(1)及び(2)の事項の具体的な内容や記載方法（定量的情報若しくは定性的情報，又はこれらの組み合わせ）については，第4項の開示目的に照らして判断する。

なお，(1)及び(2)の事項について，会計上の見積りの

開示以外の注記に含めて財務諸表に記載している場合には、会計上の見積りに関する注記を記載するにあたり、当該他の注記事項を参照することにより当該事項の記載に代えることができる。

8　前項(2)の「会計上の見積りの内容について財務諸表利用者の理解に資するその他の情報」として第4項の開示目的に照らして注記する事項には、例えば、次のようなものがある。

(1)　当年度の財務諸表に計上した金額の算出方法

(2)　当年度の財務諸表に計上した金額の算出に用いた主要な仮定

(3)　翌年度の財務諸表に与える影響

9　連結財務諸表を作成している場合に、個別財務諸表において本会計基準に基づく開示を行うときは、第7項(2)の注記事項について連結財務諸表における記載を参照することができる。

　なお、識別した項目ごとに、当年度の個別財務諸表に計上した金額の算出方法に関する記載をもって第7項(2)の注記事項に代えることができる。この場合であっても、連結財務諸表における記載を参照することができる。

■Ⅳ　適用時期等

10　本会計基準は、2021年3月31日以後終了する連結会計年度及び事業年度の年度末に係る連結財務諸表及び個別財務諸表から適用する。ただし、公表日以後終了する連結会計年度及び事業年度における年度末に係る連結財務諸表及び個別財務諸表から本会計基準を適用することができる。

11　本会計基準の適用初年度において、本会計基準の適用は表示方法の変更として取り扱う。ただし、企業会計基準第24号第14項の定めにかかわらず、本会計基準第6項及び第7項に定める注記事項について、適用初

年度の連結財務諸表及び個別財務諸表に併せて表示される前連結会計年度における連結財務諸表に関する注記及び前事業年度における個別財務諸表に関する注記（以下「比較情報」という。）に記載しないことができる。

棚卸資産の評価に関する会計基準

最終改正　2019年7月4日
修正　2020年3月31日

■範　囲

3　本会計基準は，すべての企業における棚卸資産の評価方法，評価基準及び開示について適用する。棚卸資産は，商品，製品，半製品，原材料，仕掛品 等の資産であり，企業がその営業目的を達成するために所有し，かつ，売却を予定する資産 のほか，売却を予定しない資産であっても，販売活動及び一般管理活動において短期間に消費される 事務用消耗品 等も含まれる。

　なお，売却には，通常の販売のほか，活発な市場が存在することを前提として，棚卸資産の保有者が単に市場価格の変動により利益を得ることを目的とする トレーディング を含む。

■用語の定義

4　「時価」とは，公正な評価額 をいい，市場価格 に基づく価額をいう。市場価格が観察できない場合には合理的に算定された価額を公正な評価額とする。ただし，本会計基準第15項及び第60項でいうトレーディング目的で保有する棚卸資産の「時価」の定義は，企業会計基準第30号「時価の算定に関する会計基準」（以下「時価算定会計基準」という。）第5項に従い，算定日において市場参加者間で秩序ある取引が行われると想定した場合の，当該取引における資産の売却によって受け取る価格とする。

5 「正味売却価額」とは，売価（購買市場と売却市場とが区別される場合における売却市場の時価）から見積追加製造原価及び見積販売直接経費を控除したものをいう。なお，「購買市場」とは当該資産を購入する場合に企業が参加する市場をいい，「売却市場」とは当該資産を売却する場合に企業が参加する市場をいう。

6 「再調達原価」とは，購買市場と売却市場とが区別される場合における購買市場の時価に，購入に付随する費用を加算したものをいう。

■会計処理

棚卸資産の評価方法

6 - 2　棚卸資産については，原則として購入代価又は製造原価に引取費用等の付随費用を加算して取得原価とし，次の評価方法の中から選択した方法を適用して売上原価等の払出原価と期末棚卸資産の価額を算定するものとする。

(1) 個別法

取得原価の異なる棚卸資産を区別して記録し，その個々の実際原価によって期末棚卸資産の価額を算定する方法

個別法は，個別性が強い棚卸資産の評価に適した方法である。

(2) 先入先出法

最も古く取得されたものから順次払出しが行われ，期末棚卸資産は最も新しく取得されたものからなるとみなして期末棚卸資産の価額を算定する方法

(3) 平均原価法

取得した棚卸資産の平均原価を算出し，この平均原価によって期末棚卸資産の価額を算定する方法

なお，平均原価は，│総平均法│又は│移動平
　　均法│によって算出する。
(4)　│売価還元法│
　　　値入率等の類似性に基づく棚卸資産のグループ
　　ごとの期末の売価合計額に，原価率を乗じて求め
　　た金額を期末棚卸資産の価額とする方法
　　　売価還元法は，取扱品種の極めて多い小売業等
　　の業種における棚卸資産の評価に適用される。
6－3　棚卸資産の評価方法は，事業の種類，棚卸資
　　産の種類，その性質及びその使用方法等を考慮した
　　区分ごとに選択し，継続して適用しなければならな
　　い。

通常の販売目的で保有する棚卸資産の評価基準

7　通常の│販売目的│（販売するための│製造目的│
　　を含む。）で保有する棚卸資産は，│取得原価│をもっ
　　て貸借対照表価額とし，期末における│正味売却価
　　額│が│取得原価よりも下落│している場合には，
　　当該│正味売却価額│をもって貸借対照表価額とす
　　る。この場合において，│取得原価│と当該
　　│正味売却価額│との差額は│当期の費用│として
　　処理する。

8　売却市場において市場価格が観察できないときに
　　は，合理的に算定された価額を売価とする。これに
　　は，期末前後での販売実績に基づく価額を用いる場
　　合や，契約により取り決められた一定の売価を用い
　　る場合を含む。

9　営業循環過程から外れた滞留又は処分見込等の棚
　　卸資産について，合理的に算定された価額によるこ
　　とが困難な場合には，正味売却価額まで切り下げる
　　方法に代えて，その状況に応じ，次のような方法に
　　より収益性の低下の事実を適切に反映するよう処理
　　する。

(1)　帳簿価額を処分見込価額（ゼロ又は備忘価額を

含む。）まで切り下げる方法

(2) 一定の回転期間を超える場合，規則的に帳簿価額を切り下げる方法

10 製造業における原材料等のように 再調達原価 の方が把握しやすく， 正味売却価額 が当該 再調達原価 に歩調を合わせて動くと想定される場合には，継続して適用することを条件として， 再調達原価 （ 最終仕入原価 を含む。以下同じ。）によることができる。

11 企業が複数の売却市場に参加し得る場合には，実際に販売できると見込まれる売価を用いる。また，複数の売却市場が存在し売価が異なる場合であって，棚卸資産をそれぞれの市場向けに区分できないときには，それぞれの市場の販売比率に基づいた加重平均売価等による。

12 収益性の低下の有無に係る判断及び簿価切下げは，原則として 個別品目ごと に行う。ただし，複数の棚卸資産を 一括りとした単位 で行うことが適切と判断されるときには，継続して適用することを条件として，その方法による。

13 売価還元法 を採用している場合においても，期末における 正味売却価額 が 帳簿価額よりも下落 している場合には，当該 正味売却価額 をもって貸借対照表価額とする。

ただし， 値下額 等が売価合計額に適切に反映されている場合には，次に示す 値下額 及び 値下取消額 を 除外 した売価還元法の 原価率 により求められた期末棚卸資産の 帳簿価額 は，収益性の低下に基づく 簿価切下額 を 反映 したものとみなすことができる。

【値下額及び値下取消額を除外した売価還元法の原価率】

（「企業会計原則と関係諸法令との調整に関する連続

意見書 第四棚卸資産の評価について」（以下「連続意見書 第四」という。）に定める売価還元低価法の原価率）

$$\frac{期首繰越商品原価＋当期受入原価総額}{期首繰越商品小売価額＋当期受入原価総額＋原始値入額＋値上額－値上取消額}$$

14 前期に計上した簿価切下額の戻入れに関しては，当期に 戻入れを行う方法（洗替え法） と 行わない方法（切放し法） のいずれかの方法を棚卸資産の 種類ごと に 選択適用 できる。また，売価の下落要因を区分把握できる場合には，物理的劣化や経済的劣化，若しくは市場の需給変化の要因ごとに選択適用できる。この場合，いったん採用した方法は，原則として，継続して適用しなければならない。

トレーディング目的で保有する棚卸資産の評価基準

15 トレーディング目的で保有する棚卸資産 については，時価 をもって貸借対照表価額とし，帳簿価額との差額（評価差額）は，当期の損益 として処理する。

16 トレーディング目的で保有する棚卸資産として分類するための留意点や保有目的の変更の処理は，企業会計基準第10号「金融商品に関する会計基準」（以下「金融商品会計基準」という。）における売買目的有価証券に関する取扱いに準じる。

■開 示

通常の販売目的で保有する棚卸資産の収益性の低下に係る損益の表示

17 通常の販売目的で保有する棚卸資産について，収益性の低下による簿価切下額 （前期に計上した簿価切下額を戻し入れる場合には，当該戻入額相殺後の額）は 売上原価 とするが，棚卸資産の製造に

関連し不可避的に発生すると認められるときには 製造原価 として処理する。また，収益性の低下に基づく簿価切下額が， 臨時の事象 に起因し，かつ， 多額 であるときには， 特別損失 に計上する。臨時の事象とは，例えば次のような事象をいう。なお，この場合には，洗替え法を適用していても（第14項参照），当該簿価切下額の戻入れを行ってはならない。

(1) 重要な事業部門の廃止
(2) 災害損失の発生

通常の販売目的で保有する棚卸資産の収益性の低下に係る損益の注記

18 通常の販売目的で保有する棚卸資産について， 収益性の低下による簿価切下額 （前期に計上した簿価切下額を戻し入れる場合には，当該戻入額相殺後の額）は， 注記による方法 又は 売上原価等の内訳項目 として独立掲記する方法により示さなければならない。ただし，当該金額の重要性が乏しい場合には，この限りではない。

トレーディング目的で保有する棚卸資産に係る損益の表示

19 トレーディング目的で保有する棚卸資産 に係る損益は，原則として， 純額 で 売上高 に表示する。

トレーディング目的で保有する棚卸資産に係る注記

19-2 トレーディング目的で保有する棚卸資産については，売買目的有価証券に関する注記に準じて，金融商品会計基準第40-2項(3)「金融商品の時価のレベルごとの内訳等に関する事項」のうち，売買目的有価証券について注記される項目について注記する。ただし，重要性が乏しいものは注記を省略すること

ができる。なお，連結財務諸表において注記している場合には，個別財務諸表において記載することを要しない。

棚卸資産の評価に関する会計基準

時価の算定に関する会計基準

2019年7月4日
修正　2020年3月31日

■ I　範　囲

3　本会計基準は，次の項目の時価に適用する。

(1)　企業会計基準第10号「金融商品に関する会計基準」（以下「金融商品会計基準」という。）における金融商品

(2)　企業会計基準第9号「棚卸資産の評価に関する会計基準」（以下「棚卸資産会計基準」という。）におけるトレーディング目的で保有する棚卸資産

■ II　用語の定義

4　本会計基準における用語の定義は，次のとおりとする。

(1)　「市場参加者」とは，資産又は負債に関する主要な市場又は最も有利な市場において，次の要件のすべてを満たす買手及び売手をいう。

① 互いに独立しており，関連当事者（企業会計基準第11号「関連当事者の開示に関する会計基準」（以下「関連当事者会計基準」という。）第5項(3)）ではないこと

② 知識を有しており，すべての入手できる情報に基づき当該資産又は負債について十分に理解していること

③ 当該資産又は負債に関して，取引を行う能力があること

④ 当該資産又は負債に関して，他から強制されるわけではなく，自発的に取引を行う意思があるこ

と

(2) 「秩序ある取引」とは，資産又は負債の取引に関して通常かつ慣習的な市場における活動ができるように，時価の算定日以前の一定期間において市場にさらされていることを前提とした取引をいう。他から強制された取引（例えば，強制された清算取引や投売り）は，秩序ある取引に該当しない。

(3) 「主要な市場」とは，資産又は負債についての取引の数量及び頻度が最も大きい市場をいう。

(4) 「最も有利な市場」とは，取得又は売却に要する付随費用を考慮したうえで，資産の売却による受取額を最大化又は負債の移転に対する支払額を最小化できる市場をいう。

(5) 「インプット」とは，市場参加者が資産又は負債の時価を算定する際に用いる仮定（時価の算定に固有のリスクに関する仮定を含む。）をいう。インプットには，相場価格を調整せずに時価として用いる場合における当該相場価格も含まれる。

インプットは，次の観察可能なインプットと観察できないインプットにより構成される。

① 「観察可能なインプット」とは，入手できる観察可能な市場データに基づくインプットをいう。

② 「観察できないインプット」とは，観察可能な市場データではないが，入手できる最良の情報に基づくインプットをいう。

(6) 「活発な市場」とは，継続的に価格情報が提供される程度に十分な数量及び頻度で取引が行われている市場をいう。

■ Ⅲ　時価の算定

1　時価の定義

5 「時価」とは，算定日において市場参加者間で秩序ある取引が行われると想定した場合の，当該取引にお

ける資産の売却によって受け取る価格又は負債の移転のために支払う価格をいう。

2　時価の算定単位

6　資産又は負債の時価を算定する単位は，それぞれの対象となる資産又は負債に適用される会計処理又は開示による。

7　前項の定めにかかわらず，次の要件のすべてを満たす場合には，特定の市場リスク（市場価格の変動に係るリスク）又は特定の取引相手先の信用リスク（取引相手先の契約不履行に係るリスク）に関して金融資産及び金融負債を相殺した後の正味の資産又は負債を基礎として，当該金融資産及び金融負債のグループを単位とした時価を算定することができる。なお，本取扱いは特定のグループについて毎期継続して適用し，重要な会計方針において，その旨を注記する。

(1)　企業の文書化したリスク管理戦略又は投資戦略に従って，特定の市場リスク又は特定の取引相手先の信用リスクに関する正味の資産又は負債に基づき，当該金融資産及び金融負債のグループを管理していること

(2)　当該金融資産及び金融負債のグループに関する情報を企業の役員（関連当事者会計基準第5項(7)）に提供していること

(3)　当該金融資産及び金融負債を各決算日の貸借対照表において時価評価していること

(4)　特定の市場リスクに関連して本項の定めに従う場合には，当該金融資産及び金融負債のグループの中で企業がさらされている市場リスクがほぼ同一であり，かつ，当該金融資産及び金融負債から生じる特定の市場リスクにさらされている期間がほぼ同一であること

(5)　特定の取引相手先の信用リスクに関連して本項の定めに従う場合には，債務不履行の発生時において

信用リスクのポジションを軽減する既存の取決め（例えば，取引相手先とのマスターネッティング契約や，当事者の信用リスクに対する正味の資産又は負債に基づき担保を授受する契約）が法的に強制される可能性についての市場参加者の予想を時価に反映すること

3 時価の算定方法

(1) 評価技法

8 時価の算定にあたっては，状況に応じて，十分なデータが利用できる評価技法（そのアプローチとして，例えば，マーケット・アプローチやインカム・アプローチがある。）を用いる。評価技法を用いるにあたっては，関連性のある観察可能なインプットを最大限利用し，観察できないインプットの利用を最小限にする。

9 時価の算定にあたって複数の評価技法を用いる場合には，複数の評価技法に基づく結果を踏まえた合理的な範囲を考慮して，時価を最もよく表す結果を決定する。

10 時価の算定に用いる評価技法は，毎期継続して適用する。当該評価技法又はその適用（例えば，複数の評価技法を用いる場合のウェイト付けや，評価技法への調整）を変更する場合は，会計上の見積りの変更（企業会計基準第24号「会計方針の開示，会計上の変更及び誤謬の訂正に関する会計基準」（以下「企業会計基準第24号」という。）第4項(7)）として処理する。この場合，企業会計基準第24号第18項並びに企業会計基準第12号「四半期財務諸表に関する会計基準」第19項(4)及び第25項(3)の注記を要しないが，当該連結会計年度及び当該事業年度の年度末に係る連結財務諸表及び個別財務諸表において変更の旨及び変更の理由を注記する（企業会計基準適用指針第19号「金融商品の時価等の開示に関する適用指針」第5－2項(3)②)。

(2) インプット

11 時価の算定に用いるインプットは，次の順に優先的に使用する（レベル 1 のインプットが最も優先順位が高く，レベル 3 のインプットが最も優先順位が低い。）。

(1) レベル 1 のインプット

レベル 1 のインプットとは，時価の算定日において，企業が入手できる活発な市場における同一の資産又は負債に関する相場価格であり調整されていないものをいう。当該価格は，時価の最適な根拠を提供するものであり，当該価格が利用できる場合には，原則として，当該価格を調整せずに時価の算定に使用する。

(2) レベル 2 のインプット

レベル 2 のインプットとは，資産又は負債について直接又は間接的に観察可能なインプットのうち，レベル 1 のインプット以外のインプットをいう。

(3) レベル 3 のインプット

レベル 3 のインプットとは，資産又は負債について観察できないインプットをいう。当該インプットは，関連性のある観察可能なインプットが入手できない場合に用いる。

12 前項のインプットを用いて算定した時価は，その算定において重要な影響を与えるインプットが属するレベルに応じて，レベル 1 の時価，レベル 2 の時価又はレベル 3 の時価に分類する。なお，時価を算定するために異なるレベルに区分される複数のインプットを用いており，これらのインプットに，時価の算定に重要な影響を与えるインプットが複数含まれる場合，これら重要な影響を与えるインプットが属するレベルのうち，時価の算定における優先順位が最も低いレベルに当該時価を分類する。

(3) 資産又は負債の取引の数量又は頻度が著しく低下している場合等

13 資産又は負債の取引の数量又は頻度が当該資産又は

負債に係る通常の市場における活動に比して著しく低下していると判断した場合，取引価格又は相場価格が時価を表しているかどうかについて評価する。

当該評価の結果，当該取引価格又は相場価格が時価を表していないと判断する場合（取引が秩序ある取引ではないと判断する場合を含む。），当該取引価格又は相場価格を時価を算定する基礎として用いる際には，当該取引価格又は相場価格について，市場参加者が資産又は負債のキャッシュ・フローに固有の不確実性に対する対価として求めるリスク・プレミアムに関する調整を行う。

(4) 負債又は払込資本を増加させる金融商品の時価

14 負債又は払込資本を増加させる金融商品（例えば，企業結合の対価として発行される株式）については，時価の算定日に市場参加者に移転されるものと仮定して，時価を算定する。

15 負債の時価の算定にあたっては，負債の不履行リスクの影響を反映する（適用指針［設例7］）。負債の不履行リスクとは，企業が債務を履行しないリスクであり，企業自身の信用リスクに限られるものではない。また，負債の不履行リスクについては，当該負債の移転の前後で同一であると仮定する。

収益認識に関する会計基準

改正　2020年3月31日

■Ⅰ　範　囲

3　本会計基準は，次の(1)から(7)を除き，顧客との契約から生じる収益に関する会計処理及び開示に適用される。

(1)　企業会計基準第10号「金融商品に関する会計基準」（以下「金融商品会計基準」という。）の範囲に含まれる金融商品に係る取引

(2)　企業会計基準第13号「リース取引に関する会計基準」（以下「リース会計基準」という。）の範囲に含まれるリース取引

(3)　保険法（平成20年法律第56号）における定義を満たす保険契約

(4)　顧客又は潜在的な顧客への販売を容易にするために行われる同業他社との商品又は製品の交換取引（例えば，2つの企業の間で，異なる場所における顧客からの需要を適時に満たすために商品又は製品を交換する契約）

(5)　金融商品の組成又は取得に際して受け取る手数料

(6)　日本公認会計士協会会計制度委員会報告第15号「特別目的会社を活用した不動産の流動化に係る譲渡人の会計処理に関する実務指針」（以下「不動産流動化実務指針」という。）の対象となる不動産（不動産信託受益権を含む。）の譲渡

(7)　資金決済に関する法律（平成21年法律第59号。以下「資金決済法」という。）における定義を満たす暗号資産及び金融商品取引法（昭和23年法律第25号）における定義を満たす電子記録移転権利に関連する

取引

4 顧客との契約の一部が前項(1)から(7)に該当する場合には，前項(1)から(7)に適用される方法で処理する額を除いた取引価格について，本会計基準を適用する。

■ II 用語の定義

5 「契約」とは，法的な強制力のある権利及び義務を生じさせる複数の当事者間における取決めをいう。

6 「顧客」とは，対価と交換に企業の通常の営業活動により生じたアウトプットである財又はサービスを得るために当該企業と契約した当事者をいう。

7 「履行義務」とは，顧客との契約において，次の(1)又は(2)のいずれかを顧客に移転する約束をいう。

(1) 別個の財又はサービス（あるいは別個の財又はサービスの束）

(2) 一連の別個の財又はサービス（特性が実質的に同じであり，顧客への移転のパターンが同じである複数の財又はサービス）

8 「取引価格」とは，財又はサービスの顧客への移転と交換に企業が権利を得ると見込む対価の額（ただし，第三者のために回収する額を除く。）をいう。

9 「独立販売価格」とは，財又はサービスを独立して企業が顧客に販売する場合の価格をいう。

10 「契約資産」とは，企業が顧客に移転した財又はサービスと交換に受け取る対価に対する企業の権利（ただし，顧客との契約から生じた債権を除く。）をいう。

11 「契約負債」とは，財又はサービスを顧客に移転する企業の義務に対して，企業が顧客から対価を受け取ったもの又は対価を受け取る期限が到来しているものをいう。

12 「顧客との契約から生じた債権」とは，企業が顧客に移転した財又はサービスと交換に受け取る対価に対する企業の権利のうち無条件のもの（すなわち，対価

に対する法的な請求権）をいう。

13 「工事契約」とは，仕事の完成に対して対価が支払われる請負契約のうち，土木，建築，造船や一定の機械装置の製造等，基本的な仕様や作業内容を顧客の指図に基づいて行うものをいう。

14 「受注制作のソフトウェア」とは，契約の形式にかかわらず，特定のユーザー向けに制作され，提供されるソフトウェアをいう。

15 「原価回収基準」とは，履行義務を充足する際に発生する費用のうち，回収することが見込まれる費用の金額で収益を認識する方法をいう。

■ Ⅲ　会計処理

1　基本となる原則

16 本会計基準の基本となる原則は，約束した財又はサービスの顧客への移転を当該財又はサービスと交換に企業が権利を得ると見込む対価の額で描写するように，収益を認識することである。

17 前項の基本となる原則に従って収益を認識するために，次の(1)から(5)のステップを適用する。

(1) 顧客との契約を識別する（第19項から第31項参照）。

　本会計基準の定めは，顧客と合意し，かつ，所定の要件を満たす契約に適用する。

(2) 契約における履行義務を識別する（第32項から第34項参照）。

　契約において顧客への移転を約束した財又はサービスが，所定の要件を満たす場合には別個のものであるとして，当該約束を履行義務として区分して識別する。

(3) 取引価格を算定する（第47項から第64項参照）。

　変動対価又は現金以外の対価の存在を考慮し，金利相当分の影響及び顧客に支払われる対価について調整を行い，取引価格を算定する。

(4) 契約における履行義務に取引価格を配分する（第65項から第76項参照）。

　契約において約束した別個の財又はサービスの独立販売価格の比率に基づき，それぞれの履行義務に取引価格を配分する。独立販売価格を直接観察できない場合には，独立販売価格を見積る。

(5) 履行義務を充足した時に又は充足するにつれて収益を認識する（第35項から第45項参照）。

　約束した財又はサービスを顧客に移転することにより履行義務を充足した時に又は充足するにつれて，充足した履行義務に配分された額で収益を認識する。履行義務は，所定の要件を満たす場合には一定の期間にわたり充足され，所定の要件を満たさない場合には一時点で充足される。

18 本会計基準の定めは，顧客との個々の契約を対象として適用する。

　ただし，本会計基準の定めを複数の特性の類似した契約又は履行義務から構成されるグループ全体を対象として適用することによる財務諸表上の影響が，当該グループの中の個々の契約又は履行義務を対象として適用することによる影響と比較して重要性のある差異を生じさせないことが合理的に見込まれる場合に限り，当該グループ全体を対象として本会計基準の定めを適用することができる。この場合，当該グループの規模及び構成要素を反映する見積り及び仮定を用いる。

2 収益の認識基準

（1）契約の識別

19 本会計基準を適用するにあたって，次の(1)から(5)の要件のすべてを満たす顧客との契約を識別する。

(1) 当事者が，書面，口頭，取引慣行等により契約を承認し，それぞれの義務の履行を約束していること

(2) 移転される財又はサービスに関する各当事者の権利を識別できること

(3)　移転される財又はサービスの支払条件を識別できること

(4)　契約に経済的実質があること（すなわち，契約の結果として，企業の将来キャッシュ・フローのリスク，時期又は金額が変動すると見込まれること）

(5)　顧客に移転する財又はサービスと交換に企業が権利を得ることとなる対価を回収する可能性が高いこと

　　当該対価を回収する可能性の評価にあたっては，対価の支払期限到来時における顧客が支払う意思と能力を考慮する。

20　契約とは，法的な強制力のある権利及び義務を生じさせる複数の当事者間における取決めをいう（第5項参照）。契約における権利及び義務の強制力は法的な概念に基づくものであり，契約は書面，口頭，取引慣行等により成立する。顧客との契約締結に関する慣行及び手続は，国，業種又は企業により異なり，同一企業内でも異なる場合がある（例えば，顧客の属性や，約束した財又はサービスの性質により異なる場合がある。）。そのため，それらを考慮して，顧客との合意が強制力のある権利及び義務を生じさせるのかどうか並びにいつ生じさせるのかを判断する。

21　本会計基準は，契約の当事者が現在の強制力のある権利及び義務を有している契約期間を対象として適用される。

22　契約の当事者のそれぞれが，他の当事者に補償することなく完全に未履行の契約を解約する一方的で強制力のある権利を有している場合には，当該契約に本会計基準を適用しない。

　　完全に未履行の契約とは，次の(1)及び(2)のいずれも満たす契約である。

(1)　企業が約束した財又はサービスを顧客に未だ移転していない。

(2) 企業が，約束した財又はサービスと交換に，対価
  を未だ受け取っておらず，対価を受け取る権利も未
  だ得ていない。

23 顧客との契約が契約における取引開始日において第
  19項の要件を満たす場合には，事実及び状況の重要な
  変化の兆候がない限り，当該要件を満たすかどうかに
  ついて見直しを行わない。

24 顧客との契約が第19項の要件を満たさない場合には，
  当該要件を事後的に満たすかどうかを引き続き評価し，
  顧客との契約が当該要件を満たしたときに本会計基準
  を適用する。

25 顧客との契約が第19項の要件を満たさない場合にお
  いて，顧客から対価を受け取った際には，次の(1)又は
  (2)のいずれかに該当するときに，受け取った対価を収
  益として認識する。

  (1) 財又はサービスを顧客に移転する残りの義務がな
    く，約束した対価のほとんどすべてを受け取ってお
    り，顧客への返金は不要であること

  (2) 契約が解約されており，顧客から受け取った対価
    の返金は不要であること

26 顧客から受け取った対価については，前項(1)又は(2)
  のいずれかに該当するまで，あるいは，第19項の要件
  が事後的に満たされるまで（第24項参照），将来にお
  ける財又はサービスを移転する義務又は対価を返金す
  る義務として，負債を認識する。

（2）契約の結合

27 同一の顧客（当該顧客の関連当事者を含む。）と同
  時又はほぼ同時に締結した複数の契約について，次の
  (1)から(3)のいずれかに該当する場合には，当該複数の
  契約を結合し，単一の契約とみなして処理する。

  (1) 当該複数の契約が同一の商業的目的を有するもの
    として交渉されたこと

  (2) 1つの契約において支払われる対価の額が，他の

契約の価格又は履行により影響を受けること

(3)　当該複数の契約において約束した財又はサービスが，第32項から第34項に従うと単一の履行義務となること

（3）契約変更

28　契約変更は，契約の当事者が承認した契約の範囲又は価格（あるいはその両方）の変更であり，契約の当事者が，契約の当事者の強制力のある権利及び義務を新たに生じさせる変更又は既存の強制力のある権利及び義務を変化させる変更を承認した場合に生じるものである。

契約の当事者が契約変更を承認していない場合には，契約変更が承認されるまで，本会計基準を既存の契約に引き続き適用する。

29　契約の当事者が契約の範囲の変更を承認したが，変更された契約の範囲に対応する価格の変更を決定していない場合には，第50項から第52項及び第54項に従って，当該契約変更による取引価格の変更を見積る。

30　契約変更について，次の(1)及び(2)の要件のいずれも満たす場合には，当該契約変更を独立した契約として処理する。

(1)　別個の財又はサービス（第34項参照）の追加により，契約の範囲が拡大されること

(2)　変更される契約の価格が，追加的に約束した財又はサービスに対する独立販売価格に特定の契約の状況に基づく適切な調整を加えた金額分だけ増額されること

31　契約変更が前項の要件を満たさず，独立した契約として処理されない場合には，契約変更日において未だ移転していない財又はサービスについて，それぞれ次の(1)から(3)のいずれかの方法により処理する。

(1)　未だ移転していない財又はサービスが契約変更日以前に移転した財又はサービスと別個のものである

場合には，契約変更を既存の契約を解約して新しい契約を締結したものと仮定して処理する。残存履行義務に配分すべき対価の額は，次の①及び②の合計額とする。

① 顧客が約束した対価（顧客から既に受け取った額を含む。）のうち，取引価格の見積りに含まれているが収益として認識されていない額

② 契約変更の一部として約束された対価

(2) 未だ移転していない財又はサービスが契約変更日以前に移転した財又はサービスと別個のものではなく，契約変更日において部分的に充足されている単一の履行義務の一部を構成する場合には，契約変更を既存の契約の一部であると仮定して処理する。これにより，完全な履行義務の充足に向けて財又はサービスに対する支配（第37項参照）を顧客に移転する際の企業の履行を描写する進捗度（以下「履行義務の充足に係る進捗度」という。）及び取引価格が変更される場合は，契約変更日において収益の額を累積的な影響に基づき修正する。

(3) 未だ移転していない財又はサービスが(1)と(2)の両方を含む場合には，契約変更が変更後の契約における未充足の履行義務に与える影響を，それぞれ(1)又は(2)の方法に基づき処理する。

（4）履行義務の識別

32 契約における取引開始日に，顧客との契約において約束した財又はサービスを評価し，次の(1)又は(2)のいずれかを顧客に移転する約束のそれぞれについて履行義務として識別する（第7項参照）。

(1) 別個の財又はサービス（第34項参照）（あるいは別個の財又はサービスの束）

(2) 一連の別個の財又はサービス（特性が実質的に同じであり，顧客への移転のパターンが同じである複数の財又はサービス）（第33項参照）

33 前項(2)における一連の別個の財又はサービスは，次の(1)及び(2)の要件のいずれも満たす場合には，顧客への移転のパターンが同じであるものとする。

  (1)　一連の別個の財又はサービスのそれぞれが，第38項における一定の期間にわたり充足される履行義務の要件を満たすこと

  (2)　第41項及び第42項に従って，履行義務の充足に係る進捗度の見積りに，同一の方法が使用されること

（別個の財又はサービス）

34 顧客に約束した財又はサービスは，次の(1)及び(2)の要件のいずれも満たす場合には，別個のものとする。

  (1)　当該財又はサービスから単独で顧客が便益を享受することができること，あるいは，当該財又はサービスと顧客が容易に利用できる他の資源を組み合わせて顧客が便益を享受することができること（すなわち，当該財又はサービスが別個のものとなる可能性があること）

  (2)　当該財又はサービスを顧客に移転する約束が，契約に含まれる他の約束と区分して識別できること（すなわち，当該財又はサービスを顧客に移転する約束が契約の観点において別個のものとなること）

（5）履行義務の充足による収益の認識

35 企業は約束した財又はサービス（本会計基準において，顧客との契約の対象となる財又はサービスについて，以下「資産」と記載することもある。）を顧客に移転することにより履行義務を充足した時に又は充足するにつれて，収益を認識する。資産が移転するのは，顧客が当該資産に対する支配を獲得した時又は獲得するにつれてである。

36 契約における取引開始日に，第38項及び第39項に従って，識別された履行義務のそれぞれが，一定の期間にわたり充足されるものか又は一時点で充足されるものかを判定する。

37 資産に対する支配とは，当該資産の使用を指図し，当該資産からの残りの便益のほとんどすべてを享受する能力（他の企業が資産の使用を指図して資産から便益を享受することを妨げる能力を含む。）をいう。

（一定の期間にわたり充足される履行義務）

38 次の(1)から(3)の要件のいずれかを満たす場合，資産に対する支配を顧客に一定の期間にわたり移転することにより，一定の期間にわたり履行義務を充足し収益を認識する。

(1) 企業が顧客との契約における義務を履行するにつれて，顧客が便益を享受すること

(2) 企業が顧客との契約における義務を履行することにより，資産が生じる又は資産の価値が増加し，当該資産が生じる又は当該資産の価値が増加するにつれて，顧客が当該資産を支配すること

(3) 次の要件のいずれも満たすこと

① 企業が顧客との契約における義務を履行することにより，別の用途に転用することができない資産が生じること

② 企業が顧客との契約における義務の履行を完了した部分について，対価を収受する強制力のある権利を有していること

（一時点で充足される履行義務）

39 前項(1)から(3)の要件のいずれも満たさず，履行義務が一定の期間にわたり充足されるものではない場合には，一時点で充足される履行義務として，資産に対する支配を顧客に移転することにより当該履行義務が充足される時に，収益を認識する。

40 資産に対する支配を顧客に移転した時点を決定するにあたっては，第37項の定めを考慮する。また，支配の移転を検討する際には，例えば，次の(1)から(5)の指標を考慮する。

(1) 企業が顧客に提供した資産に関する対価を収受す

9

収益認識に関する会計基準

る現在の権利を有していること

(2) 顧客が資産に対する法的所有権を有していること

(3) 企業が資産の物理的占有を移転したこと

(4) 顧客が資産の所有に伴う重大なリスクを負い，経済価値を享受していること

(5) 顧客が資産を検収したこと

（履行義務の充足に係る進捗度）

41 一定の期間にわたり充足される履行義務については，履行義務の充足に係る進捗度を見積り，当該進捗度に基づき収益を一定の期間にわたり認識する。

42 一定の期間にわたり充足される履行義務については，単一の方法で履行義務の充足に係る進捗度を見積り，類似の履行義務及び状況に首尾一貫した方法を適用する。

43 履行義務の充足に係る進捗度は，各決算日に見直し，当該進捗度の見積りを変更する場合は，会計上の見積りの変更として処理する。

44 履行義務の充足に係る進捗度を合理的に見積ることができる場合にのみ，一定の期間にわたり充足される履行義務について収益を認識する。

45 履行義務の充足に係る進捗度を合理的に見積ることができないが，当該履行義務を充足する際に発生する費用を回収することが見込まれる場合には，履行義務の充足に係る進捗度を合理的に見積ることができる時まで，一定の期間にわたり充足される履行義務について原価回収基準により処理する。

3　収益の額の算定

（1）取引価格に基づく収益の額の算定

46 履行義務を充足した時に又は充足するにつれて，取引価格（第54項の定めを考慮する。）のうち，当該履行義務に配分した額について収益を認識する。

（2）取引価格の算定

47 取引価格とは，財又はサービスの顧客への移転と交

換に企業が権利を得ると見込む対価の額（ただし，第三者のために回収する額を除く。）をいう（第8項参照）。取引価格の算定にあたっては，契約条件や取引慣行等を考慮する。

48 顧客により約束された対価の性質，時期及び金額は，取引価格の見積りに影響を与える。取引価格を算定する際には，次の(1)から(4)のすべての影響を考慮する。

(1) 変動対価（第50項から第55項参照）

(2) 契約における重要な金融要素（第56項から第58項参照）

(3) 現金以外の対価（第59項から第62項参照）

(4) 顧客に支払われる対価（第63項及び第64項参照）

49 取引価格を算定する際には，財又はサービスが契約に従って顧客に移転され，契約の取消，更新又は変更はないものと仮定する。

（変動対価）

50 顧客と約束した対価のうち変動する可能性のある部分を「変動対価」という。契約において，顧客と約束した対価に変動対価が含まれる場合，財又はサービスの顧客への移転と交換に企業が権利を得ることとなる対価の額を見積る。

51 変動対価の額の見積りにあたっては，発生し得ると考えられる対価の額における最も可能性の高い単一の金額（最頻値）による方法又は発生し得ると考えられる対価の額を確率で加重平均した金額（期待値）による方法のいずれかのうち，企業が権利を得ることとなる対価の額をより適切に予測できる方法を用いる。

52 変動対価の額に関する不確実性の影響を見積るにあたっては，契約全体を通じて単一の方法を首尾一貫して適用する。また，企業が合理的に入手できるすべての情報を考慮し，発生し得ると考えられる対価の額について合理的な数のシナリオを識別する。

53 顧客から受け取った又は受け取る対価の一部あるい

は全部を顧客に返金すると見込む場合，受け取った又は受け取る対価の額のうち，企業が権利を得ると見込まない額について，返金負債を認識する。返金負債の額は，各決算日に見直す。

54 第51項に従って見積られた変動対価の額については，変動対価の額に関する不確実性が事後的に解消される際に，解消される時点までに計上された収益の著しい減額が発生しない可能性が高い部分に限り，取引価格に含める。

55 見積った取引価格は，各決算日に見直し，取引価格が変動する場合には，第74項から第76項の定めを適用する。

（契約における重要な金融要素）

56 契約の当事者が明示的又は黙示的に合意した支払時期により，財又はサービスの顧客への移転に係る信用供与についての重要な便益が顧客又は企業に提供される場合には，顧客との契約は重要な金融要素を含むものとする。

57 顧客との契約に重要な金融要素が含まれる場合，取引価格の算定にあたっては，約束した対価の額に含まれる金利相当分の影響を調整する。収益は，約束した財又はサービスが顧客に移転した時点で（又は移転するにつれて），当該財又はサービスに対して顧客が支払うと見込まれる現金販売価格を反映する金額で認識する。

58 契約における取引開始日において，約束した財又はサービスを顧客に移転する時点と顧客が支払を行う時点の間が１年以内であると見込まれる場合には，重要な金融要素の影響について約束した対価の額を調整しないことができる。

（現金以外の対価）

59 契約における対価が現金以外の場合に取引価格を算定するにあたっては，当該対価を時価により算定する。

60 現金以外の対価の時価を合理的に見積ることができ
ない場合には，当該対価と交換に顧客に約束した財又
はサービスの独立販売価格を基礎として当該対価を算
定する。

61 現金以外の対価の時価が変動する理由が，株価の変
動等，対価の種類によるものだけではない場合（例え
ば，企業が顧客との契約における義務を履行するにつ
れて時価が変動する場合）には，第54項の定めを適用
する。

62 企業による契約の履行に資するために，顧客が財又
はサービス（例えば，材料，設備又は労働）を企業に
提供する場合には，企業は，顧客から提供された財又
はサービスに対する支配を獲得するかどうかを判定す
る。顧客から提供された財又はサービスに対する支配
を獲得する場合には，当該財又はサービスを，顧客か
ら受け取る現金以外の対価として処理する。

（顧客に支払われる対価）

63 顧客に支払われる対価は，企業が顧客（あるいは顧
客から企業の財又はサービスを購入する他の当事者）
に対して支払う又は支払うと見込まれる現金の額や，
顧客が企業（あるいは顧客から企業の財又はサービス
を購入する他の当事者）に対する債務額に充当できる
もの（例えば，クーポン）の額を含む。

　顧客に支払われる対価は，顧客から受領する別個の
財又はサービスと交換に支払われるものである場合を
除き，取引価格から減額する。顧客に支払われる対価
に変動対価が含まれる場合には，取引価格の見積りを
第50項から第54項に従って行う。

64 顧客に支払われる対価を取引価格から減額する場合
には，次の(1)又は(2)のいずれか遅い方が発生した時点
で（又は発生するにつれて），収益を減額する。

(1) 関連する財又はサービスの移転に対する収益を認
識する時

(2)　企業が対価を支払うか又は支払を約束する時（当
　　該支払が将来の事象を条件とする場合も含む。また，
　　支払の約束は，取引慣行に基づくものも含む。）

（3）履行義務への取引価格の配分

65　それぞれの履行義務（あるいは別個の財又はサービ
　　ス）に対する取引価格の配分は，財又はサービスの顧
　　客への移転と交換に企業が権利を得ると見込む対価の
　　額を描写するように行う。

66　財又はサービスの独立販売価格の比率に基づき，契
　　約において識別したそれぞれの履行義務に取引価格を
　　配分する。ただし，第70項から第73項の定めを適用す
　　る場合を除く。

67　契約に単一の履行義務しかない場合には，第68項か
　　ら第73項の定めを適用しない。ただし，第32項(2)に従っ
　　て一連の別個の財又はサービスを移転する約束が単一
　　の履行義務として識別され，かつ，約束された対価に
　　変動対価が含まれる場合には，第72項及び第73項の定
　　めを適用する。

（独立販売価格に基づく配分）

68　第66項に従って財又はサービスの独立販売価格の比
　　率に基づき取引価格を配分する際には，契約における
　　それぞれの履行義務の基礎となる別個の財又はサービ
　　スについて，契約における取引開始日の独立販売価格
　　を算定し，取引価格を当該独立販売価格の比率に基づ
　　き配分する。

69　財又はサービスの独立販売価格を直接観察できない
　　場合には，市場の状況，企業固有の要因，顧客に関す
　　る情報等，合理的に入手できるすべての情報を考慮し，
　　観察可能な入力数値を最大限利用して，独立販売価格
　　を見積る。類似の状況においては，見積方法を首尾一
　　貫して適用する。

（値引きの配分）

70　契約における約束した財又はサービスの独立販売価

格の合計額が当該契約の取引価格を超える場合には，契約における財又はサービスの束について顧客に値引きを行っているものとして，当該値引きについて，契約におけるすべての履行義務に対して比例的に配分する。

71 前項の定めにかかわらず，次の(1)から(3)の要件のすべてを満たす場合には，契約における履行義務のうち1つ又は複数（ただし，すべてではない。）に値引きを配分する。

(1) 契約における別個の財又はサービス（あるいは別個の財又はサービスの束）のそれぞれを，通常，単独で販売していること

(2) 当該別個の財又はサービスのうちの一部を束にしたものについても，通常，それぞれの束に含まれる財又はサービスの独立販売価格から値引きして販売していること

(3) (2)における財又はサービスの束のそれぞれに対する値引きが，当該契約の値引きとほぼ同額であり，それぞれの束に含まれる財又はサービスを評価することにより，当該契約の値引き全体がどの履行義務に対するものかについて観察可能な証拠があること

（変動対価の配分）

72 次の(1)及び(2)の要件のいずれも満たす場合には，変動対価及びその事後的な変動のすべてを，1つの履行義務あるいは第32項(2)に従って識別された単一の履行義務に含まれる1つの別個の財又はサービスに配分する。

(1) 変動性のある支払の条件が，当該履行義務を充足するための活動や当該別個の財又はサービスを移転するための活動（あるいは当該履行義務の充足による特定の結果又は当該別個の財又はサービスの移転による特定の結果）に個別に関連していること

(2) 契約における履行義務及び支払条件のすべてを考

慮した場合，変動対価の額のすべてを当該履行義務
あるいは当該別個の財又はサービスに配分すること
が，企業が権利を得ると見込む対価の額を描写する
こと

73　前項の要件を満たさない残りの取引価格については，
第65項から第71項の定めに従って配分する。

（4）取引価格の変動

74　取引価格の事後的な変動については，契約における
取引開始日後の独立販売価格の変動を考慮せず，契約
における取引開始日と同じ基礎により契約における履
行義務に配分する。取引価格の事後的な変動のうち，
既に充足した履行義務に配分された額については，取
引価格が変動した期の収益の額を修正する。

75　第72項の要件のいずれも満たす場合には，取引価格
の変動のすべてについて，次の(1)又は(2)のいずれかに
配分する。
    (1)　1つ又は複数の（ただし，すべてではない。）履
行義務
    (2)　第32項(2)に従って識別された単一の履行義務に含
まれる1つ又は複数の（ただし，すべてではない。）
別個の財又はサービス

76　契約変更によって生じる取引価格の変動は，第28項
から第31項に従って処理する。契約変更が第30項の要
件を満たさず，独立した契約として処理されない場合
（第31項参照），当該契約変更を行った後に生じる取引
価格の変動について，第74項及び第75項の定めに従っ
て，次の(1)又は(2)のいずれかの方法で配分する。
    (1)　取引価格の変動が契約変更の前に約束された変動
対価の額に起因し，当該契約変更を第31項(1)に従っ
て処理する場合には，取引価格の変動を契約変更の
前に識別した履行義務に配分する。
    (2)　当該契約変更を第31項(1)に従って処理しない場合
には，取引価格の変動を契約変更の直後に充足され

ていない又は部分的に充足されていない履行義務に
配分する。

4 契約資産，契約負債及び顧客との契約から生じた債権

77 顧客から対価を受け取る前又は対価を受け取る期限
が到来する前に，財又はサービスを顧客に移転した場
合は，収益を認識し，契約資産又は顧客との契約から
生じた債権を貸借対照表に計上する。

本会計基準に定めのない契約資産の会計処理は，金
融商品会計基準における債権の取扱いに準じて処理す
る。また，外貨建ての契約資産に係る外貨換算につい
ては，企業会計審議会「外貨建取引等会計処理基準」
（以下「外貨建取引等会計処理基準」という。）の外貨
建金銭債権債務の換算の取扱いに準じて処理する。

78 財又はサービスを顧客に移転する前に顧客から対価
を受け取る場合，顧客から対価を受け取った時又は対
価を受け取る期限が到来した時のいずれか早い時点で，
顧客から受け取る対価について契約負債を貸借対照表
に計上する。

■IV 開 示

1 表 示

78-2 顧客との契約から生じる収益を，適切な科目を
もって損益計算書に表示する。なお，顧客との契約か
ら生じる収益については，それ以外の収益と区分して
損益計算書に表示するか，又は両者を区分して損益計
算書に表示しない場合には，顧客との契約から生じる
収益の額を注記する。

78-3 顧客との契約に重要な金融要素が含まれる場合
（第56項参照），顧客との契約から生じる収益と金融要
素の影響（受取利息又は支払利息）を損益計算書にお
いて区分して表示する。

79 企業が履行している場合や企業が履行する前に顧客

から対価を受け取る場合等，契約のいずれかの当事者が履行している場合等には，企業は，企業の履行と顧客の支払との関係に基づき，契約資産，契約負債又は顧客との契約から生じた債権を計上する。また，契約資産，契約負債又は顧客との契約から生じた債権を，適切な科目をもって貸借対照表に表示する。

なお，契約資産と顧客との契約から生じた債権のそれぞれについて，貸借対照表に他の資産と区分して表示しない場合には，それぞれの残高を注記する。また，契約負債を貸借対照表において他の負債と区分して表示しない場合には，契約負債の残高を注記する（第80－20項(1)参照）。

2 注記事項

（1）重要な会計方針の注記

80－2　顧客との契約から生じる収益に関する重要な会計方針として，次の項目を注記する。

(1) 企業の主要な事業における主な履行義務の内容（第80－14項参照）

(2) 企業が当該履行義務を充足する通常の時点（収益を認識する通常の時点）（第80－18項(1)参照）

80－3　前項の項目以外にも，重要な会計方針に含まれると判断した内容については，重要な会計方針として注記する。

（2）収益認識に関する注記

（開示目的）

80－4　収益認識に関する注記における開示目的は，顧客との契約から生じる収益及びキャッシュ・フローの性質，金額，時期及び不確実性を財務諸表利用者が理解できるようにするための十分な情報を企業が開示することである。

80－5　前項の開示目的を達成するため，収益認識に関する注記として，次の項目を注記する。

(1) 収益の分解情報（第80－10項及び第80－11項参照）

(2) 収益を理解するための基礎となる情報（第80−12項から第80−19項参照）

(3) 当期及び翌期以降の収益の金額を理解するための情報（第80−20項から第80−24項参照）

ただし，上記の項目に掲げている各注記事項のうち，前項の開示目的に照らして重要性に乏しいと認められる注記事項については，記載しないことができる。

80−6 収益認識に関する注記を記載するにあたり，どの注記事項にどの程度の重点を置くべきか，また，どの程度詳細に記載するのかを第80−4項の開示目的に照らして判断する。重要性に乏しい詳細な情報を大量に記載したり，特徴が大きく異なる項目を合算したりすることにより有用な情報が不明瞭とならないように，注記は集約又は分解する。

80−7 収益認識に関する注記を記載するにあたり，第80−10項から第80−24項において示す注記事項の区分に従って注記事項を記載する必要はない。

80−8 第80−2項及び第80−3項に従って重要な会計方針として注記している内容は，収益認識に関する注記として記載しないことができる。

80−9 収益認識に関する注記として記載する内容について，財務諸表における他の注記事項に含めて記載している場合には，当該他の注記事項を参照することができる。

（収益の分解情報）

80−10 当期に認識した顧客との契約から生じる収益を，収益及びキャッシュ・フローの性質，金額，時期及び不確実性に影響を及ぼす主要な要因に基づく区分に分解して注記する。

80−11 企業会計基準第17号「セグメント情報等の開示に関する会計基準」（以下「セグメント情報等会計基準」という。）を適用している場合，前項に従って注

記する収益の分解情報と，セグメント情報等会計基準に従って各報告セグメントについて開示する売上高との間の関係を財務諸表利用者が理解できるようにするための十分な情報を注記する。

（収益を理解するための基礎となる情報）

80-12　顧客との契約が，財務諸表に表示している項目又は収益認識に関する注記における他の注記事項とどのように関連しているのかを示す基礎となる情報として，次の事項を注記する。

(1)　契約及び履行義務に関する情報

(2)　取引価格の算定に関する情報

(3)　履行義務への配分額の算定に関する情報

(4)　履行義務の充足時点に関する情報

(5)　本会計基準の適用における重要な判断

契約及び履行義務に関する情報

80-13　収益として認識する項目がどのような契約から生じているのかを理解するための基礎となる情報を注記する。この情報には，次の事項が含まれる。

(1)　履行義務に関する情報

(2)　重要な支払条件に関する情報

80-14　前項(1)に掲げる履行義務に関する情報を注記するにあたっては，履行義務の内容（企業が顧客に移転することを約束した財又はサービスの内容）を記載する。

　また，例えば，次の内容が契約に含まれる場合には，その内容を注記する。

(1)　財又はサービスが他の当事者により顧客に提供されるように手配する履行義務（すなわち，企業が他の当事者の代理人として行動する場合）

(2)　返品，返金及びその他の類似の義務（第63項，第64項等参照）

(3)　財又はサービスに対する保証及び関連する義務

80-15　第80-13項(2)に掲げる重要な支払条件に関する

情報を注記するにあたっては，例えば，次の内容を記載する。

(1) 通常の支払期限

(2) 対価に変動対価が含まれる場合のその内容（第50項から第55項参照）

(3) 変動対価の見積りが第54項に従って通常制限される場合のその内容

(4) 契約に重要な金融要素が含まれる場合のその内容（第56項から第58項参照）

取引価格の算定に関する情報

80-16 取引価格の算定方法について理解できるよう，取引価格を算定する際に用いた見積方法，インプット及び仮定に関する情報を注記する。例えば，次の内容を記載する。

(1) 変動対価の算定（第50項から第55項参照）

(2) 変動対価の見積りが第54項に従って制限される場合のその評価

(3) 契約に重要な金融要素が含まれる場合の対価の額に含まれる金利相当分の調整（第56項から第58項参照）

(4) 現金以外の対価の算定（第59項から第62項参照）

(5) 返品，返金及びその他の類似の義務の算定（第63項，第64項等参照）

履行義務への配分額の算定に関する情報

80-17 取引価格の履行義務への配分額の算定方法について理解できるよう，取引価格を履行義務に配分する際に用いた見積方法，インプット及び仮定に関する情報を注記する。例えば，次の内容を記載する。

(1) 約束した財又はサービスの独立販売価格の見積り（第65項から第69項参照）

(2) 契約の特定の部分に値引きや変動対価の配分を行っている場合の取引価格の配分（第70項から第73項参照）

履行義務の充足時点に関する情報

80-18 履行義務を充足する通常の時点（収益を認識する通常の時点）の判断及び当該時点における会計処理の方法を理解できるよう，次の事項を注記する。

(1) 履行義務を充足する通常の時点（収益を認識する通常の時点）（第35項から第45項参照）

(2) 一定の期間にわたり充足される履行義務について，収益を認識するために使用した方法及び当該方法が財又はサービスの移転の忠実な描写となる根拠（第38項及び第41項から第45項参照）

(3) 一時点で充足される履行義務について，約束した財又はサービスに対する支配を顧客が獲得した時点を評価する際に行った重要な判断（第39項及び第40項参照）

本会計基準の適用における重要な判断

80-19 本会計基準を適用する際に行った判断及び判断の変更のうち，顧客との契約から生じる収益の金額及び時期の決定に重要な影響を与えるものを注記する。

（当期及び翌期以降の収益の金額を理解するための情報）

契約資産及び契約負債の残高等

80-20 履行義務の充足とキャッシュ・フローの関係を理解できるよう，次の事項を注記する。

(1) 顧客との契約から生じた債権，契約資産及び契約負債の期首残高及び期末残高（区分して表示していない場合）（第79項なお書き参照）

(2) 当期に認識した収益の額のうち期首現在の契約負債残高に含まれていた額

(3) 当期中の契約資産及び契約負債の残高の重要な変動がある場合のその内容

(4) 履行義務の充足の時期（第80-18項(1)参照）が通常の支払時期（第80-13項(2)参照）にどのように関連するのか並びにそれらの要因が契約資産及び契約負債の残高に与える影響の説明

また，過去の期間に充足（又は部分的に充足）した履行義務から，当期に認識した収益（例えば，取引価格の変動）がある場合には，当該金額を注記する。

残存履行義務に配分した取引価格

80-21 既存の契約から翌期以降に認識することが見込まれる収益の金額及び時期について理解できるよう，残存履行義務に関して次の事項を注記する。

(1) 当期末時点で未充足（又は部分的に未充足）の履行義務に配分した取引価格の総額

(2) (1)に従って注記した金額を，企業がいつ収益として認識すると見込んでいるのか，次のいずれかの方法により注記する。

① 残存履行義務の残存期間に最も適した期間による定量的情報を使用した方法

② 定性的情報を使用した方法

80-22 次のいずれかの条件に該当する場合には，前項の注記に含めないことができる。

(1) 履行義務が，当初に予想される契約期間（第21項参照）が1年以内の契約の一部である。

(2) 履行義務の充足から生じる収益を適用指針第19項に従って認識している。

(3) 次のいずれかの条件を満たす変動対価である。

① 売上高又は使用量に基づくロイヤルティ

② 第72項の要件に従って，完全に未充足の履行義務（あるいは第32項(2)に従って識別された単一の履行義務に含まれる1つの別個の財又はサービスのうち，完全に未充足の財又はサービス）に配分される変動対価

80-23 顧客との契約から受け取る対価の額に，取引価格に含まれない変動対価の額等，取引価格に含まれず，結果として第80-21項の注記に含めていないものがある場合には，その旨を注記する（第54項参照）。

80-24　第80-22項のいずれかの条件に該当するため，第80-21項の注記に含めていないものがある場合には，第80-22項のいずれの条件に該当しているか，及び第80-21項の注記に含めていない履行義務の内容を注記する。

　　前段の定めに加え，第80-22項(3)のいずれかの条件に該当するため，第80-21項の注記に含めていないものがある場合には，次の事項を注記する。

(1)　残存する契約期間（第21項参照）

(2)　第80-21項の注記に含めていない変動対価の概要（例えば，変動対価の内容及びその変動性がどのように解消されるのか）

3　連結財務諸表を作成している場合の個別財務諸表における表示及び注記事項

80-25　連結財務諸表を作成している場合，個別財務諸表においては，第78-2項，第78-3項及び第79項の表示及び注記の定めを適用しないことができる。

80-26　連結財務諸表を作成している場合，個別財務諸表においては，収益認識に関する注記として掲げている第80-5項から第80-24項の定めにかかわらず，第80-5項に掲げる項目のうち，(1)「収益の分解情報」及び(3)「当期及び翌期以降の収益の金額を理解するための情報」について注記しないことができる。

80-27　連結財務諸表を作成している場合，個別財務諸表においては，第80-5項(2)「収益を理解するための基礎となる情報」の注記を記載するにあたり，連結財務諸表における記載を参照することができる。

収益認識に関する会計基準

金融商品に関する会計基準

最終改正　2019年7月4日

■Ⅰ　範　囲

3　本会計基準は，すべての会社における金融商品の会計処理に適用する。

■Ⅱ　金融資産及び金融負債の範囲等

1　金融資産及び金融負債の範囲

4　金融資産とは，現金預金，受取手形，売掛金及び貸付金等の金銭債権，株式その他の出資証券及び公社債等の有価証券並びに先物取引，先渡取引，オプション取引，スワップ取引及びこれらに類似する取引（以下「デリバティブ取引」という。）により生じる正味の債権等をいう。

5　金融負債とは，支払手形，買掛金，借入金及び社債等の金銭債務並びにデリバティブ取引により生じる正味の債務等をいう。

（注1）金融資産及び金融負債の範囲について

　　　金融資産及び金融負債の範囲には，複数種類の金融資産又は金融負債が組み合わされている複合金融商品も含まれる。また，現物商品（コモディティ）に係るデリバティブ取引のうち，通常差金決済により取引されるものから生じる正味の債権又は債務についても，本会計基準に従って処理する。

（注1−2）有価証券の範囲について

　　　有価証券の範囲は，原則として，金融商品取引法に定義する有価証券に基づくが，それ以外のもので，金融商品取引法上の有価証券に類似し企業会計上の有価証券として取り扱うことが適当と認められるも

のについても有価証券の範囲に含める。なお，金融
商品取引法上の有価証券であっても企業会計上の有
価証券として取り扱うことが適当と認められないも
のについては，本会計基準上，有価証券としては取
り扱わないこととする。

2　時　価

6　金融資産及び金融負債の「時価」の定義は，時価算
定会計基準第5項に従い，算定日において市場参加者
間で秩序ある取引が行われると想定した場合の，当該
取引における資産の売却によって受け取る価格又は負
債の移転のために支払う価格とする。

（注2）市場について

　　　　市場には，公設の取引所及びこれに類する市場の
ほか，随時，売買・換金等を行うことができる取引
システム等も含まれる。

■ Ⅲ　金融資産及び金融負債の発生及び消滅の認識

1　金融資産及び金融負債の発生の認識

7　金融資産の契約上の権利又は金融負債の契約上の義
務を生じさせる契約を締結したときは，原則として，
当該金融資産又は金融負債の発生を認識しなければな
らない。

（注3）商品等の売買又は役務の提供の対価に係る金銭
債権債務の発生の認識について

　　　　商品等の売買又は役務の提供の対価に係る金銭債
権債務は，原則として，当該商品等の受渡し又は役
務提供の完了によりその発生を認識する。

2　金融資産及び金融負債の消滅の認識

（1）　金融資産の消滅の認識要件

8　金融資産の契約上の権利を行使したとき，権利を喪
失したとき又は権利に対する支配が他に移転したとき
は，当該金融資産の消滅を認識しなければならない。

9　金融資産の契約上の権利に対する支配が他に移転す

るのは，次の要件がすべて充たされた場合とする。

(1) 譲渡された金融資産に対する譲受人の契約上の権利が譲渡人及びその債権者から法的に保全されていること

(2) 譲受人が譲渡された金融資産の契約上の権利を直接又は間接に通常の方法で享受できること

(3) 譲渡人が譲渡した金融資産を当該金融資産の満期日前に買戻す権利及び義務を実質的に有していないこと

（注4）譲受人が特別目的会社の場合について

　　金融資産の譲受人が次の要件を充たす会社，信託又は組合等の特別目的会社の場合には，当該特別目的会社が発行する証券の保有者を当該金融資産の譲受人とみなして第9項(2)の要件を適用する。

(1) 特別目的会社が，適正な価額で譲り受けた金融資産から生じる収益を当該特別目的会社が発行する証券の保有者に享受させることを目的として設立されていること

(2) 特別目的会社の事業が，(1)の目的に従って適正に遂行されていると認められること

(2) **金融負債の消滅の認識要件**

10　金融負債の契約上の義務を履行したとき，義務が消滅したとき又は第一次債務者の地位から免責されたときは，当該金融負債の消滅を認識しなければならない。

(3) **金融資産及び金融負債の消滅の認識に係る会計処理**

11　金融資産又は金融負債がその消滅の認識要件を充たした場合には，当該金融資産又は金融負債の消滅を認識するとともに，帳簿価額とその対価としての受払額との差額を当期の損益として処理する。

12　金融資産又は金融負債の一部がその消滅の認識要件を充たした場合には，当該部分の消滅を認識するとともに，消滅部分の帳簿価額とその対価としての受払額

との差額を当期の損益として処理する。消滅部分の帳簿価額は，当該金融資産又は金融負債全体の時価に対する消滅部分と残存部分の時価の比率により，当該金融資産又は金融負債全体の帳簿価額を按分して計算する。

13 金融資産又は金融負債の消滅に伴って新たな金融資産又は金融負債が発生した場合には，当該金融資産又は金融負債は時価により計上する。

■IV 金融資産及び金融負債の貸借対照表価額等

1 債 権

14 受取手形，売掛金，貸付金その他の債権の貸借対照表価額は，| 取得価額 | から | 貸倒見積高 | に基づいて算定された | 貸倒引当金 | を | 控除 | した金額とする。ただし，債権を債権金額より | 低い価額 | 又は | 高い価額 | で取得した場合において，取得価額と債権金額との差額の性格が | 金利の調整 | と認められるときは，| 償却原価法 | に基づいて算定された価額から | 貸倒見積高 | に基づいて算定された | 貸倒引当金 | を | 控除 | した金額としなければならない。

2 有価証券

(1) 売買目的有価証券

15 時価の変動により利益を得ることを目的として保有する有価証券（以下「| 売買目的有価証券 |」という。）は，| 時価 | をもって貸借対照表価額とし，評価差額は | 当期の損益 | として処理する。

(2) 満期保有目的の債券

16 満期まで所有する意図をもって保有する社債その他の債券（以下「| 満期保有目的の債券 |」という。）は，| 取得原価 | をもって貸借対照表価額とする。ただし，債券を債券金額より | 低い価額 | 又は | 高い価額 | で取得した場合において，取得価額と債券金額との差額の性格が | 金利の調整 | と認められるときは，

償却原価法 に基づいて算定された価額をもって貸借対照表価額としなければならない。

（注5）償却原価法について

償却原価法とは，金融資産又は金融負債を債権額又は債務額と異なる金額で計上した場合において，当該差額に相当する金額を弁済期又は償還期に至るまで毎期一定の方法で 取得価額 に 加減 する方法をいう。なお，この場合，当該加減額を 受取利息 又は 支払利息 に含めて処理する。

（注6）満期保有目的の債券の保有目的を変更した場合について

満期保有目的の債券の保有目的を変更した場合，当該債券は変更後の保有目的に係る評価基準に従って処理する。

(3) 子会社株式及び関連会社株式

17 子会社株式 及び 関連会社株式 は， 取得原価 をもって貸借対照表価額とする。

(4) その他有価証券

18 売買目的有価証券，満期保有目的の債券，子会社株式及び関連会社株式以外の有価証券（以下「その他有価証券 」という。）は， 時価 をもって貸借対照表価額とし，評価差額は 洗い替え方式 に基づき，次のいずれかの方法により処理する。

(1) 評価差額の合計額を 純資産の部 に計上する。

(2) 時価が取得原価を上回る銘柄に係る評価差額は 純資産の部 に計上し，時価が取得原価を下回る銘柄に係る評価差額は 当期の損失 として処理する。

なお，純資産の部に計上されるその他有価証券の評価差額については， 税効果会計 を適用しなければならない。また，当該評価差額に課される当事業年度の所得に対する法人税，住民税及び事業税等がある場合には，企業会計基準第27号「法人税，住民税及び事

業税等に関する会計基準」（以下「法人税等会計基準」という。）第5項から第5－5項の処理を行う。

(5) 市場価格のない株式等の取扱い

19 市場価格のない株式は，取得原価をもって貸借対照表価額とする。市場価格のない株式とは，市場において取引されていない株式とする。また，出資金など株式と同様に持分の請求権を生じさせるものは，同様の取扱いとする。これらを合わせて「市場価格のない株式等」という。

(6) 時価が著しく下落した場合

20 満期保有目的の債券，子会社株式及び関連会社株式並びにその他有価証券のうち，市場価格のない株式等以外のものについて時価が 著しく下落 したときは， 回復する見込 があると認められる場合を除き， 時価 をもって貸借対照表価額とし，評価差額は 当期の損失 として処理しなければならない。

21 市場価格のない株式等については，発行会社の財政状態の悪化により 実質価額 が 著しく低下 したときは， 相当の減額 をなし，評価差額は 当期の損失 として処理しなければならない。

22 第20項及び第21項の場合には，当該時価及び実質価額を翌期首の取得原価とする。

(7) 有価証券の表示区分

23 売買目的有価証券 及び 一年内 に満期の到来する社債その他の債券は 流動資産 に属するものとし， それ以外 の有価証券は 投資その他の資産 に属するものとする。

3 運用を目的とする金銭の信託

24 運用を目的とする金銭の信託（合同運用を除く。）は，当該信託財産の構成物である金融資産及び金融負債について，本会計基準により付されるべき評価額を合計した額をもって貸借対照表価額とし，評価差額は当期の損益として処理する。

（注 8 ） 運用目的の信託財産の構成物である有価証券の評価について

運用目的の信託財産の構成物である有価証券は，売買目的有価証券とみなしてその評価基準に従って処理する。

4 デリバティブ取引により生じる正味の債権及び債務

25 デリバティブ取引により生じる 正味の債権及び債務 は， 時価 をもって貸借対照表価額とし，評価差額は，原則として， 当期の損益 として処理する。

5 金銭債務

26 支払手形，買掛金，借入金，社債その他の債務は， 債務額 をもって貸借対照表価額とする。ただし，社債を社債金額よりも 低い価額 又は 高い価額 で発行した場合など，収入に基づく金額と債務額とが異なる場合には， 償却原価法 に基づいて算定された価額をもって，貸借対照表価額としなければならない。

■ V 貸倒見積高の算定

1 債権の区分

27 貸倒見積高の算定にあたっては，債務者の財政状態及び経営成績等に応じて，債権を次のように区分する。

(1) 経営状態に重大な問題が生じていない債務者に対する債権（以下「 一般債権 」という。）

(2) 経営破綻の状態には至っていないが，債務の弁済に重大な問題が生じているか又は生じる可能性の高い債務者に対する債権（以下「 貸倒懸念債権 」という。）

(3) 経営破綻又は実質的に経営破綻に陥っている債務者に対する債権（以下「 破産更生債権等 」という。）

2 貸倒見積高の算定方法

28 債権の貸倒見積高は，その区分に応じてそれぞれ次の方法により算定する。

(1) 一般債権については，債権全体又は同種・同類の債権ごとに，債権の状況に応じて求めた過去の 貸倒実績率等 合理的な基準により貸倒見積高を算定する。

(2) 貸倒懸念債権については，債権の状況に応じて，次のいずれかの方法により貸倒見積高を算定する。ただし，同一の債権については，債務者の財政状態及び経営成績の状況等が変化しない限り，同一の方法を継続して適用する。

① 債権額から 担保の処分見込額 及び 保証による回収見込額 を減額し，その残額について債務者の財政状態及び経営成績を考慮して貸倒見積高を算定する方法

② 債権の元本の回収及び利息の受取りに係るキャッシュ・フローを合理的に見積ることができる債権については，債権の元本及び利息について元本の回収及び利息の受取りが見込まれるときから当期末までの期間にわたり 当初の約定利子率 で 割り引いた金額 の総額と債権の帳簿価額との差額を貸倒見積高とする方法

(3) 破産更生債権等については，債権額から 担保の処分見込額 及び 保証による回収見込額 を減額し，その残額を貸倒見積高とする。

(注9) 債権の未収利息の処理について

債務者から契約上の利払日を相当期間経過しても利息の支払を受けていない債権及び破産更生債権等については，すでに計上されている未収利息を当期の損失として処理するとともに，それ以後の期間に係る利息を計上してはならない。

(注10) 破産更生債権等の貸倒見積高の処理について

破産更生債権等の貸倒見積高は，原則として， 貸倒引当金 として処理する。ただし，債権金額又は取得価額から 直接減額 することもできる。

■VI　ヘッジ会計

1　ヘッジ会計の意義

29　ヘッジ会計とは，ヘッジ取引のうち一定の要件を充たすものについて，ヘッジ対象に係る損益とヘッジ手段に係る損益を同一の会計期間に認識し，ヘッジの効果を会計に反映させるための特殊な会計処理をいう。

（注11）ヘッジ取引について

　　　　ヘッジ取引についてヘッジ会計が適用されるためには，ヘッジ対象が相場変動等による損失の可能性にさらされており，ヘッジ対象とヘッジ手段とのそれぞれに生じる損益が互いに相殺されるか又はヘッジ手段によりヘッジ対象のキャッシュ・フローが固定されその変動が回避される関係になければならない。なお，ヘッジ対象が複数の資産又は負債から構成されている場合は，個々の資産又は負債が共通の相場変動等による損失の可能性にさらされており，かつ，その相場変動等に対して同様に反応することが予想されるものでなければならない。

2　ヘッジ対象

30　ヘッジ会計が適用されるヘッジ対象は，相場変動等による損失の可能性がある資産又は負債で，当該資産又は負債に係る相場変動等が評価に反映されていないもの，相場変動等が評価に反映されているが評価差額が損益として処理されないもの若しくは当該資産又は負債に係るキャッシュ・フローが固定されその変動が回避されるものである。なお，ヘッジ対象には，予定取引により発生が見込まれる資産又は負債も含まれる。

（注12）予定取引について

　　　　予定取引とは，未履行の確定契約に係る取引及び契約は成立していないが，取引予定時期，取引予定物件，取引予定量，取引予定価格等の主要な取引条件が合理的に予測可能であり，かつ，それが実行さ

れる可能性が極めて高い取引をいう。

3　ヘッジ会計の要件

31　ヘッジ取引にヘッジ会計が適用されるのは，次の要件がすべて充たされた場合とする。

(1)　ヘッジ取引時において，ヘッジ取引が企業のリスク管理方針に従ったものであることが，次のいずれかによって客観的に認められること

①　当該取引が企業のリスク管理方針に従ったものであることが，文書により確認できること

②　企業のリスク管理方針に関して明確な内部規定及び内部統制組織が存在し，当該取引がこれに従って処理されることが期待されること

(2)　ヘッジ取引時以降において，ヘッジ対象とヘッジ手段の損益が高い程度で相殺される状態又はヘッジ対象のキャッシュ・フローが固定されその変動が回避される状態が引き続き認められることによって，ヘッジ手段の効果が定期的に確認されていること

4　ヘッジ会計の方法

(1)　ヘッジ取引に係る損益認識時点

32　ヘッジ会計は，原則として，時価評価されているヘッジ手段に係る損益又は評価差額を，ヘッジ対象に係る損益が認識されるまで 純資産の部 において 繰り延べる 方法による。

　　ただし，ヘッジ対象である資産又は負債に係る相場変動等を損益に反映させることにより，その損益とヘッジ手段に係る損益とを同一の会計期間に認識することもできる。

　　なお，純資産の部に計上されるヘッジ手段に係る損益又は評価差額については，税効果会計を適用しなければならない。また，当該損益又は評価差額に課される当事業年度の所得に対する法人税，住民税及び事業税等がある場合には，法人税等会計基準第5項から第5-5項の処理を行う。

（注13）複数の資産又は負債から構成されているヘッジ対象に係るヘッジ会計の方法について

　　複数の資産又は負債から構成されているヘッジ対象をヘッジしている場合には，ヘッジ手段に係る損益又は評価差額は，損益が認識された個々の資産又は負債に合理的な方法により配分する。

（注14）金利スワップについて

　　資産又は負債に係る金利の受払条件を変換することを目的として利用されている金利スワップが金利変換の対象となる資産又は負債とヘッジ会計の要件を充たしており，かつ，その想定元本，利息の受払条件（利率，利息の受払日等）及び契約期間が当該資産又は負債とほぼ同一である場合には，金利スワップを時価評価せず，その金銭の受払の純額等を当該資産又は負債に係る利息に加減して処理することができる。

(2) ヘッジ会計の要件が充たされなくなったときの会計処理

33　ヘッジ会計の要件が充たされなくなったときには，ヘッジ会計の要件が充たされていた間のヘッジ手段に係る損益又は評価差額は，ヘッジ対象に係る損益が認識されるまで引き続き繰り延べる。

　　ただし，繰り延べられたヘッジ手段に係る損益又は評価差額について，ヘッジ対象に係る含み益が減少することによりヘッジ会計の終了時点で重要な損失が生じるおそれがあるときは，当該損失部分を見積り，当期の損失として処理しなければならない。

(3) ヘッジ会計の終了

34　ヘッジ会計は，ヘッジ対象が消滅したときに終了し，繰り延べられているヘッジ手段に係る損益又は評価差額は当期の損益として処理しなければならない。また，ヘッジ対象である予定取引が実行されないことが明らかになったときにおいても同様に処理する。

1 払込資本を増加させる可能性のある部分を含む複合金融商品

35 契約の一方の当事者の払込資本を増加させる可能性のある部分を含む複合金融商品である新株予約権付社債の発行又は取得については，第36項から第39項により会計処理する。

(1) 転換社債型新株予約権付社債

発行者側の会計処理

36 転換社債型新株予約権付社債の発行に伴う払込金額は，社債の対価部分と新株予約権の対価部分とに区分せず普通社債の発行に準じて処理する方法，又は転換社債型新株予約権付社債以外の新株予約権付社債に準じて処理する方法のいずれかにより会計処理する。

取得者側の会計処理

37 転換社債型新株予約権付社債の取得価額は，社債の対価部分と新株予約権の対価部分とに区分せず普通社債の取得に準じて処理し，権利を行使したときは株式に振り替える。

(2) 転換社債型新株予約権付社債以外の新株予約権付社債

発行者側の会計処理

38 転換社債型新株予約権付社債以外の新株予約権付社債の発行に伴う払込金額は，社債の対価部分と新株予約権の対価部分とに区分する。

(1) 社債の対価部分は，普通社債の発行に準じて処理する。

(2) 新株予約権の対価部分は，純資産の部に計上し，権利が行使され，新株を発行したときは資本金又は資本金及び資本準備金に振り替え，権利が行使されずに権利行使期間が満了したときは利益として処理する。

取得者側の会計処理

39 転換社債型新株予約権付社債以外の新株予約権付社債の取得価額は，社債の対価部分と新株予約権の対価部分とに区分する。

 (1) 社債の対価部分は，普通社債の取得に準じて処理する。

 (2) 新株予約権の対価部分は，有価証券の取得として処理し，権利を行使したときは株式に振り替え，権利を行使せずに権利行使期間が満了したときは損失として処理する。

（注15） 新株予約権付社債を区分する方法について

 1 発行者側においては，次のいずれかの方法により，新株予約権付社債の発行に伴う払込金額を社債の対価部分と新株予約権の対価部分とに区分する。

  (1) 社債及び新株予約権の払込金額又はそれらの合理的な見積額の比率で配分する方法

  (2) 算定が容易な一方の対価を決定し，これを払込金額から差し引いて他方の対価を算定する方法

 2 取得者側においては，1の(1)又は(2)のいずれかの方法により，新株予約権付社債の取得価額を社債の対価部分と新株予約権の対価部分とに区分する。ただし，保有社債及び新株予約権に市場価格がある場合には，その比率により区分することもできる。

2 その他の複合金融商品

40 契約の一方の当事者の払込資本を増加させる可能性のある部分を含まない複合金融商品は，原則として，それを構成する個々の金融資産又は金融負債とに区分せず一体として処理する。

■Ⅶ－2 注記事項

40－2 金融商品に係る次の事項について注記する。ただし，重要性が乏しいものは注記を省略することができる。なお，連結財務諸表において注記している場合

には，個別財務諸表において記載することを要しない。

(1) 金融商品の状況に関する事項
　① 金融商品に対する取組方針
　② 金融商品の内容及びそのリスク
　③ 金融商品に係るリスク管理体制
　④ 金融商品の時価等に関する事項についての補足説明
(2) 金融商品の時価等に関する事項
　なお，市場価格のない株式等については，時価を注記しないこととする。この場合，当該金融商品の概要及び貸借対照表計上額を注記する。
(3) 金融商品の時価のレベルごとの内訳等に関する事項

固定資産の減損に係る会計基準

2002年8月9日

■一　対象資産

　本基準は，固定資産を対象に適用する。ただし，他の基準に減損処理に関する定めがある資産，例えば，「金融商品に係る会計基準」における金融資産や「税効果会計に係る会計基準」における繰延税金資産については，対象資産から除くこととする。（注1）（注12）

■二　減損損失の認識と測定

1　減損の兆候

　資産又は資産グループ（6(1)における最小の単位をいう。）に減損が生じている可能性を示す事象（以下「減損の兆候」という。）がある場合には，当該資産又は資産グループについて，減損損失 を認識するかどうかの判定を行う。減損の兆候 としては，例えば，次の事象が考えられる。

① 資産又は資産グループが使用されている営業活動から生ずる損益又はキャッシュ・フローが，継続してマイナスとなっているか，あるいは，継続してマイナスとなる見込みであること

② 資産又は資産グループが使用されている範囲又は方法について，当該資産又は資産グループの回収可能価額を著しく低下させる変化が生じたか，あるいは，生ずる見込みであること（注2）

③ 資産又は資産グループが使用されている事業に関連して，経営環境が著しく悪化したか，あるいは，悪化する見込みであること

④ 資産又は資産グループの市場価格が著しく下落し

たこと

2 減損損失の認識

(1) 減損の兆候がある資産又は資産グループについての
　　　減損損失 を認識するかどうかの判定は，資産又は
資産グループから得られる 割引前将来キャッシュ・
フロー の総額と 帳簿価額 を比較することによっ
て行い，資産又は資産グループから得られる 割引前
将来キャッシュ・フロー の総額が 帳簿価額 を
下回る 場合には， 減損損失 を認識する。

(2) 減損損失を認識するかどうかを判定するために割引
前将来キャッシュ・フローを見積る期間は，資産の経
済的残存使用年数又は資産グループ中の主要な資産の
経済的残存使用年数と二十年のいずれか短い方とする。
（注3）（注4）

3 減損損失の測定

　減損損失 を認識すべきであると判定された資産
又は資産グループについては， 帳簿価額 を 回収
可能価額 まで減額し，当該減少額を 減損損失 と
して 当期の損失 とする。

4 将来キャッシュ・フロー

(1) 減損損失を認識するかどうかの判定に際して見積ら
れる将来キャッシュ・フロー及び使用価値の算定にお
いて見積られる将来キャッシュ・フローは，企業に固
有の事情を反映した合理的で説明可能な仮定及び予測
に基づいて見積る。

(2) 将来キャッシュ・フローの見積りに際しては，資産
又は資産グループの現在の使用状況及び合理的な使用
計画等を考慮する。（注5）

(3) 将来キャッシュ・フローの見積金額は，生起する可
能性の最も高い単一の金額又は生起しうる複数の将来
キャッシュ・フローをそれぞれの確率で加重平均した
金額とする。（注6）

(4) 資産又は資産グループに関連して間接的に生ずる支

出は，関連する資産又は資産グループに合理的な方法により配分し，当該資産又は資産グループの将来キャッシュ・フローの見積りに際し控除する。

(5) 将来キャッシュ・フローには，利息の支払額並びに法人税等の支払額及び還付額を含めない。

5 使用価値の算定に際して用いられる割引率

使用価値の算定に際して用いられる割引率は，貨幣の時間価値を反映した税前の利率とする。

資産又は資産グループに係る将来キャッシュ・フローがその見積値から乖離するリスクが，将来キャッシュ・フローの見積りに反映されていない場合には，割引率に反映させる。（注6）

6 資産のグルーピング

(1) 資産のグルーピングの方法

減損損失を認識するかどうかの判定と減損損失の測定において行われる資産のグルーピングは，他の資産又は資産グループのキャッシュ・フローから概ね独立したキャッシュ・フローを生み出す最小の単位で行う。

(2) 資産グループについて認識された減損損失の配分

資産グループについて認識された減損損失は，帳簿価額に基づく比例配分等の合理的な方法により，当該資産グループの各構成資産に配分する。

7 共用資産の取扱い

共用資産に減損の兆候がある場合に，減損損失を認識するかどうかの判定は，共用資産が関連する複数の資産又は資産グループに共用資産を加えた，より大きな単位で行う。（注7）

共用資産を含む，より大きな単位について減損損失を認識するかどうかを判定するに際しては，共用資産を含まない各資産又は資産グループにおいて算定された減損損失控除前の帳簿価額に共用資産の帳簿価額を加えた金額と，割引前将来キャッシュ・フローの総額

とを比較する。この場合に，共用資産を加えることによって算定される 減損損失 の 増加額 は，原則として， 共用資産 に 配分 する。（注8）

共用資産の帳簿価額を当該共用資産に関連する資産又は資産グループに合理的な基準で配分することができる場合には，共用資産の帳簿価額を各資産又は資産グループに配分したうえで減損損失を認識するかどうかを判定することができる。この場合に，資産グループについて認識された減損損失は，帳簿価額に基づく比例配分等の合理的な方法により，共用資産の配分額を含む当該資産グループの各構成資産に配分する。

8 のれんの取扱い

のれんを認識した取引において取得された事業の単位が複数である場合には，のれんの帳簿価額を合理的な基準に基づき分割する。（注9）（注10）

分割されたそれぞれののれんに減損の兆候がある場合に，減損損失を認識するかどうかの判定は，のれんが帰属する事業に関連する複数の資産グループにのれんを加えた，より大きな単位で行う。（注7）

のれんを含む，より大きな単位について減損損失を認識するかどうかを判定するに際しては，のれんを含まない各資産グループにおいて算定された減損損失控除前の帳簿価額にのれんの帳簿価額を加えた金額と，割引前将来キャッシュ・フローの総額とを比較する。この場合に，のれんを加えることによって算定される 減損損失 の 増加額 は，原則として， のれん に配分する。（注11）

のれんの帳簿価額を当該のれんが帰属する事業に関連する資産グループに合理的な基準で配分することができる場合には，のれんの帳簿価額を各資産グループに配分したうえで減損損失を認識するかどうかを判定することができる。この場合に，各資産グループについて認識された減損損失は，のれんに優先的に配分し，

残額は，帳簿価額に基づく比例配分等の合理的な方法により，当該資産グループの各構成資産に配分する。

■三　減損処理後の会計処理

1　減価償却

減損処理を行った資産については，減損損失 を控除した 帳簿価額 に基づき 減価償却 を行う。

2　減損損失の戻入れ

減損損失の戻入れは，行わない。

■四　財務諸表における開示

1　貸借対照表における表示

減損処理を行った資産の貸借対照表における表示は，原則として，減損処理前の 取得原価 から 減損損失 を 直接控除 し，控除後の金額をその後の取得原価とする形式で行う。ただし，当該資産に対する 減損損失累計額 を，取得原価 から 間接控除 する形式で表示することもできる。この場合，減損損失累計額 を 減価償却累計額 に合算して表示することができる。

2　損益計算書における表示

減損損失 は，原則として，特別損失 とする。

3　注記事項

重要な減損損失を認識した場合には，減損損失を認識した資産，減損損失の認識に至った経緯，減損損失の金額，資産のグルーピングの方法，回収可能価額の算定方法等の事項について注記する。

固定資産の減損に係る会計基準注解

（注1）本基準における用語の定義は，次のとおりである。

1　回収可能価額 とは，資産又は資産グループの

正味売却価額 と 使用価値 のいずれか高い方の金額をいう。

2 正味売却価額 とは，資産又は資産グループの 時価 から 処分費用見込額 を 控除 して算定される金額をいう。

3 時価とは，公正な評価額をいう。通常，それは観察可能な市場価格をいい，市場価格が観察できない場合には合理的に算定された価額をいう。

4 使用価値 とは，資産又は資産グループの継続的使用と使用後の処分によって生ずると見込まれる 将来キャッシュ・フローの現在価値 をいう。

5 共用資産とは，複数の資産又は資産グループの将来キャッシュ・フローの生成に寄与する資産をいい，のれんを除く。

(注2) 資産又は資産グループが使用される範囲又は方法について生ずる当該資産又は資産グループの回収可能価額を著しく低下させる変化とは，資産又は資産グループが使用されている事業を廃止又は再編成すること，当初の予定よりも著しく早期に資産又は資産グループを処分すること，資産又は資産グループを当初の予定と異なる用途に転用すること，資産又は資産グループが遊休状態になったこと等をいう。

(注3) 主要な資産とは，資産グループの将来キャッシュ・フロー生成能力にとって最も重要な構成資産をいう。

(注4) 資産又は資産グループ中の主要な資産の経済的残存使用年数が二十年を超える場合には，二十年経過時点の回収可能価額を算定し，二十年目までの割引前将来キャッシュ・フローに加算する。

(注5) 計画されていない将来の設備の増強や事業の再編の結果として生ずる将来キャッシュ・フローは，見積りに含めない。また，将来の用途が定まっていない遊休資産については，現在の状況に基づき将来キャッシュ・フローを見積る。

（注6）将来キャッシュ・フローが見積値から乖離する
　　　リスクについては，将来キャッシュ・フローの見積り
　　　と割引率のいずれかに反映させる。ただし，減損損失
　　　を認識するかどうかを判定する際に見積られる割引前
　　　将来キャッシュ・フローの算定においては，このリス
　　　クを反映させない。

（注7）共用資産又はのれんに係る資産のグルーピング
　　　を，共用資産又はのれんが関連する複数の資産又は資
　　　産グループに共用資産又はのれんを加えた，より大き
　　　な単位で行う場合，減損の兆候の把握，減損損失を認
　　　識するかどうかの判定及び減損損失の測定は，先ず，
　　　資産又は資産グループごとに行い，その後，より大き
　　　な単位で行う。

（注8）共用資産に配分される減損損失が，共用資産の
　　　帳簿価額と正味売却価額の差額を超過することが明ら
　　　かな場合には，当該超過額を合理的な基準により各資
　　　産又は資産グループに配分する。

（注9）のれんの帳簿価額を分割し帰属させる事業の単
　　　位は，取得の対価が概ね独立して決定され，かつ，取
　　　得後も内部管理上独立した業績報告が行われる単位と
　　　する。

（注10）のれんの帳簿価額の分割は，のれんが認識され
　　　た取引において取得された事業の取得時における時価
　　　の比率に基づいて行う方法その他合理的な方法による。

（注11）のれんに配分された減損損失が，のれんの帳簿
　　　価額を超過する場合には，当該超過額を合理的な基準
　　　により各資産グループに配分する。

（注12）

1　ファイナンス・リース取引について，借手側が賃貸
　　借取引に係る方法に準じて会計処理を行っている場合，
　　借手側が当該ファイナンス・リース取引により使用し
　　ている資産（以下「リース資産」という。）又は当該
　　リース資産を含む資産グループの減損処理を検討する

に当たっては，当該リース資産の未経過リース料の現在価値を，当該リース資産の帳簿価額とみなして，本基準を適用する。ただし，リース資産の重要性が低い場合においては，未経過リース料の現在価値に代えて，割引前の未経過リース料を，リース資産の帳簿価額とみなすことができる。

2　賃貸借取引に係る方法に準じて会計処理を行っているファイナンス・リース取引に係るリース資産に本基準を適用した場合，リース資産に配分された減損損失は負債として計上し，リース契約の残存期間にわたり規則的に取崩す。取崩された金額は，各事業年度の支払リース料と相殺する。

⑫　資産除去債務に関する会計基準

2008年 3 月31日
修正　2012年 5 月17日

■用語の定義

3　本会計基準における用語の定義は，次のとおりとする。

 (1)　「資産除去債務」とは，有形固定資産の取得，建設，開発又は通常の使用によって生じ，当該有形固定資産の 除去 に関して法令又は契約で要求される 法律上の義務 及びそれに準ずるものをいう。この場合の法律上の義務及びそれに準ずるものには，有形固定資産を除去する義務のほか，有形固定資産の除去そのものは義務でなくとも，有形固定資産を除去する際に当該有形固定資産に使用されている有害物質等を法律等の要求による特別の方法で除去するという義務も含まれる。

 (2)　有形固定資産の「除去」とは，有形固定資産を用役提供から除外することをいう（一時的に除外する場合を除く。）。除去の具体的な態様としては，売却，廃棄，リサイクルその他の方法による処分等が含まれるが，転用や用途変更は含まれない。

  また，当該有形固定資産が遊休状態になる場合は除去に該当しない。

■会計処理

資産除去債務の負債計上

4　資産除去債務 は，有形固定資産の取得，建設，開発又は通常の使用によって 発生した時 に 負債 として計上する。

（資産除去債務を合理的に見積ることができない場合）

5　資産除去債務の発生時に，当該債務の金額を合理的に見積ることができない場合には，これを計上せず，当該債務額を合理的に見積ることができるようになった時点で負債として計上する。その場合の負債の計上の処理は，第10項及び第11項に準じる。

資産除去債務の算定

6　資産除去債務はそれが発生したときに，有形固定資産の除去に要する 割引前の将来キャッシュ・フロー を見積り， 割引後の金額（割引価値） で算定する。

(1)　割引前の将来キャッシュ・フローは，合理的で説明可能な仮定及び予測に基づく自己の支出見積りによる。その見積金額は，生起する可能性の最も高い単一の金額又は生起し得る複数の将来キャッシュ・フローをそれぞれの発生確率で加重平均した金額とする。将来キャッシュ・フローには，有形固定資産の除去に係る作業のために直接要する支出のほか，処分に至るまでの支出（例えば，保管や管理のための支出）も含める。

(2)　割引率 は，貨幣の時間価値を反映した 無リスク の税引前の 利率 とする。

資産除去債務に対応する除去費用の資産計上と費用配分

7　資産除去債務に対応する 除去費用 は，資産除去債務を負債として計上した時に，当該負債の計上額と同額を，関連する有形固定資産の 帳簿価額 に加える。

資産計上された資産除去債務に対応する 除去費用 は， 減価償却 を通じて，当該有形固定資産の 残存耐用年数 にわたり，各期に 費用配分 する。

（資産除去債務が使用の都度発生する場合の費用配分の方法）

8　資産除去債務が有形固定資産の稼動等に従って，使用の都度発生する場合には，資産除去債務に対応する

除去費用を各期においてそれぞれ資産計上し，関連する有形固定資産の残存耐用年数にわたり，各期に費用配分する。

なお，この場合には，上記の処理のほか，除去費用をいったん資産に計上し，当該計上時期と同一の期間に，資産計上額と同一の金額を費用処理することもできる。

（時の経過による資産除去債務の調整額の処理）

9　時の経過による資産除去債務の 調整額 は，その発生時の費用として処理する。当該 調整額 は， 期首の負債の帳簿価額 に当初負債計上時の 割引率 を乗じて算定する。

資産除去債務の見積りの変更

（割引前将来キャッシュ・フローの見積りの変更）

10　割引前の将来キャッシュ・フローに重要な見積りの変更が生じた場合の当該見積りの変更による調整額は，資産除去債務の帳簿価額及び関連する有形固定資産の帳簿価額に加減して処理する。資産除去債務が法令の改正等により新たに発生した場合も，見積りの変更と同様に取り扱う。

（割引前将来キャッシュ・フローの見積りの変更による調整額に適用する割引率）

11　割引前の将来キャッシュ・フローに重要な見積りの変更が生じ，当該キャッシュ・フローが増加する場合，その時点の割引率を適用する。これに対し，当該キャッシュ・フローが減少する場合には，負債計上時の割引率を適用する。なお，過去に割引前の将来キャッシュ・フローの見積りが増加した場合で，減少部分に適用すべき割引率を特定できないときは，加重平均した割引率を適用する。

■開　示

（貸借対照表上の表示）

12 資産除去債務は，貸借対照表日後1年以内にその履行が見込まれる場合を除き，固定負債 の区分に資産除去債務等の適切な科目名で表示する。貸借対照表日後1年以内に資産除去債務の履行が見込まれる場合には，流動負債 の区分に表示する。

（損益計算書上の表示）

13 資産計上された資産除去債務に対応する 除去費用 に係る 費用配分額 は，損益計算書上，当該資産除去債務に関連する有形固定資産の 減価償却費 と同じ区分に含めて計上する。

14 時の経過による資産除去債務の 調整額 は，損益計算書上，当該資産除去債務に関連する有形固定資産の 減価償却費 と同じ区分に含めて計上する。

15 資産除去債務の履行時に認識される資産除去債務残高と資産除去債務の決済のために実際に支払われた額との差額は，損益計算書上，原則として，当該資産除去債務に対応する除去費用に係る費用配分額と同じ区分に含めて計上する。

（注記事項）

16 資産除去債務の会計処理に関連して，重要性が乏しい場合を除き，次の事項を注記する。

(1) 資産除去債務の内容についての簡潔な説明

(2) 支出発生までの見込期間，適用した割引率等の前提条件

(3) 資産除去債務の総額の期中における増減内容

(4) 資産除去債務の見積りを変更したときは，その変更の概要及び影響額

(5) 資産除去債務は発生しているが，その債務を合理的に見積ることができないため，貸借対照表に資産除去債務を計上していない場合には，当該資産除去債務の概要，合理的に見積ることができない旨及びその理由

⑬

賃貸等不動産の時価等の開示に関する会計基準

改正　2011年3月25日
修正　2019年7月4日

■範　囲

3　本会計基準は，賃貸等不動産を保有する企業に適用する。なお，連結財務諸表において賃貸等不動産の時価等の開示を行っている場合には，個別財務諸表での開示を要しない。

■用語の定義

4　本会計基準における用語の定義は次のとおりとする。
　(1)　「時価」とは，公正な評価額をいう。通常，それは観察可能な市場価格に基づく価額をいい，市場価格が観察できない場合には合理的に算定された価額をいう。
　(2)　「賃貸等不動産」とは，棚卸資産に分類されている不動産以外のものであって，賃貸収益又はキャピタル・ゲインの獲得を目的として保有されている不動産（ファイナンス・リース取引の貸手における不動産を除く。）をいう。したがって，物品の製造や販売，サービスの提供，経営管理に使用されている場合は賃貸等不動産には含まれない。

■賃貸等不動産の範囲

5　賃貸等不動産には，次の不動産が含まれる。
　(1)　貸借対照表において投資不動産（投資の目的で所有する土地，建物その他の不動産）として区分されている不動産
　(2)　将来の使用が見込まれていない遊休不動産

(3)　上記以外で　賃貸されている不動産

6　賃貸等不動産には，将来において賃貸等不動産とし
　て使用される予定で開発中の不動産や継続して賃貸等
　不動産として使用される予定で再開発中の不動産も含
　まれる。また，賃貸を目的として保有されているにも
　かかわらず，一時的に借手が存在していない不動産に
　ついても，賃貸等不動産として取り扱う。

7　不動産の中には，物品の製造や販売，サービスの提
　供，経営管理に使用されている部分と賃貸等不動産と
　して使用される部分で構成されるものがあるが，賃貸
　等不動産として使用される部分については，賃貸等不
　動産に含める。なお，賃貸等不動産として使用される
　部分の割合が低いと考えられる場合は，賃貸等不動産
　に含めないことができる。

■賃貸等不動産に関する注記事項

8　賃貸等不動産を保有している場合は，次の事項を注
　記する。ただし，賃貸等不動産の総額に重要性が乏し
　い場合は注記を省略することができる。また，管理状
　況等に応じて，注記事項を用途別，地域別等に区分し
　て開示することができる。
　(1)　賃貸等不動産の　概要
　(2)　賃貸等不動産の　貸借対照表計上額　及び期中に
　　　おける　主な変動
　(3)　賃貸等不動産の当期末における　時価　及びその
　　　算定方法
　(4)　賃貸等不動産に関する　損益

リース取引に関する会計基準

改正　2007年3月30日

■範　囲

3　本会計基準は，リース取引に係る会計処理に適用する。

■用語の定義

4　「リース取引」とは，特定の物件の所有者たる貸手（レッサー）が，当該物件の借手（レッシー）に対し，合意された期間（以下「リース期間」という。）にわたりこれを使用収益する権利を与え，借手は，合意された使用料（以下「リース料」という。）を貸手に支払う取引をいう。

5　「ファイナンス・リース取引」とは，リース契約に基づくリース期間の中途において当該契約を解除することができないリース取引又はこれに準ずるリース取引で，借手が，当該契約に基づき使用する物件（以下「リース物件」という。）からもたらされる経済的利益を実質的に享受することができ，かつ，当該リース物件の使用に伴って生じるコストを実質的に負担することとなるリース取引をいう。

6　「オペレーティング・リース取引」とは，ファイナンス・リース取引以外のリース取引をいう。

7　「リース取引開始日」とは，借手が，リース物件を使用収益する権利を行使することができることとなった日をいう。

■会計処理

ファイナンス・リース取引の分類

8 ファイナンス・リース取引は，リース契約上の諸条件に照らしてリース物件の 所有権が借手に移転 すると認められるもの（以下「 所有権移転ファイナンス・リース取引 」という。）と，それ以外の取引（以下「 所有権移転外ファイナンス・リース取引 」という。）に分類する。

ファイナンス・リース取引の会計処理

9 ファイナンス・リース取引 については，通常の 売買取引に係る方法 に準じて会計処理を行う。

（借手側）

10 借手は，リース取引開始日に，通常の 売買取引に係る方法 に準じた会計処理により，リース物件とこれに係る債務を リース資産 及び リース債務 として計上する。

11 リース資産 及び リース債務 の計上額を算定するにあたっては，原則として，リース契約締結時に合意された リース料総額 からこれに含まれている 利息相当額 の合理的な見積額を 控除 する方法による。当該 利息相当額 については，原則として，リース期間にわたり 利息法 により配分する。

12 所有権移転ファイナンス・リース取引 に係るリース資産の減価償却費は， 自己所有 の固定資産に適用する減価償却方法と 同一 の方法により算定する。また， 所有権移転外ファイナンス・リース取引 に係るリース資産の減価償却費は，原則として， リース期間 を耐用年数とし，残存価額を ゼロ として算定する。

（貸手側）

13 貸手は，リース取引開始日に，通常の 売買取引に
係る方法 に準じた会計処理により， 所有権移転ファ
イナンス・リース取引 については リース債権 と
して， 所有権移転外ファイナンス・リース取引 に
ついては リース投資資産 として計上する。

14 貸手における 利息相当額 の総額は，リース契約
締結時に合意された リース料総額 及び 見積残存
価額 の合計額から，これに対応するリース資産の
取得価額 を 控除 することによって算定する。
当該 利息相当額 については，原則として，リース
期間にわたり 利息法 により配分する。

オペレーティング・リース取引の会計処理

15 オペレーティング・リース取引 については，通
常の 賃貸借取引に係る方法 に準じて会計処理を行
う。

■開 示

ファイナンス・リース取引の表示
（借手側）

16 リース資産 については，原則として， 有形固定
資産 ， 無形固定資産 の別に，一括して リース
資産 として表示する。ただし， 有形固定資産 又は
無形固定資産 に属する 各科目 に含めることも
できる。

17 リース債務 については，貸借対照表日後1年以
内に支払の期限が到来するものは 流動負債 に属す
るものとし，貸借対照表日後1年を超えて支払の期限
が到来するものは 固定負債 に属するものとする。

（貸手側）

18 所有権移転ファイナンス・リース取引における
リース債権 及び所有権移転外ファイナンス・リー
ス取引における リース投資資産 については，当該

企業の 主目的たる営業取引 により発生したもので
ある場合には 流動資産 に表示する。また，当該企
業の営業の主目的以外の取引により発生したものであ
る場合には，貸借対照表日の翌日から起算して1年以
内に入金の期限が到来するものは流動資産に表示し，
入金の期限が1年を超えて到来するものは固定資産に
表示する。

ファイナンス・リース取引の注記

（借手側）

19　リース資産について， その内容 （主な資産の種類
等）及び 減価償却の方法 を 注記 する。ただし，
重要性が乏しい場合には，当該注記を要しない。

（貸手側）

20　リース投資資産について，将来のリース料を収受す
る権利（以下「リース料債権」という。）部分及び見
積残存価額（リース期間終了時に見積られる残存価額
で借手による保証のない額）部分の金額（各々，利息
相当額控除前）並びに受取利息相当額を注記する。た
だし，重要性が乏しい場合には，当該注記を要しない。

21　リース債権及びリース投資資産に係るリース料債権
部分について，貸借対照表日後5年以内における1年
ごとの回収予定額及び5年超の回収予定額を注記する。
ただし，重要性が乏しい場合には，当該注記を要しな
い。

オペレーティング・リース取引の注記

（借手側及び貸手側）

22　オペレーティング・リース取引のうち 解約不能
のものに係る 未経過リース料 は，貸借対照表日後
1年以内のリース期間に係るものと，貸借対照表日後
1年を超えるリース期間に係るものとに区分して 注
記 する。ただし，重要性が乏しい場合には，当該注
記を要しない。

⑮ 研究開発費等に係る会計基準

改正　2008年12月26日

■一　定　義

1　研究及び開発

研究とは，新しい知識の発見を目的とした計画的な調査及び探究をいう。開発とは，新しい製品・サービス・生産方法（以下，「製品等」という。）についての計画若しくは設計又は既存の製品等を著しく改良するための計画若しくは設計として，研究の成果その他の知識を具体化することをいう。

2　ソフトウェア

ソフトウェアとは，コンピュータを機能させるように指令を組み合わせて表現したプログラム等をいう。

■二　研究開発費を構成する原価要素

研究開発費には，人件費，原材料費，固定資産の減価償却費及び間接費の配賦額等，研究開発のために費消された すべての原価 が含まれる。（注1）

■三　研究開発費に係る会計処理

研究開発費は，すべて 発生時に費用 として処理しなければならない。

なお，ソフトウェア制作費のうち，研究開発に該当する部分も 研究開発費 として費用処理する。（注2）（注3）

■四　研究開発費に該当しないソフトウェア制作費に係る会計処理

1　受注制作のソフトウェアに係る会計処理

受注制作のソフトウェアの制作費は，請負工事の会計処理 に準じて処理する。

2　市場販売目的のソフトウェアに係る会計処理

市場販売目的のソフトウェアである製品マスターの制作費は，研究開発費に該当する部分を除き，資産 として計上しなければならない。ただし，製品マスターの 機能維持 に要した費用は，資産として計上してはならない。

3　自社利用のソフトウェアに係る会計処理

ソフトウェアを用いて外部へ業務処理等のサービスを提供する契約等が締結されている場合のように，その提供により将来の収益獲得が確実であると認められる場合には，適正な原価を集計した上，当該ソフトウェアの制作費を 資産 として計上しなければならない。

社内利用のソフトウェアについては，完成品を購入した場合のように，その利用により将来の収益獲得又は費用削減が確実であると認められる場合には，当該ソフトウェアの取得に要した費用を 資産 として計上しなければならない。

機械装置等に組み込まれているソフトウェアについては，当該機械装置等に含めて処理する。

4　ソフトウェアの計上区分

市場販売目的のソフトウェア及び自社利用のソフトウェアを資産として計上する場合には，無形固定資産 の区分に計上しなければならない。（注4）

15

研究開発費等に係る会計基準

5 ソフトウェアの減価償却方法

無形固定資産として計上したソフトウェアの取得原価は、当該ソフトウェアの性格に応じて、見込販売数量 に基づく償却方法その他合理的な方法により償却しなければならない。

ただし、毎期の償却額は、残存有効期間 に基づく 均等配分額 を下回ってはならない。（注5）

■五　財務諸表の注記

一般管理費及び当期製造費用に含まれる研究開発費の総額は、財務諸表に注記しなければならない。（注6）

■六　適用範囲

1　委託・受託契約

本基準は、一定の契約のもとに、他の企業に行わせる研究開発については適用するが、他の企業のために行う研究開発については適用しない。

2　資源の開発

本基準は、探査、掘削等の鉱業における資源の開発に特有の活動については適用しない。

3　企業結合により被取得企業から受け入れた資産

本基準は、企業結業により被取得企業から受け入れた資産（受注制作、市場販売目的及び自社利用のソフトウェアを除く。）については適用しない。

研究開発費等に係る会計基準注解

(注1) 研究開発費を構成する原価要素について

特定の研究開発目的にのみ使用され, 他の目的 に使用できない機械装置や特許権等を取得した場合の原価は, 取得時の研究開発費 とする。

(注2) 研究開発費に係る会計処理について

費用として処理する方法には, 一般管理費 として処理する方法と 当期製造費用 として処理する方法がある。

(注3) ソフトウェア制作における研究開発費について

市場販売目的のソフトウェアについては, 最初に製品化された製品マスターの 完成までの費用 及び製品マスター又は購入したソフトウェアに対する 著しい改良 に要した費用が研究開発費に該当する。

(注4) 制作途中のソフトウェアの計上科目について

制作途中のソフトウェアの制作費については, 無形固定資産の仮勘定として計上することとする。

(注5) ソフトウェアの減価償却方法について

いずれの減価償却方法による場合にも, 毎期 見込販売数量等の 見直し を行い, 減少が見込まれる販売数量等に相当する取得原価は, 費用又は損失として処理しなければならない。

(注6) ソフトウェアに係る研究開発費の注記について

ソフトウェアに係る研究開発費については, 研究開発費の総額に含めて財務諸表に注記することとする。

⑯ 退職給付に関する会計基準

最終改正　2016年12月16日
修正　2020年 3 月31日

■範　囲

3　本会計基準は，一定の期間にわたり労働を提供した
こと等の事由に基づいて，退職以後に支給される給付
（退職給付）の会計処理に適用する。

　ただし，株主総会の決議又は指名委員会等設置会社
における報酬委員会の決定が必要となる，取締役，会
計参与，監査役及び執行役（以下合わせて「役員」と
いう。）の退職慰労金については，本会計基準の適用
範囲には含めない。

■用語の定義

4　「確定拠出制度」とは，一定の掛金を外部に積み
立て，事業主である企業が，当該掛金以外に退職給付
に係る追加的な拠出義務を負わない退職給付制度をい
う。

5　「確定給付制度」とは，確定拠出制度以外の退職
給付制度をいう。

6　「退職給付債務」とは，退職給付のうち，認識時
点までに発生していると認められる部分を割り引いた
ものをいう。

7　「年金資産」とは，特定の退職給付制度のために，
その制度について企業と従業員との契約（退職金規程
等）等に基づき積み立てられた，次のすべてを満たす
特定の資産をいう。

(1)　退職給付以外に使用できないこと

(2)　事業主及び事業主の債権者から法的に分離されて

いること

(3) 積立超過分を除き，事業主への返還，事業主から
の解約・目的外の払出し等が禁止されていること

(4) 資産を事業主の資産と交換できないこと

8 「勤務費用」とは，1期間の労働の対価として発
生したと認められる退職給付をいう。

9 「利息費用」とは，割引計算により算定された期
首時点における退職給付債務について，期末までの時
の経過により発生する計算上の利息をいう。

10 「期待運用収益」とは，年金資産の運用により生
じると合理的に期待される計算上の収益をいう。

11 「数理計算上の差異」とは，年金資産の期待運用
収益と実際の運用成果との差異，退職給付債務の数理
計算に用いた見積数値と実績との差異及び見積数値の
変更等により発生した差異をいう。なお，このうち当
期純利益を構成する項目として費用処理（費用の減額
処理又は費用を超過して減額した場合の利益処理を含
む。以下同じ。）されていないものを「未認識数理計
算上の差異」という（第24項参照）。

12 「過去勤務費用」とは，退職給付水準の改訂等に
起因して発生した退職給付債務の増加又は減少部分を
いう。なお，このうち当期純利益を構成する項目とし
て費用処理されていないものを「未認識過去勤務費用」
という（第25項参照）。

■確定給付制度の会計処理

貸借対照表

13 退職給付債務（第16項参照）から年金資産の
額（第22項参照）を控除した額（以下「積立状況を示
す額」という。）を負債として計上する。

ただし，年金資産の額が退職給付債務を超
える場合には，資産として計上する。

(注1) 複数の退職給付制度を採用している場合におい

て，1つの退職給付制度に係る年金資産が当該退職
給付制度に係る退職給付債務を超えるときは，当該
年金資産の超過額を他の退職給付制度に係る退職給
付債務から控除してはならない。

損益計算書及び包括利益計算書（又は損益及び包括利益計算書）

14　次の項目の当期に係る額は，退職給付費用として，
当期純利益を構成する項目に含めて計上する。

(1) 勤務費用 （第17項参照）

(2) 利息費用 （第21項参照）

(3) 期待運用収益 （第23項参照）

(4) 数理計算上の差異 に係る当期の費用処理額（第24項参照）

(5) 過去勤務費用 に係る当期の費用処理額（第25項参照）

（注2）臨時に支給される退職給付であってあらかじめ
予測できないもの及び退職給付債務の計算にあたっ
て考慮されていたもの以外の退職給付の支給につい
ては，支払時の退職給付費用として処理する。

15　数理計算上の差異 の当期発生額及び 過去勤務
費用 の当期発生額のうち，費用処理されない部分
（未認識数理計算上の差異及び未認識過去勤務費用と
なる。）については，その他の包括利益 に含めて計
上する。その他の包括利益累計額に計上されている未
認識数理計算上の差異及び未認識過去勤務費用のうち，
当期に費用処理された部分については，その他の包括
利益の調整（組替調整）を行う（第24項また書き及び
第25項また書き参照）。

退職給付債務及び勤務費用

（退職給付債務の計算）

16　退職給付債務 は，退職により見込まれる退職給
付の総額（以下「退職給付見込額」という。）のう
ち，期末までに発生していると認められる額を割り引

いて計算する。

（注3）退職給付債務は，原則として個々の従業員ごとに計算する。ただし，勤続年数，残存勤務期間，退職給付見込額等について標準的な数値を用いて加重平均等により合理的な計算ができると認められる場合には，当該合理的な計算方法を用いることができる。

（勤務費用の計算）

17 　勤務費用 は，退職給付見込額 のうち当期に発生したと認められる額を割り引いて計算する。

（注4）従業員からの拠出がある企業年金制度を採用している場合には，勤務費用の計算にあたり，従業員からの拠出額を勤務費用から差し引く。

（退職給付見込額の見積り）

18 　退職給付見込額は，合理的に見込まれる退職給付の変動要因を考慮して見積る。

（注5）退職給付見込額の見積りにおいて合理的に見込まれる退職給付の変動要因には，予想される昇給等が含まれる。また，臨時に支給される退職給付等であってあらかじめ予測できないものは，退職給付見込額に含まれない。

（退職給付見込額の期間帰属）

19 　退職給付見込額のうち期末までに発生したと認められる額は，次のいずれかの方法を選択適用して計算する。この場合，いったん採用した方法は，原則として，継続して適用しなければならない。

(1) 　退職給付見込額について全勤務期間で除した額を各期の発生額とする方法（以下「期間定額基準」という。）

(2) 　退職給付制度の給付算定式に従って各勤務期間に帰属させた給付に基づき見積った額を，退職給付見込額の各期の発生額とする方法（以下「給付算定式基準」という。）

　　なお，この方法による場合，勤務期間の後期にお

ける給付算定式に従った給付が，初期よりも著しく高い水準となるときには，当該期間の給付が均等に生じるとみなして補正した給付算定式に従わなければならない。

（割引率）

20 [退職給付債務] の計算における [割引率] は，[安全性の高い債券] の利回りを基礎として決定する。

（注6）割引率の基礎とする安全性の高い債券の利回りとは，期末における国債，政府機関債及び優良社債の利回りをいう。

21 [利息費用] は，期首の [退職給付債務] に割引率を乗じて計算する。

年金資産

22 [年金資産] の額は，期末における [時価]（公正な評価額をいう。ただし，金融商品については，算定日において市場参加者間で秩序ある取引が行われると想定した場合の，当該取引における資産の売却によって受け取る価格（企業会計基準第10号「金融商品に関する会計基準」第6項）とする。）により計算する。

23 [期待運用収益] は，期首の [年金資産] の額に合理的に期待される収益率（[長期期待運用収益率]）を乗じて計算する。

数理計算上の差異

24 [数理計算上の差異] は，原則として各期の発生額について，予想される退職時から現在までの平均的な期間（以下「[平均残存勤務期間]」という。）以内の一定の年数で按分した額を毎期費用処理する。

また，当期に発生した未認識数理計算上の差異は，これらに関する，法人税その他利益に関連する金額を課税標準とする税金（以下「法人税等」という。）及び [税効果] を調整の上，[その他の包括利益] を通じて [純資産の部] に計上する（本会計基準第27項参照）。なお，未認識数理計算上の差異に係る法人税等

は，企業会計基準第27号「法人税，住民税及び事業税等に関する会計基準」（以下「法人税等会計基準」という。）第5−3項(2)の対象となる（法人税等会計基準第29−6項及び第29−7項）。

（注7）数理計算上の差異については，未認識数理計算上の差異の残高の一定割合を費用処理する方法によることができる。この場合の一定割合は，数理計算上の差異の発生額が平均残存勤務期間以内に概ね費用処理される割合としなければならない。

数理計算上の差異については，当期の発生額を翌期から費用処理する方法を用いることができる。

（注8）割引率等の計算基礎に重要な変動が生じていない場合には，これを見直さないことができる。

過去勤務費用

25 過去勤務費用 は，原則として各期の発生額について，平均残存勤務期間 以内の一定の年数で按分した額を毎期費用処理する。

また，当期に発生した未認識過去勤務費用は，これらに関する，法人税等及び 税効果 を調整の上，その他の包括利益 を通じて 純資産の部 に計上する（本会計基準第27項参照）。なお，未認識過去勤務費用に係る法人税等は，法人税等会計基準第5−3項(2)の対象となる（法人税等会計基準第29−6項及び第29−7項）。

（注9）過去勤務費用については，未認識過去勤務費用の残高の一定割合を費用処理する方法によることができる。この場合の一定割合は，過去勤務費用の発生額が平均残存勤務期間以内に概ね費用処理される割合としなければならない。

（注10）退職従業員に係る過去勤務費用は，他の過去勤務費用と区分して発生時に全額を費用処理することができる。

小規模企業等における簡便な方法

26 従業員数が比較的少ない小規模な企業等において，高い信頼性をもって数理計算上の見積りを行うことが困難である場合又は退職給付に係る財務諸表項目に重要性が乏しい場合には，期末の退職給付の 要支給額 を用いた見積計算を行う等の 簡便な方法 を用いて，退職給付に係る負債及び退職給付費用を計算することができる。

■確定給付制度の開示

表 示

27 積立状況を示す額（第13項参照）について，負債となる場合は「 退職給付に係る負債 」等の適当な科目をもって 固定負債 に計上し，資産となる場合は「 退職給付に係る資産 」等の適当な科目をもって 固定資産 に計上する。未認識数理計算上の差異及び未認識過去勤務費用については，これらに関する，当期までの期間に課税された法人税等及び税効果を調整の上，純資産の部におけるその他の包括利益累計額に「 退職給付に係る調整累計額 」等の適当な科目をもって計上する。

28 退職給付費用（第14項参照）については，原則として 売上原価 又は 販売費及び一般管理費 に計上する。

　　ただし，新たに退職給付制度を採用したとき又は給付水準の重要な改訂を行ったときに発生する過去勤務費用を発生時に全額費用処理する場合などにおいて，その金額が重要であると認められるときには，当該金額を 特別損益 として計上することができる。

29 当期に発生した未認識数理計算上の差異及び未認識過去勤務費用並びに当期に費用処理された組替調整額（第15項参照）については，その他の包括利益に「退職給付に係る調整額」等の適当な科目をもって，一括して計上する。

注記事項

30 確定給付制度については，次の事項を連結財務諸表及び個別財務諸表に注記する。なお，(2)から(11)について，連結財務諸表において注記している場合には，個別財務諸表において記載することを要しない。

(1) 退職給付の会計処理基準に関する事項

(2) 企業の採用する確定給付制度の概要

(3) 退職給付債務の期首残高と期末残高の調整表

(4) 年金資産の期首残高と期末残高の調整表

(5) 退職給付債務及び年金資産と貸借対照表に計上された退職給付に係る負債及び資産の調整表

(6) 退職給付に関連する損益

(7) その他の包括利益に計上された数理計算上の差異及び過去勤務費用の内訳

(8) 貸借対照表のその他の包括利益累計額に計上された未認識数理計算上の差異及び未認識過去勤務費用の内訳

(9) 年金資産に関する事項（年金資産の主な内訳を含む。）

(10) 数理計算上の計算基礎に関する事項

(11) その他の事項

■確定拠出制度の会計処理

31 確定拠出制度 については，当該制度に基づく 要拠出額 をもって 費用処理 する。また，当該制度に基づく要拠出額をもって費用処理するため，未拠出の額は未払金として計上する。

■確定拠出制度の開示

表　示

32 前項の費用は，第28項の退職給付費用に含めて計上する。

注記事項

32-2　確定拠出制度については，次の事項を連結財務諸表及び個別財務諸表に注記する。なお，連結財務諸表において注記している場合には，個別財務諸表において記載することを要しない。
(1)　企業の採用する確定拠出制度の概要
(2)　確定拠出制度に係る退職給付費用の額
(3)　その他の事項

■複数事業主制度の会計処理及び開示

33　複数の事業主により設立された確定給付型企業年金制度を採用している場合においては，次のように会計処理及び開示を行う。
(1)　合理的な基準により自社の負担に属する年金資産等の計算をした上で，第13項から第30項の確定給付制度の会計処理及び開示を行う。
(2)　自社の拠出に対応する年金資産の額を合理的に計算することができないときには，第31項，第32項及び第32-2項の確定拠出制度に準じた会計処理及び開示を行う。この場合，当該年金制度全体の直近の積立状況等についても注記する。

（個別財務諸表における当面の取扱い）

39　個別財務諸表上，所定の事項については，当面の間，次のように取り扱う。
(1)　第13項にかかわらず，| 個別貸借対照表 | 上，| 退職給付債務 | に | 未認識数理計算上の差異 | 及び | 未認識過去勤務費用 | を加減した額から，| 年金資産 | の額を控除した額を | 負債 | として計上する。ただし，| 年金資産 | の額が | 退職給付債務 | に | 未認識数理計算上の差異 | 及び | 未認識過去勤務費用 | を加減した額を超える場合には，| 資産 | として計上する。
(2)　第15項，第24項また書き，第25項また書き，第29

項及び第30項(7)(8)については適用しない。

(3) 第27項にかかわらず，個別貸借対照表に負債として計上される額（本項(1)参照）については「退職給付引当金」の科目をもって固定負債に計上し，資産として計上される額（本項(1)参照）については「前払年金費用」等の適当な科目をもって固定資産に計上する。

(4) 連結財務諸表を作成する会社については，個別財務諸表において，未認識数理計算上の差異及び未認識過去勤務費用の貸借対照表における取扱いが連結財務諸表と異なる旨を注記する。

(5) 本会計基準等で使用されている「退職給付に係る負債」，「退職給付に係る資産」という用語（本会計基準の公表による他の会計基準等についての修正を含む。）は，個別財務諸表上は「退職給付引当金」，「前払年金費用」と読み替えるものとする。

自己株式及び準備金の額の減少等に関する会計基準

最終改正　2015年3月26日

■範　囲

3　本会計基準は，すべての会社における自己株式の取得，保有，処分及び消却並びに資本金及び準備金の額の減少の会計処理に適用する。なお，本会計基準は，特に明示しない限り，個別財務諸表における会計処理を想定して定めている。連結財務諸表における会計処理は，個別財務諸表における会計処理に準じて行う。

■用語の定義

4　「自己株式処分差額」とは，自己株式の処分の対価から自己株式の帳簿価額を控除した額をいう。

5　「自己株式処分差益」とは，自己株式処分差額が正の値の場合における当該差額をいう。

6　「自己株式処分差損」とは，自己株式処分差額が負の値の場合における当該差額をいう。

■自己株式の会計処理及び表示

自己株式の取得及び保有

7　取得した 自己株式 は，取得原価 をもって 純資産の部 の 株主資本 から 控除 する。

8　期末に保有する 自己株式 は，純資産の部 の 株主資本 の末尾に 自己株式 として一括して 控除する形式 で表示する。

自己株式の処分

9　自己株式処分差益 は，その他資本剰余金 に計上する。

10　自己株式処分差損 は，その他資本剰余金 から

│減額│する。

自己株式の消却

11　自己株式を消却した場合には，消却手続が完了した
ときに，消却の対象となった自己株式の│帳簿価額│
を│その他資本剰余金│から│減額│する。

その他資本剰余金の残高が負の値になった場合の取扱い

12　第10項及び第11項の会計処理の結果，その他資本剰
余金の残高が負の値となった場合には，会計期間末に
おいて，その他資本剰余金を零とし，当該負の値を
│その他利益剰余金（繰越利益剰余金）│から│減額│
する。

自己株式の処分及び消却時の帳簿価額の算定

13　自己株式の処分及び消却時の帳簿価額は，会社の定
めた計算方法に従って，株式の種類ごとに算定する。

自己株式の取得，処分及び消却に関する付随費用

14　自己株式の取得，処分及び消却に関する│付随費
用│は，損益計算書の│営業外費用│に計上する。

連結財務諸表における子会社及び関連会社が保有する親
会社株式等の取扱い

15　連結子会社が保有する親会社株式は，親会社が保有
している自己株式と合わせ，純資産の部の株主資本に
対する控除項目として表示する。株主資本から控除す
る金額は親会社株式の親会社持分相当額とし，非支配
株主持分から控除する金額は非支配株主持分相当額と
する。

16　連結子会社における親会社株式の売却損益（内部取
引によるものを除いた親会社持分相当額）の会計処理
は，親会社における自己株式処分差額の会計処理（第
9項及び第10項参照）と同様とする。非支配株主持分
相当額は非支配株主に帰属する当期純利益に加減する。

17　持分法の適用対象となっている子会社及び関連会社
が親会社株式等（子会社においては親会社株式，関連
会社においては当該会社に対して持分法を適用する投

資会社の株式）を保有する場合は，親会社等（子会社においては親会社，関連会社においては当該会社に対して持分法を適用する投資会社）の持分相当額を自己株式として純資産の部の株主資本から控除し，当該会社に対する投資勘定を同額減額する。

18 持分法の適用対象となっている子会社及び関連会社における親会社株式等の売却損益（内部取引によるものを除いた親会社等の持分相当額）は，親会社における自己株式処分差額の会計処理（第9項及び第10項参照）と同様とし，また，当該会社に対する投資勘定を同額加減する。

■資本金及び準備金の額の減少の会計処理

資本剰余金と利益剰余金の混同の禁止

19 資本剰余金の各項目は，利益剰余金の各項目と混同してはならない。したがって，資本剰余金の利益剰余金への振替は原則として認められない。

資本金及び資本準備金の額の減少によって生ずる剰余金

20 資本金及び資本準備金の額の減少によって生ずる剰余金は，減少の法的効力が発生したとき（会社法（平成17年法律第86号）第447条から第449条）に，│その他資本剰余金│に計上する。

利益準備金の額の減少によって生ずる剰余金

21 利益準備金の額の減少によって生ずる剰余金は，減少の法的効力が発生したとき（会社法第448条及び第449条）に，│その他利益剰余金（繰越利益剰余金）│に計上する。

■開 示

22 取締役会等による会社の意思決定によって自己株式を消却する場合に，決議後消却手続を完了していない自己株式が貸借対照表日にあり，当該自己株式の帳簿価額又は株式数に重要性があるときであって，かつ，

連結株主資本等変動計算書又は個別株主資本等変動計算書の注記事項として自己株式の種類及び株式数に関する事項を記載する場合（企業会計基準第6号「株主資本等変動計算書に関する会計基準」（以下「株主資本等変動計算書会計基準」という。）第9項(1)②及び(2)）には，決議後消却手続を完了していない自己株式の帳簿価額，種類及び株式数を当該事項に併せて注記する。

●●●●● ストック・オプション等に関する会計基準 ●●●

2005年12月27日

修正　2013年 9 月13日

■用語の定義

2　本会計基準における用語の定義は次のとおりとする。

(1)　「自社株式オプション」とは，自社の株式（財務諸表を報告する企業の株式）を原資産とするコール・オプション（一定の金額の支払により，原資産である自社の株式を取得する権利）をいう。新株予約権はこれに該当する。

　　なお，本会計基準においては，企業が，財貨又はサービスを取得する対価として自社株式オプションを取引の相手方に付与し，その結果，自社株式オプション保有者の権利行使に応じて自社の株式を交付する義務を負う場合を取り扱っている。

(2)　「ストック・オプション」とは，自社株式オプションのうち，特に企業がその従業員等（本項(3)）に，報酬（本項(4)）として付与するものをいう。ストック・オプションには，権利行使により対象となる株式を取得することができるというストック・オプション本来の権利を獲得すること（以下「権利の確定」という。）につき条件が付されているものが多い。当該権利の確定についての条件（以下「権利確定条件」という。）には，勤務条件（本項(10)）や業績条件（本項(11)）がある。

(3)　「従業員等」とは，企業と雇用関係にある使用人のほか，企業の取締役，会計参与，監査役及び執行役並びにこれに準ずる者をいう。

(4)　「報酬」とは，企業が従業員等から受けた労働や

業務執行等のサービスの対価として，従業員等に給
付されるものをいう。

(5) 「行使価格」とは，ストック・オプションの権利
行使にあたり，払い込むべきものとして定められた
ストック・オプションの単位当たりの金額をいう。

(6) 「付与日」とは，ストック・オプションが付与さ
れた日をいう。会社法（平成17年法律第86号）にい
う，募集新株予約権の割当日（会社法第238条第1
項第4号）がこれにあたる。

(7) 「権利確定日」とは，権利の確定した日をいう。
権利確定日が明らかではない場合には，原則として，
ストック・オプションを付与された従業員等がその
権利を行使できる期間（以下「権利行使期間」とい
う。）の開始日の前日を権利確定日とみなす。

(8) 「権利行使日」とは，ストック・オプションを付
与された者がその権利を行使したことにより，行使
価格に基づく金額が払い込まれた日をいう。

(9) 「対象勤務期間」とは，ストック・オプションと
報酬関係にあるサービスの提供期間であり，付与日
から権利確定日までの期間をいう。

(10) 「勤務条件」とは，ストック・オプションのうち，
条件付きのものにおいて，従業員等の一定期間の勤
務や業務執行に基づく条件をいう。

(11) 「業績条件」とは，ストック・オプションのうち，
条件付きのものにおいて，一定の業績（株価を含む。）
の達成又は不達成に基づく条件をいう。

(12) 「公正な評価額」とは，一般に，市場において形
成されている取引価格，気配値又は指標その他の相
場（以下「市場価格」という。）に基づく価額をい
うが，市場価格がない場合でも，当該ストック・オ
プションの原資産である自社の株式の市場価格に基
づき，合理的に算定された価額を入手できるときに
は，その合理的に算定された価額は公正な評価額と

認められる。また，単位当たりの公正な評価額を「公正な評価単価」という。

(13) 「失効」とは，ストック・オプションが付与されたものの，権利行使されないことが確定することをいう。失効には，権利確定条件が達成されなかったことによる失効（以下「権利不確定による失効」という。）と，権利行使期間中に行使されなかったことによる失効（以下「権利不行使による失効」という。）とがある。

(14) 「公開企業」とは，株式を証券取引所に上場している企業又はその株式が組織された店頭市場に登録されている企業をいう。「未公開企業」とは，公開企業以外の企業をいう。なお，ここにいう証券取引所及び店頭市場には海外の証券取引所及び店頭市場を含み，また，組織された店頭市場とは，株価を公表するシステムが存在する店頭市場をいう。

(15) ストック・オプションに係る「条件変更」とは，付与したストック・オプションに係る条件を事後的に変更し，ストック・オプションの公正な評価単価，ストック・オプション数又は合理的な費用の計上期間のいずれか1つ以上を意図して変動させることをいう。

■範　囲

3　本会計基準は，次の取引に対して適用される。

(1) 企業がその従業員等に対しストック・オプションを付与する取引

(2) 企業が財貨又はサービスの取得において，対価として自社株式オプションを付与する取引であって，(1)以外のもの

(3) 企業が財貨又はサービスの取得において，対価として自社の株式を交付する取引

なお，(2)又は(3)に該当する取引であっても，企業会

計基準第21号「企業結合に関する会計基準」（以下「企業結合会計基準」という。）等，他の会計基準の範囲に含まれる取引については，本会計基準は適用されない。

■ ストック・オプションに関する会計処理

権利確定日以前の会計処理

4　ストック・オプションを付与し，これに応じて企業が従業員等から取得するサービスは，その取得に応じて 費用 として計上し，対応する金額を，ストック・オプションの権利の行使又は失効が確定するまでの間，貸借対照表の 純資産の部 に 新株予約権 として計上する。

5　各会計期間における費用計上額は，ストック・オプションの 公正な評価額 のうち，対象勤務期間を基礎とする方法その他の合理的な方法に基づき 当期に発生したと認められる額 である。ストック・オプションの 公正な評価額 は，公正な 評価単価 に ストック・オプション数 を乗じて算定する。

6　ストック・オプションの公正な評価単価の算定は，次のように行う。

(1)　付与日現在で算定し，第10項(1)の条件変更の場合を除き，その後は見直さない。

(2)　ストック・オプションは，通常，市場価格を観察することができないため，株式オプションの合理的な価額の見積りに広く受け入れられている算定技法を利用することとなる。算定技法の利用にあたっては，付与するストック・オプションの特性や条件等を適切に反映するよう必要に応じて調整を加える。ただし，失効の見込みについてはストック・オプション数に反映させるため，公正な評価単価の算定上は考慮しない。

7　ストック・オプション数の算定及びその見直しによ

る会計処理は，次のように行う。

(1)　付与されたストック・オプション数（以下「付与数」という。）から，権利不確定による失効の見積数を控除して算定する。

(2)　付与日から権利確定日の直前までの間に，権利不確定による失効の見積数に重要な変動が生じた場合（第11項の条件変更による場合を除く。）には，これに応じてストック・オプション数を見直す。

　　これによりストック・オプション数を見直した場合には，見直し後のストック・オプション数に基づくストック・オプションの公正な評価額に基づき，その期までに費用として計上すべき額と，これまでに計上した額との差額を見直した期の損益として計上する。

(3)　権利確定日には，ストック・オプション数を権利の確定したストック・オプション数（以下「権利確定数」という。）と一致させる。

　　これによりストック・オプション数を修正した場合には，修正後のストック・オプション数に基づくストック・オプションの公正な評価額に基づき，権利確定日までに費用として計上すべき額と，これまでに計上した額との差額を権利確定日の属する期の損益として計上する。

権利確定日後の会計処理

8　ストック・オプションが権利行使され，これに対して新株を発行した場合には，新株予約権として計上した額（第4項）のうち，当該権利行使に対応する部分を払込資本に振り替える。

　　なお，新株予約権の行使に伴い，当該企業が自己株式を処分した場合には，自己株式の取得原価と，新株予約権の帳簿価額及び権利行使に伴う払込金額の合計額との差額は，自己株式処分差額であり，企業会計基準第1号「自己株式及び準備金の額の減少等に関する

会計基準」第9項，第10項及び第12項により会計処理を行う。

9　権利不行使による失効が生じた場合には，新株予約権として計上した額（第4項）のうち，当該失効に対応する部分を利益として計上する。この会計処理は，当該失効が確定した期に行う。

■ストック・オプションに係る条件変更の会計処理

ストック・オプションの公正な評価単価を変動させる条件変更

10　ストック・オプションにつき，行使価格を変更する等の条件変更により，公正な評価単価を変動させた場合には，次のように会計処理する。

(1)　条件変更日（条件変更が行われた日のうち，特に条件変更以後をいう。）におけるストック・オプションの公正な評価単価が，付与日における公正な評価単価を上回る場合には，第5項の定めに基づき条件変更前から行われてきた，付与日におけるストック・オプションの公正な評価単価に基づく公正な評価額による費用計上を継続して行うことに加え，条件変更日におけるストック・オプションの公正な評価単価が付与日における公正な評価単価を上回る部分に見合う，ストック・オプションの公正な評価額の増加額につき，以後追加的に第5項の定めに基づく費用計上を行う。

(2)　条件変更日におけるストック・オプションの公正な評価単価が付与日における公正な評価単価以下となる場合には，条件変更日以後においても，第5項の定めに基づき条件変更前から行われてきた，ストック・オプションの付与日における公正な評価単価に基づく公正な評価額による費用計上を継続する。

なお，新たな条件のストック・オプションの付与と引換えに，当初付与したストック・オプションを

取り消す場合には，実質的に当初付与したストック・オプションの条件変更と同じ経済実態を有すると考えられる限り，ストック・オプションの条件変更とみなして会計処理を行う。

ストック・オプション数を変動させる条件変更

11　ストック・オプションにつき，権利確定条件を変更する等の条件変更により，ストック・オプション数を変動させた場合には，条件変更前から行われてきた，第5項の定めに基づく費用計上を継続して行うことに加え，条件変更によるストック・オプション数の変動に見合う，ストック・オプションの公正な評価額の変動額を，以後，合理的な方法に基づき，残存期間にわたって計上する。

費用の合理的な計上期間を変動させる条件変更

12　ストック・オプションにつき，対象勤務期間の延長又は短縮に結びつく勤務条件の変更等により，費用の合理的な計上期間を変動させた場合には，当該条件変更前の残存期間に計上すると見込んでいた金額を，以後，合理的な方法に基づき，新たな残存期間にわたって費用計上する。

未公開企業における取扱い

13　未公開企業については，ストック・オプションの公正な評価単価に代え，ストック・オプションの単位当たりの本源的価値の見積りに基づいて会計処理を行うことができる。この場合，本会計基準の他の項で「公正な評価単価」を，「単位当たりの本源的価値」と読み替えてこれを適用する。この結果，特に第6項(1)の適用に関しては，付与日現在でストック・オプションの単位当たりの本源的価値を見積り，その後は見直さないこととなる。

　ここで，「単位当たりの本源的価値」とは，算定時点においてストック・オプションが権利行使されると仮定した場合の単位当たりの価値であり，当該時点に

おけるストック・オプションの原資産である自社の株式の評価額と行使価格との差額をいう。

■財貨又はサービスの取得の対価として自社株式オプションを付与する取引の会計処理

14　企業が従業員等からサービスを取得する対価としてストック・オプションを用いる取引について定めた前項までの会計処理は，取引の相手方や取得する財貨又はサービスの内容にかかわらず，原則として，取得の対価として自社株式オプションを用いる取引一般に適用される。ただし，次の点に留意する必要がある。

(1)　取得した財貨又はサービスが，他の会計基準に基づき資産とされる場合には，当該他の会計基準に基づき会計処理を行う。

(2)　取得した財貨又はサービスの取得価額は，対価として用いられた自社株式オプションの公正な評価額若しくは取得した財貨又はサービスの公正な評価額のうち，いずれかより高い信頼性をもって測定可能な評価額で算定する。

(3)　自社株式オプションの付与日における公正な評価単価の算定につき，市場価格が観察できる場合には，当該市場価格による。

■財貨又はサービスの取得の対価として自社の株式を交付する取引の会計処理

15　企業が財貨又はサービスの取得の対価として，自社の株式を用いる取引については，次のように会計処理を行う。

(1)　取得した財貨又はサービスを資産又は費用として計上し，対応額を払込資本として計上する。

(2)　取得した財貨又はサービスの取得価額は，対価として用いられた自社の株式の契約日における公正な評価額若しくは取得した財貨又はサービスの公正な

評価額のうち，いずれかより高い信頼性をもって測定可能な評価額で算定する。

■開　示

16　次の事項を注記する。
- (1)　本会計基準の適用による財務諸表への影響額
- (2)　各会計期間において存在したストック・オプションの内容，規模（付与数等）及びその変動状況（行使数や失効数等）。なお，対象となるストック・オプションには，適用開始より前に付与されたものを含む（第17項）。
- (3)　ストック・オプションの公正な評価単価の見積方法
- (4)　ストック・オプションの権利確定数の見積方法
- (5)　ストック・オプションの単位当たりの本源的価値による算定を行う場合（第13項）には，当該ストック・オプションの各期末における本源的価値の合計額及び各会計期間中に権利行使されたストック・オプションの権利行使日における本源的価値の合計額（第60項から第63項）
- (6)　ストック・オプションの条件変更の状況
- (7)　自社株式オプション又は自社の株式に対価性がない場合には，その旨及びそのように判断した根拠（第29項）

　　財貨又はサービスの対価として自社株式オプション又は自社の株式を用いる取引（ストック・オプションを付与する取引を除く。）についても，ストック・オプションを付与する取引に準じて，該当する事項を注記する。

19

取締役の報酬等として株式を無償交付する取引に関する取扱い

2021年1月28日

■範　囲

3　本実務対応報告は，第1項に記載した取締役等の報酬等として金銭の払込み等を要しないで株式の発行等をする取引に適用される。

■用語の定義

4　本実務対応報告における用語の定義は，次のとおりとする。

(1)　「取締役の報酬等として株式を無償交付する取引」とは，会社法第202条の2に基づいて，取締役等の報酬等として金銭の払込み等を要しないで株式の発行等をする取引をいう。

(2)　「取締役等」とは，会社法第326条に規定される取締役及び第402条に規定される執行役をいう。

(3)　「報酬等」とは，会社法第361条に規定される報酬，賞与その他の職務執行の対価として株式会社から受ける財産上の利益をいう。

(4)　「金銭の払込み等」とは，会社法第199条に規定される募集株式と引換えにする金銭の払込み又は財産の給付をいう。

(5)　「株式の発行等」とは，自社の新株の発行又は自己株式の処分をいう。

(6)　「割当日」とは，会社法第202条の2第1項第2号に基づいて定められる株式の発行等が行われる日（会社法第209条第4項）をいう。

(7)　「事前交付型」とは，取締役の報酬等として株式を無償交付する取引のうち，対象勤務期間の開始後

速やかに，契約上の譲渡制限が付された株式の発行
等が行われ，権利確定条件が達成された場合には譲
渡制限が解除されるが，権利確定条件が達成されな
い場合には企業が無償で株式を取得する取引をいう。

(8) 「事後交付型」とは，取締役の報酬等として株式
を無償交付する取引のうち，契約上，株式の発行等
について権利確定条件が付されており，権利確定条
件が達成された場合に株式の発行等が行われる取引
をいう。

(9) 「付与日」とは，取締役の報酬等として株式を無
償交付する取引に関する契約が企業と取締役等との
間で締結された日をいう。

(10) 「権利確定日」とは，権利確定条件を達成するか
否かが確定した日をいい，事前交付型においては，
譲渡制限が解除されるか否かが確定した日がこれに
あたり，事後交付型においては，株式の発行等が行
われるか否かが確定した日がこれにあたる。

(11) 「対象勤務期間」とは，株式と引換えに提供され
るサービスの提供期間をいい，通常は，契約におい
て定められた期間となる。契約において対象勤務期
間が定められていない場合は，付与日から権利確定
日までの期間を対象勤務期間とみなす。

(12) 「権利確定条件」とは，事前交付型においては譲
渡制限が解除されるための条件を，事後交付型にお
いては株式の発行等が行われるための条件をいう。
権利確定条件には，勤務条件（本項(13)）や業績条件
（本項(14)）がある。

(13) 「勤務条件」とは，取締役等の一定期間の勤務や
職務執行に基づく条件をいう。

(14) 「業績条件」とは，一定の業績（株価を含む。）の
達成又は不達成に基づく条件をいう。

(15) 「公正な評価額」とは，市場価格（市場において
形成されている取引価格，気配値又は指標その他の

相場）に基づいて，契約条件等を反映するように必要に応じて調整を加えた合理的に算定された価額をいう。また，単位当たりの公正な評価額を「公正な評価単価」という。

(16) 「没収」とは，事前交付型において，権利確定条件が達成されなかったことによって，企業が無償で株式を取得することが確定することをいう。また，「失効」とは，事後交付型において，権利確定条件が達成されなかったことによって，取締役等に株式が交付されないことが確定することをいい，「失効」と「没収」を合わせて「失効等」という。

■会計処理

事前交付型の会計処理

取締役等の報酬等として新株の発行を行う場合の会計処理

5 取締役等に対して新株を発行し，これに応じて企業が取締役等から取得するサービスは，その取得に応じて費用として計上する。

6 各会計期間における費用計上額は，株式の公正な評価額のうち，対象勤務期間を基礎とする方法その他の合理的な方法に基づき当期に発生したと認められる額である。株式の公正な評価額は，公正な評価単価に株式数を乗じて算定する。

7 前項に定める株式の公正な評価単価は，付与日において算定し，原則として，その後は見直さない。また，失効等の見込みについては株式数に反映させるため，公正な評価単価の算定上は考慮しない。

8 第6項の株式数の算定及びその見直しによる会計処理は，次のように行う。

(1) 株式数は，付与された株式数（失効等を見込まない場合の株式数。以下同じ。）から，権利確定条件（勤務条件や業績条件）の不達成による失効等の見

積数を控除して算定する。

⑵ 付与日から権利確定日の直前までの間に，権利確定条件（勤務条件や業績条件）の不達成による失効等の見積数に重要な変動が生じた場合には，原則として，これに応じて株式数を見直す。

株式数を見直した場合には，見直し後の株式数に基づく株式の公正な評価額に基づき，その期までに費用として計上すべき額と，これまでに計上した額との差額を見直した期の損益として計上する。

⑶ 権利確定日には，株式数を権利の確定した株式数（以下「権利確定数」という。）と一致させる。

これにより株式数を修正した場合には，修正後の株式数に基づく株式の公正な評価額に基づき，権利確定日までに費用として計上すべき額と，これまでに計上した額との差額を権利確定日の属する期の損益として計上する。

9 第5項から第8項までの会計処理により年度通算で費用が計上される場合は対応する金額を資本金又は資本準備金に計上し，年度通算で過年度に計上した費用を戻し入れる場合は対応する金額をその他資本剰余金から減額する。

当該会計処理の結果，会計期間末においてその他資本剰余金の残高が負の値となった場合には，企業会計基準第1号「自己株式及び準備金の額の減少等に関する会計基準」（以下「自己株式等会計基準」という。）第12項により会計処理を行う。

10 なお，四半期会計期間においては，第5項から第8項までの会計処理により計上される損益に対応する金額はその他資本剰余金の計上又は減額として処理する。当該会計処理の結果，四半期会計期間末においてその他資本剰余金の残高が負の値となった場合，前項後段と同様に処理し，翌四半期会計期間の期首に戻入れを行う。

また，年度の財務諸表においては，前項の処理に置き換える。

11　没収によって無償で株式を取得した場合は，企業会計基準適用指針第 2 号「自己株式及び準備金の額の減少等に関する会計基準の適用指針」（以下「自己株式等会計適用指針」という。）第14項により処理を行う。

取締役等の報酬等として自己株式を処分する場合の会計処理

12　割当日において，処分した自己株式の帳簿価額を減額するとともに，同額のその他資本剰余金を減額する。なお，当該会計処理の結果，会計期間末においてその他資本剰余金の残高が負の値となった場合には，自己株式等会計基準第12項により会計処理を行う。

13　取締役等に対して自己株式を処分し，これに応じて企業が取締役等から取得するサービスは，第 6 項から第 8 項と同様にサービスの取得に応じて費用を計上し，対応する金額をその他資本剰余金として計上する。

14　没収によって無償で株式を取得した場合は，自己株式等会計適用指針第14項の定めによらず，本実務対応報告第12項により減額した自己株式の帳簿価額のうち，無償取得した部分に相当する額の自己株式を増額し，同額のその他資本剰余金を増額する。

事後交付型の会計処理

取締役等の報酬等として新株の発行を行う場合の会計処理

15　取締役の報酬等として株式を無償交付する取引に関する契約を締結し，これに応じて企業が取締役等から取得するサービスは，第 6 項から第 8 項と同様にサービスの取得に応じて費用を計上し，対応する金額は，株式の発行等が行われるまでの間，貸借対照表の純資産の部の株主資本以外の項目に株式引受権として計上する。

16　割当日において，新株を発行した場合には，株式引

受権として計上した額（前項参照）を資本金又は資本準備金に振り替える。

取締役等の報酬等として自己株式を処分する場合の会計処理

17　第15項と同様に処理する。

18　割当日において，自己株式を処分した場合には，自己株式の取得原価と，株式引受権の帳簿価額との差額を，自己株式処分差額として，自己株式等会計基準第9項，第10項及び第12項により会計処理を行う。

その他の会計処理

19　本実務対応報告に定めのないその他の会計処理については，類似する取引又は事象に関する会計処理が，企業会計基準第8号「ストック・オプション等に関する会計基準」（以下「ストック・オプション会計基準」という。）又は企業会計基準適用指針第11号「ストック・オプション等に関する会計基準の適用指針」（以下「ストック・オプション適用指針」という。）に定められている場合には，これに準じて会計処理を行う。

■開　示

20　年度の財務諸表において，次の事項を注記する。

(1)　事前交付型について，取引の内容，規模及びその変動状況（各会計期間において権利未確定株式数が存在したものに限る。）

　①　付与対象者の区分（取締役，執行役の別）及び人数

　②　当該会計期間において計上した費用の額とその科目名称

　③　付与された株式数（当該企業が複数の種類の株式を発行している場合には，株式の種類別に記載を行う。④において同じ。）

　④　当該会計期間中に没収した株式数，当該会計期間中に権利確定した株式数並びに期首及び期末に

　　　　おける権利未確定残株式数
　⑤　付与日
　⑥　権利確定条件
　⑦　対象勤務期間
　⑧　付与日における公正な評価単価
(2)　事後交付型について，取引の内容，規模及びその
　　変動状況（各会計期間において権利未確定株式数が
　　存在したものに限る。ただし，⑤を除く。）
　①　付与対象者の区分（取締役，執行役の別）及び
　　　人数
　②　当該会計期間において計上した費用の額とその
　　　科目名称
　③　付与された株式数（当該企業が複数の種類の株
　　　式を発行している場合には，株式の種類別に記載
　　　を行う。④，⑤において同じ。）
　④　当該会計期間中に失効した株式数，当該会計期
　　　間中に権利確定した株式数並びに期首及び期末に
　　　おける権利未確定残株式数
　⑤　権利確定後の未発行株式数
　⑥　付与日
　⑦　権利確定条件
　⑧　対象勤務期間
　⑨　付与日における公正な評価単価
(3)　付与日における公正な評価単価の見積方法
(4)　権利確定数の見積方法
(5)　条件変更の状況
21　前項の注記事項に関する具体的な内容や記載方法の
　　他，本実務対応報告に会計処理の定めのない事項に係
　　る注記については，ストック・オプション適用指針第
　　27項，第28項(2)，第29項，第30項，第33項及び第35項
　　の定めに準じて注記を行う。
22　１株当たり情報に関する注記において，事後交付型
　　におけるすべての権利確定条件を達成した場合に株式

が交付されることとなる契約は，企業会計基準第2号「1株当たり当期純利益に関する会計基準」（以下「1株当たり当期純利益会計基準」という。）第9項の「潜在株式」として取り扱い，潜在株式調整後1株当たり当期純利益の算定において，ストック・オプションと同様に取り扱う。

　また，株式引受権の金額は1株当たり純資産の算定上，企業会計基準適用指針第4号「1株当たり当期純利益に関する会計基準の適用指針」（以下「1株当たり当期純利益適用　指針」という。）第35項の期末の純資産額の算定にあたっては，貸借対照表の純資産の部の合計額から控除する。

⑳ 1株当たり当期純利益に関する会計基準

最終改正　2013年 9 月13日

修正　2020年 3 月31日

■範　囲

4　本会計基準は，財務諸表において，1株当たり当期
純利益又は潜在株式調整後1株当たり当期純利益を開
示するすべての場合に適用する。

　　なお，財務諸表以外の箇所において，1株当たり当
期純利益又は潜在株式調整後1株当たり当期純利益を
開示する場合にも，その算定方法については，本会計
基準を適用することが望ましい。

■用語の定義

5　「普通株式」とは，株主としての権利内容に制限の
ない，標準となる株式をいう。

6　「普通株主」とは，普通株式を有する者をいう。

7　「配当優先株式」とは，普通株式よりも配当請求権
（剰余金の配当を受ける権利）が優先的に認められる
株式をいう。

8　「優先配当」とは，配当優先株式における優先的な
剰余金の配当であって，本会計基準では留保利益から
行われるものをいう。

9　「潜在株式」とは，その保有者が普通株式を取得す
ることができる権利若しくは普通株式への転換請求権
又はこれらに準じる権利が付された証券又は契約をい
い，例えば，ワラントや転換証券が含まれる。

10　「ワラント」とは，その保有者が普通株式を取得す
ることのできる権利又はこれに準じる権利をいい，例
えば，新株予約権が含まれる。

11 「転換証券」とは，普通株式への転換請求権若しくはこれに準ずる権利が付された金融負債（以下「転換負債」という。）又は普通株式以外の株式（以下「転換株式」という。）をいい，例えば，一括法で処理されている新株予約権付社債や一定の取得請求権付株式が含まれる（第43項参照）。

■ 1株当たり当期純利益

1株当たり当期純利益の算定

12 1株当たり当期純利益 は，普通株式に係る 当期純利益 （第14項参照）を普通株式の 期中平均株式数 （第17項参照）で除して算定する。

$$
\begin{aligned}
&1株当たり当期純利益 \\
&= \frac{普通株式に係る当期純利益}{普通株式の期中平均株式数} \\
&= \frac{損益計算書上の当期純利益 - 普通株主に帰属しない金額（第15項参照）}{普通株式の期中平均発行済株式数 - 普通株式の期中平均自己株式数}
\end{aligned}
$$

また，損益計算書上，当期純損失の場合にも，当期純利益の場合と同様に，1株当たり当期純損失を算定する（本会計基準においては，1株当たり当期純利益に1株当たり当期純損失を含むものとする。）。

なお，本会計基準においては，損益計算書上の当期純利益，当期純損失は，連結財務諸表においては，それぞれ親会社株主に帰属する当期純利益，親会社株主に帰属する当期純損失とする。

13 普通株式と同等の株式が存在する場合には，これらの株式数を含めて1株当たり当期純利益を算定する。

普通株式に係る当期純利益

14 第12項にいう普通株式に係る当期純利益は，損益計算書上の当期純利益から，剰余金の配当に関連する項目で普通株主に帰属しない金額（以下「普通株主に帰属しない金額」という。）を控除して算定する。

15 第14項にいう普通株主に帰属しない金額には，優先配当額（第16項参照）などが含まれる。

16 第15項にいう普通株主に帰属しない金額に含まれる優先配当額は以下による。

(1) 累積型配当優先株式（第46項参照）の場合

1株当たり当期純利益の算定対象となる会計期間に係る要支払額

(2) 非累積型配当優先株式（第46項参照）の場合

1株当たり当期純利益の算定対象となる会計期間に基準日が属する剰余金の配当を基礎として算定した額

普通株式の期中平均株式数

17 第12項にいう普通株式の期中平均株式数は，普通株式の期中平均発行済株式数から期中平均自己株式数を控除して算定する。なお，連結財務諸表において1株当たり当期純利益を算定する際には，本会計基準にいう自己株式数は，子会社及び関連会社が保有する親会社等（子会社においては親会社，関連会社においては当該会社に対して持分法を適用する投資会社）の発行する普通株式数のうち，親会社等の持分に相当する株式数を含めるものとする。

18 潜在株式は，実際に権利が行使されたときに，普通株式数に含める。

19 当期に株式併合又は株式分割（同一種類の株式が交付される株式無償割当て等，株式分割と同様の効果を有する事象の他，時価より低い払込金額にて株主への割当てが行われた場合に含まれる株式分割相当部分を含む。以下同じ。）が行われた場合，普通株式の期中平均株式数は，当期首に当該株式併合又は株式分割が行われたと仮定して算定する。

■潜在株式調整後1株当たり当期純利益

希薄化効果

20　潜在株式に係る権利の行使を仮定することにより算定した1株当たり当期純利益（以下「潜在株式調整後1株当たり当期純利益」という。）が，1株当たり当期純利益を下回る場合に，当該潜在株式は希薄化効果を有するものとする。

潜在株式調整後1株当たり当期純利益の算定

21　潜在株式が　希薄化効果　を有する場合，潜在株式調整後1株当たり当期純利益は，普通株式に係る　当期純利益　（第14項参照）に希薄化効果を有する各々の潜在株式に係る　当期純利益調整額　（以下「当期純利益調整額」という。）を加えた　合計金額　を，普通株式の　期中平均株式数　（第17項参照）に希薄化効果を有する各々の潜在株式に係る権利の行使を仮定したことによる普通株式の　増加数　（以下「普通株式増加数」という。）を加えた　合計株式数　で除して算定する。

$$\frac{潜在株式調整後}{1株当たり当期純利益} = \frac{普通株式に係る当期純利益＋当期純利益調整額}{普通株式の期中平均株式数＋普通株式増加数}$$

　本会計基準では，潜在株式の代表的な例としてワラント（第24項から第26項参照）と転換証券（第27項から第30項参照）が存在する場合の当期純利益調整額及び普通株式増加数の算定について定めている。

22　潜在株式が複数存在する場合は，最大希薄化効果を反映した潜在株式調整後1株当たり当期純利益を算定する。

23　以下の場合は，その旨を開示し，潜在株式調整後1株当たり当期純利益の開示は行わない。

(1)　潜在株式が存在しない場合

(2)　潜在株式が存在しても希薄化効果を有しない場合

(3)　1株当たり当期純損失の場合

ワラントが存在する場合

24　普通株式の期中平均株価がワラントの行使価格を上

回る場合に，当該ワラントがすべて行使されたと仮定することにより算定した潜在株式調整後1株当たり当期純利益は1株当たり当期純利益を下回るため，当該ワラントは希薄化効果を有することとなる。

25　各々のワラントが希薄化効果を有する場合，潜在株式調整後1株当たり当期純利益の算定（第21項参照）にあたっては，普通株式の期中平均株式数（第17項参照）に普通株式増加数（第26項参照）を加える。

26　第25項にいう普通株式増加数は，下記の(1)により算定された普通株式数から，(2)により算定された普通株式数を差し引いて算定する。なお，ワラントが期中に消滅，消却又は行使された部分については，期首又は発行時から当該消滅時，消却時又は行使時までの期間に応じた普通株式数を算定する。

(1)　希薄化効果を有するワラントが期首又は発行時においてすべて行使されたと仮定した場合に発行される普通株式数

(2)　期中平均株価にて普通株式を買い受けたと仮定した普通株式数

　ワラントの行使により払い込まれると仮定された場合の入金額を用いて，当期にワラントが存在する期間の平均株価にて普通株式を買い受けたと仮定した普通株式数を算定する。

転換証券が存在する場合

27　1株当たり当期純利益が，転換証券に関する当期純利益調整額（第29項参照）を普通株式増加数（第30項参照）で除して算定した増加普通株式1株当たりの当期純利益調整額を上回る場合に，当該転換証券がすべて転換されたと仮定することにより算定した潜在株式調整後1株当たり当期純利益は1株当たり当期純利益を下回るため，当該転換証券は希薄化効果を有することとなる。

28　各々の転換証券が希薄化効果を有する場合，潜在株

式調整後１株当たり当期純利益の算定（第21項参照）にあたっては，普通株式に係る当期純利益（第14項参照）に当期純利益調整額（第29項参照）を加え，普通株式の期中平均株式数（第17項参照）に普通株式増加数（第30項参照）を加える。

29　第28項にいう当期純利益調整額は，以下の金額とする。

(1)　転換負債に係る当期の支払利息の金額，社債金額よりも低い価額又は高い価額で発行した場合における当該差額に係る当期償却額及び利払いに係る事務手数料等の費用の合計額から，当該金額に課税されたと仮定した場合の税額相当額を控除した金額

(2)　転換株式について，１株当たり当期純利益を算定する際に当期純利益から控除された当該株式に関連する普通株主に帰属しない金額（第14項参照）

30　第28項にいう普通株式増加数は，下記の(1)及び(2)によって算定された普通株式数の合計とする。なお，当期に株式併合又は株式分割が行われた場合，普通株式増加数は，当期首に当該株式併合又は株式分割が行われたと仮定して算定する。

(1)　希薄化効果を有する転換証券が期首に存在する場合，期首においてすべて転換されたと仮定した場合に発行される普通株式数（なお，転換証券のうち転換請求期間が期中に満了した部分又は期中に償還した部分については，期首から当該満了時又は償還時までの期間に応じた普通株式数を算定する。また，期中に転換された部分については，期首から当該転換時までの期間に応じた普通株式数を算定する。）

(2)　希薄化効果を有する転換証券が期中に発行された場合は，発行時においてすべて転換されたと仮定し算定した当該発行時から期末までの期間に応じた普通株式数（なお，上記(1)の括弧書きは，転換証券が期中に発行された場合にも準用する。）

株式併合又は株式分割が行われた場合

30-2 当期に株式併合又は株式分割（発行済普通株式のみ変化する場合であり，同一種類の株式が交付される株式無償割当て等，株式分割と同様の効果を有する事象の他，時価より低い払込金額にて株主への割当てが行われた場合に含まれる株式分割相当部分を含む。以下同じ。）が行われた場合，1株当たり当期純利益の算定上，普通株式の期中平均株式数は，表示する財務諸表のうち，最も古い期間の期首に当該株式併合又は株式分割が行われたと仮定する。また，当期の貸借対照表日後に株式併合又は株式分割が行われた場合も，同様に仮定して算定する。

30-3 当期に株式併合又は株式分割が行われた場合，潜在株式調整後1株当たり当期純利益の算定上，第21項にいう普通株式増加数は，表示する財務諸表のうち，最も古い期間の期首に当該株式併合又は株式分割が行われたと仮定する。また，当期の貸借対照表日後に株式併合又は株式分割が行われた場合も，同様に仮定して算定する。

会計方針の変更又は過去の誤謬の訂正が行われた場合

30-4 企業会計基準第24号「会計方針の開示，会計上の変更及び誤謬の訂正に関する会計基準」（以下「企業会計基準第24号」という。）に従い，会計方針の変更又は過去の誤謬の訂正により財務諸表に遡及適用又は修正再表示が行われた場合は，表示期間（企業会計基準第24号第7項(1)）の1株当たり当期純利益及び潜在株式調整後1株当たり当期純利益を，遡及適用後又は修正再表示後の金額により算定する。

30-5 過去の期間の財務諸表に注記された潜在株式調整後1株当たり当期純利益は，その後の期間の転換証券の普通株式への転換又は普通株式の株価の変動などにより，潜在株式に係る権利の行使の際に仮定した事項が変化した場合であっても，遡及的に修正しない。

暫定的な会計処理の確定が行われた場合

30－6　企業会計基準第21号「企業結合に関する会計基準」（以下「企業結合会計基準」という。）に従い，企業結合年度の翌年度の財務諸表と併せて表示する企業結合年度の財務諸表に暫定的な会計処理の確定による取得原価の配分額の見直しが反映されている場合，当該企業結合年度の翌年度の財務諸表と併せて表示する企業結合年度の財務諸表の１株当たり当期純利益及び潜在株式調整後１株当たり当期純利益は，当該見直しが反映された後の金額により算定する。

■開　示

31　当期に株式併合又は株式分割が行われた場合には，その旨及び表示期間の１株当たり当期純利益及び潜在株式調整後１株当たり当期純利益を第30－２項及び第30－３項に従い算定している旨を注記する。また，当期の貸借対照表日後に株式併合又は株式分割が行われた場合も，同様の注記を行う。

32　（削 除）

33　財務諸表において，１株当たり当期純利益又は潜在株式調整後１株当たり当期純利益を開示する場合には，当該金額の算定上の基礎も注記する。

㉑ 外貨建取引等会計処理基準

最終改正　1999年10月22日

■一　外貨建取引

1　取引発生時の処理

外貨建取引は，原則として，当該 $\boxed{\text{取引発生時の為替相場}}$ による円換算額をもって記録する。ただし，外貨建取引に係る外貨建金銭債権債務と為替予約等との関係が「金融商品に係る会計基準の設定に関する意見書」（以下「金融商品に係る会計基準」という。）における「ヘッジ会計の要件」を充たしている場合には，当該外貨建取引についてヘッジ会計を適用することができる。（注1）（注2）（注3）（注4）（注5）（注6）（注7）

2　決算時の処理

(1)　換算方法

外国通貨，外貨建金銭債権債務，外貨建有価証券及び外貨建デリバティブ取引等の金融商品については，決算時において，原則として，次の処理を行う。ただし，外貨建金銭債権債務と為替予約等との関係が金融商品に係る会計基準における「ヘッジ会計の要件」を充たしている場合には，当該外貨建金銭債権債務等についてヘッジ会計を適用することができる。（注4）（注5）（注6）（注7）（注8）

① 外国通貨

外国通貨については，$\boxed{\text{決算時の為替相場}}$ による円換算額を付する。

② 外貨建金銭債権債務（外貨預金を含む。以下同じ。）

外貨建金銭債権債務については，$\boxed{\text{決算時の為替相場}}$ による円換算額を付する。（注9）

　　ただし，外貨建自社発行社債のうち転換請求期間満了前の転換社債（転換請求の可能性がないと認められるものを除く。）については，発行時の為替相場による円換算額を付する。

※　「払込資本を増加させる可能性のある部分を含む複合金融商品に関する会計処理」の公表により，外貨建転換社債型新株予約権付社債については，決算時の為替相場による円換算額を付すこととなった。

---

　③　外貨建有価証券
　　イ　満期保有目的の外貨建債券については，決算時の為替相場 による円換算額を付する。（注9）
　　ロ　売買目的有価証券及びその他有価証券については，外国通貨による時価 を 決算時の為替相場 により円換算した額を付する。
　　ハ　子会社株式及び関連会社株式については，取得時の為替相場 による円換算額を付する。
　　ニ　外貨建有価証券について時価の著しい下落又は実質価額の著しい低下により評価額の引下げが求められる場合には，当該外貨建有価証券の時価又は実質価額は，外国通貨による時価又は実質価額 を 決算時の為替相場 により円換算した額による。
　④　デリバティブ取引等
　　　デリバティブ取引等①から③に掲げるもの以外の外貨建ての金融商品の時価評価においては，外国通貨による時価 を 決算時の為替相場 により円換算するものとする。
（2）換算差額の処理
　　決算時における換算によって生じた換算差額は，原

則として，当期の為替差損益 として処理する。ただし，有価証券の時価の著しい下落又は実質価額の著しい低下により，決算時の為替相場による換算を行ったことによって生じた換算差額は，当期の 有価証券の評価損 として処理する。また，金融商品に係る会計基準による時価評価に係る評価差額に含まれる換算差額については，原則として，当該 評価差額に関する処理方法 に従うものとする。(注10)

3 決済に伴う損益の処理

外貨建金銭債権債務の決済（外国通貨の円転換を含む。）に伴って生じた損益は，原則として，当期の為替差損益 として処理する。

■二 在外支店の財務諸表項目の換算

在外支店における外貨建取引については，原則として，本店と同様 に処理する。ただし，外国通貨で表示されている在外支店の財務諸表に基づき本支店合併財務諸表を作成する場合には，在外支店の財務諸表について次の方法によることができる。(注11)

1 収益及び費用の換算の特例

収益及び費用（収益性負債の収益化額及び費用性資産の費用化額を除く。）の換算については，期中平均相場 によることができる。(注12)

2 外貨表示財務諸表項目の換算の特例

在外支店の外国通貨で表示された財務諸表項目の換算にあたり，非貨幣性項目の額に 重要性がない場合 には，すべての貸借対照表項目（支店における本店勘定等を除く。）について 決算時の為替相場 による円換算額を付する方法を適用することができる。この場合において，損益項目についても 決算時の為替相場 によることを妨げない。

3 換算差額の処理

本店と異なる方法により換算することによって生じ

た換算差額は，| 当期の為替差損益 | として処理する。

■三　在外子会社等の財務諸表項目の換算

連結財務諸表の作成又は持分法の適用にあたり，外国にある子会社又は関連会社の外国通貨で表示されている財務諸表項目の換算は，次の方法による。

1　資産及び負債

資産及び負債については，| 決算時の為替相場 | による円換算額を付する。

2　資　本

親会社による株式の取得時における資本に属する項目については，| 株式取得時の為替相場 | による円換算額を付する。

親会社による株式の取得後に生じた資本に属する項目については，当該項目の | 発生時の為替相場 | による円換算額を付する。

3　収益及び費用

収益及び費用については，原則として | 期中平均相場 | による円換算額を付する。ただし，| 決算時の為替相場 | による円換算額を付することを妨げない。なお，親会社との取引による収益及び費用の換算については，| 親会社が換算に用いる為替相場 | による。この場合に生じる差額は | 当期の為替差損益 | として処理する。（注12）

4　換算差額の処理

換算によって生じた換算差額については，| 為替換算調整勘定 | として貸借対照表の純資産の部に記載する。（注13）

> ※　「貸借対照表の純資産の部の表示に関する
> 　会計基準」の公表により，「資本の部」は
> 　「純資産の部」に変更されている。

外貨建取引等会計処理基準注解

注1　外貨建取引の範囲について

　外貨建取引とは，売買価額その他取引価額が外国通貨で表示されている取引をいう。

　外貨建取引には，(イ)取引価額が外国通貨で表示されている物品の売買又は役務の授受，(ロ)決済金額が外国通貨で表示されている資金の借入又は貸付，(ハ)券面額が外国通貨で表示されている社債の発行，(ニ)外国通貨による前渡金，仮払金の支払又は前受金，仮受金の受入及び(ホ)決済金額が外国通貨で表示されているデリバティブ取引等が含まれる。

　なお，国内の製造業者等が商社等を通じて輸出入取引を行う場合であっても，当該輸出入取引によって商社等に生ずる為替差損益を製造業者等が負担する等のため実質的に取引価額が外国通貨で表示されている取引と同等とみなされるものは，外貨建取引に該当する。

注2　取引発生時の為替相場について

　取引発生時の為替相場としては，取引が発生した日における直物為替相場又は合理的な基礎に基づいて算定された平均相場，例えば取引の行われた月又は週の前月又は前週の直物為替相場を平均したもの等，直近の一定期間の直物為替相場に基づいて算出されたものによる。ただし，取引が発生した日の直近の一定の日における直物為替相場，例えば取引の行われた月若しくは週の前月若しくは前週の末日又は当月若しくは当週の初日の直物為替相場によることも妨げない。

注3　外国通貨による記録について

　外貨建債権債務及び外国通貨の保有状況並びに決済方法等から，外貨建取引について当該取引発生時の外国通貨により記録することが合理的であると認められる場合には，取引発生時の外国通貨の額をもって記録する方法を採用することができる。この場合には，外

国通貨の額をもって記録された外貨建取引は，各月末等一定の時点において，当該時点の直物為替相場又は合理的な基礎に基づいて算定された一定期間の平均相場による円換算額を付するものとする。

注4　外貨建金銭債権債務について

外貨建金銭債権債務とは，契約上の債権額又は債務額が外国通貨で表示されている金銭債権債務をいう。

注5　為替予約等について

為替予約等には，通貨先物，通貨スワップ及び通貨オプションが含まれる。

注6　ヘッジ会計の方法について

ヘッジ会計を適用する場合には，金融商品に係る会計基準における「ヘッジ会計の方法」によるほか，当分の間，為替予約等により確定する決済時における円貨額により外貨建取引及び金銭債権債務等を換算し直物為替相場との差額を期間配分する方法（以下「振当処理」という。）によることができる。

注7　為替予約等の振当処理について

外貨建金銭債権債務等に係る為替予約等の振当処理（当該為替予約等が物品の売買又は役務の授受に係る外貨建金銭債権債務に対して，取引発生時以前に締結されたものである場合を除く。）においては，当該金銭債権債務等の取得時又は発生時の為替相場（決算時の為替相場を付した場合には当該決算時の為替相場）による円換算額と為替予約等による円貨額との差額のうち，予約等の締結時までに生じている為替相場の変動による額は 予約日の属する期の損益 として処理し，残額は 予約日の属する期 から 決済日の属する期 までの期間にわたって合理的な方法により配分し， 各期の損益 として処理する。ただし，当該残額について重要性が乏しい場合には，当該残額を予約日の属する期の損益として処理することができる。

取得時又は発生時の為替相場による円換算額と為替

予約等による円貨額との差額のうち次期以降に配分される額は，貸借対照表上，資産の部又は負債の部に記載する。

注8　決算時の直物為替相場について

　決算時の直物為替相場としては，決算日の直物為替相場のほか，決算日の前後一定期間の直物為替相場に基づいて算出された平均相場を用いることができる。

注9　償却原価法における償却額の換算について

　外貨建金銭債権債務及び外貨建債券について償却原価法を適用する場合における償却額は，外国通貨による償却額 を 期中平均相場 により円換算した額による。

注10　その他有価証券に属する債券の換算差額の処理について

　その他有価証券に属する債券については，外国通貨による時価を決算時の為替相場で換算した金額のうち，外国通貨による時価の変動に係る換算差額を評価差額とし，それ以外の換算差額については為替差損益として処理することができる。

注11　在外支店のたな卸資産に係る低価基準等について

　在外支店において外国通貨で表示されているたな卸資産について低価基準を適用する場合又は時価の著しい下落により評価額の引下げが求められる場合には，外国通貨による時価又は実質価額 を 決算時の為替相場 により円換算した額による。

注12　期中平均相場について

　収益及び費用の換算に用いる期中平均相場には，当該収益及び費用が帰属する月又は半期等を算定期間とする平均相場を用いることができる。

注13　子会社持分投資に係るヘッジ取引の処理について

　子会社に対する持分への投資をヘッジ対象としたヘッジ手段から生じた為替換算差額については，為替換算調整勘定に含めて処理する方法を採用することができ

る。

法人税, 住民税及び事業税等に関する会計基準

2017年3月16日
修正　2021年8月12日

■範　囲

2　本会計基準は，連結財務諸表及び個別財務諸表における次の事項に適用する。

(1)　我が国の法令に従い納付する税金のうち法人税，住民税及び事業税等に関する会計処理及び開示

(2)　我が国の法令に従い納付する税金のうち受取利息及び受取配当金等に課される源泉所得税に関する開示

(3)　外国の法令に従い納付する税金のうち外国法人税に関する開示

　なお，本会計基準は，特に明示しない限り，個別財務諸表における会計処理及び開示を想定して定めている。連結財務諸表における会計処理及び開示は，個別財務諸表における会計処理及び開示に準じて行う。

3　実務対応報告第42号「グループ通算制度を適用する場合の会計処理及び開示に関する取扱い」において，グループ通算制度を適用する場合の法人税及び地方法人税に係る会計処理及び開示の具体的な取扱いが定められている場合，当該取扱いが適用される。

■用語の定義

4　本会計基準における用語の定義は次のとおりとする。

(1)　「法人税」とは，法人税法（昭和40年法律第34号）の規定に基づく税金をいう。

(2)　「地方法人税」とは，地方法人税法（平成26年法律第11号）の規定に基づく税金をいう。

(3)　「住民税」とは，地方税法（昭和25年法律第226号）

の規定に基づく税金のうち，道府県民税及び市町村民税をいう。なお，道府県に関する規定は都に，市町村に関する規定は特別区に準用することとされている（地方税法第1条第2項）。

(4) 「事業税」とは，地方税法の規定に基づく税金であり，法人の行う事業に対して都道府県が課すものをいう。事業税には，付加価値額によって課すもの（以下「付加価値割」という。），資本金等の額によって課すもの（以下「資本割」という。），所得によって課すもの（以下「所得割」という。）がある。

(5) 「受取利息及び受取配当金等に課される源泉所得税」とは，所得税法（昭和40年法律第33号）第174条各号に規定する利子等，配当等，給付補てん金，利息，利益，差益，利益の分配又は賞金の支払を受ける場合に，同法の規定により課される所得税をいう。

(6) 「外国法人税」とは，外国の法令により課される法人税に相当する税金で政令に定めるもの（法人税法第69条及び法人税法施行令（昭和40年政令第97号）第141条）をいう。外国法人税には，法人税法等に基づき税額控除の適用を受けるものと税額控除の適用を受けないものがある。

(7) 「所得」とは，法人税の関係法令又は事業税の関係法令の規定に基づき算定した各事業年度の益金の額から当該事業年度の損金の額を控除した金額をいう。

(8) 「更正」とは，法人税，住民税及び事業税等について，提出した納税申告書に記載された課税標準又は税額の計算が法令に従っていなかった場合やその他当該課税標準又は税額が税務署長又は地方公共団体の長の調査したところと異なる場合に，その調査により，当該納税申告書に係る課税標準又は税額を変更することをいう。

(9) 「修正申告」とは，法人税，住民税及び事業税等について，提出した納税申告書に納付すべきものとして記載した税額に不足額がある場合や提出した納税申告書に記載した純損失の金額が過大であった場合に，当該納税申告書に記載された課税標準又は税額を修正する納税申告書を税務署長又は地方公共団体の長に提出することにより，提出した納税申告書に係る課税標準又は税額を変更することをいう。なお，本会計基準において，更正及び修正申告を「更正等」という。

■ 会計処理

当事業年度の所得等に対する法人税，住民税及び事業税等

5　当事業年度の所得等に対する法人税，住民税及び事業税等（注）については，法令に従い算定した額（税務上の欠損金の繰戻しにより還付を請求する法人税額及び地方法人税額を含む。）を損益に計上する。

(1)　企業の純資産に対する持分所有者との直接的な取引のうち，損益に反映されないものに対して課される当事業年度の所得に対する法人税，住民税及び事業税等

(2)　資産又は負債の評価替えにより生じた評価差額等（企業会計基準第5号「貸借対照表の純資産の部の表示に関する会計基準」第8項に定める評価・換算差額等に区分されるものをいう。以下「評価差額等」という。）に対して課される当事業年度の所得に対する法人税，住民税及び事業税等

(注)「所得等に対する法人税，住民税及び事業税等」には，所得に対する法人税，地方法人税，住民税及び事業税（所得割）のほかに，住民税（均等割）及び事業税（付加価値割及び資本割）を含むものとする。

5－2　前項(1)及び(2)の当事業年度の所得に対する法人税，住民税及び事業税等については，次の区分に計上する。

(1)　前項(1)の当事業年度の所得に対する法人税，住民税及び事業税等については，純資産の部の株主資本の区分に計上する。具体的には，当該法人税，住民税及び事業税等を株主資本の対応する内訳項目から控除する。

(2)　前項(2)の当事業年度の所得に対する法人税，住民税及び事業税等については，個別財務諸表上，純資産の部の評価・換算差額等の区分に計上し，連結財務諸表上，その他の包括利益で認識した上で純資産の部のその他の包括利益累計額の区分に計上する。具体的には，当該法人税，住民税及び事業税等を，個別財務諸表上は評価・換算差額等の対応する内訳項目から控除し，連結財務諸表上はその他の包括利益の対応する内訳項目から控除する。

5－3　前2項の定めにかかわらず，次のいずれかの場合には，該当する法人税，住民税及び事業税等を損益に計上することができる。

(1)　第5項(1)又は(2)の法人税，住民税及び事業税等の金額に重要性が乏しい場合

(2)　課税の対象となった取引や事象（以下「取引等」という。）が，損益に加えて，第5－2項(1)又は(2)の区分に関連しており，かつ，第5項(1)又は(2)の法人税，住民税及び事業税等の金額を算定することが困難である場合

5－4　第5－2項に従って計上する法人税，住民税及び事業税等については，課税の対象となった取引等について，株主資本，評価・換算差額等又はその他の包括利益に計上した額に，課税の対象となる企業の対象期間における法定実効税率を乗じて算定する。この場合，第5項に従って損益に計上する法人税，住民税及

び事業税等の額は，法令に従い算定した額から，法定実効税率に基づいて算定した株主資本，評価・換算差額等又はその他の包括利益に計上する法人税，住民税及び事業税等の額を控除した額となる。

ただし，課税所得が生じていないことなどから法令に従い算定した額がゼロとなる場合に第5-2項に従って計上する法人税，住民税及び事業税等についてもゼロとするなど，他の合理的な計算方法により算定することができる。

5-5　第5-2項(2)に従って計上した法人税，住民税及び事業税等については，過年度に計上された資産又は負債の評価替えにより生じた評価差額等を損益に計上した時点で，これに対応する税額を損益に計上する。

更正等による追徴及び還付

6　過年度の所得等に対する法人税，住民税及び事業税等について，更正等により追加で徴収される可能性が高く，当該追徴税額を合理的に見積ることができる場合，企業会計基準第24号「会計方針の開示，会計上の変更及び誤謬の訂正に関する会計基準」（以下「企業会計基準第24号」という。）第4項(8)に定める誤謬に該当するときを除き，原則として，当該追徴税額を損益に計上する。なお，更正等による追徴に伴う延滞税，加算税，延滞金及び加算金については，当該追徴税額に含めて処理する。

7　過年度の所得等に対する法人税，住民税及び事業税等について，更正等により還付されることが確実に見込まれ，当該還付税額を合理的に見積ることができる場合，企業会計基準第24号第4項(8)に定める誤謬に該当するときを除き，当該還付税額を損益に計上する。

8　過年度の所得等に対する法人税，住民税及び事業税等について，更正等により追徴税額を納付したが，当該追徴の内容を不服として法的手段を取る場合において，還付されることが確実に見込まれ，当該還付税額

を合理的に見積ることができる場合，第7項と同様に，企業会計基準第24号第4項(8)に定める誤謬に該当するときを除き，当該還付税額を損益に計上する。

8-2　本会計基準第6項から第8項の定めに従って計上する過年度の所得に対する法人税，住民税及び事業税等のうち，本会計基準第5項に従って損益に計上されない法人税，住民税及び事業税等については，企業会計基準第24号第4項(8)に定める誤謬に該当する場合を除き，本会計基準第5-2項から第5-5項に準じて処理する。

■開　示

当事業年度の所得等に対する法人税，住民税及び事業税等

9　第5項，第5-3項及び第5-5項に基づき損益に計上する法人税，地方法人税，住民税及び事業税（所得割）は，損益計算書の税引前当期純利益（又は損失）の次に，法人税，住民税及び事業税などその内容を示す科目をもって表示する。

10　事業税（付加価値割及び資本割）は，原則として，損益計算書の販売費及び一般管理費として表示する。ただし，合理的な配分方法に基づきその一部を売上原価として表示することができる。

11　法人税，住民税及び事業税等のうち納付されていない税額は，貸借対照表の流動負債の区分に，未払法人税等などその内容を示す科目をもって表示する。

12　法人税，住民税及び事業税等の税額が，中間申告により納付された税額を下回る場合等により還付されるとき，当該還付税額のうち受領されていない税額は，貸借対照表の流動資産の区分に，未収還付法人税等などその内容を示す科目をもって表示する。

受取利息及び受取配当金等に課される源泉所得税

13　受取利息及び受取配当金等に課される源泉所得税の

うち法人税法等に基づき税額控除の適用を受けない税額は，損益計算書の営業外費用として表示する。ただし，当該金額の重要性が乏しい場合，法人税，地方法人税，住民税及び事業税（所得割）に含めて表示することができる（第9項参照）。

外国法人税

14 外国法人税のうち法人税法等に基づき税額控除の適用を受けない税額は，その内容に応じて適切な科目に表示する。なお，外国子会社（法人税法第23条の2）からの受取配当金等に課される外国源泉所得税のうち法人税法等に基づき税額控除の適用を受けない税額は，法人税，地方法人税，住民税及び事業税（所得割）に含めて表示する（第9項参照）。

更正等による追徴及び還付

15 第6項から第8項に基づき損益に計上する法人税，地方法人税，住民税及び事業税（所得割）の更正等による追徴税額及び還付税額は，法人税，地方法人税，住民税及び事業税（所得割）を表示した科目（第9項参照）の次に，その内容を示す科目をもって表示する。ただし，これらの金額の重要性が乏しい場合，法人税，地方法人税，住民税及び事業税（所得割）に含めて表示することができる（第9項参照）。

16 事業税（付加価値割及び資本割）の更正等による追徴税額及び還付税額は，原則として，損益計算書の販売費及び一般管理費として表示する。ただし，合理的な配分方法に基づきその一部を売上原価として表示することができる（第10項参照）。

17 法人税，住民税及び事業税等の更正等による追徴税額のうち納付されていない税額は，当事業年度の所得等に対する法人税，住民税及び事業税等のうち納付されていない税額に含めて表示する（第11項参照）。

18 法人税，住民税及び事業税等の更正等による還付税額のうち受領されていない税額は，当事業年度の所得

等に対する法人税，住民税及び事業税等の還付税額の
うち受領されていない税額に含めて表示する（第12項
参照）。

法人税、住民税及び事業税等に関する会計基準

税効果会計に係る会計基準

2018年 2 月16日
修正　2021年 8 月12日

■第一　税効果会計の目的

　税効果会計は，| 企業会計上 | の資産又は負債の額と
| 課税所得計算上 | の資産又は負債の額に | 相違 | があ
る場合において，| 法人税その他利益に関連する金額を
課税標準とする税金 |（以下「法人税等」という。）の
額を適切に | 期間配分 | することにより，法人税等を控
除する前の | 当期純利益 | と | 法人税等 | を合理的に
| 対応 | させることを目的とする手続である。（注1）

■第二　税効果会計に係る会計基準

一　一時差異等の認識

1　法人税等については，一時差異に係る税金の額を適
　切な会計期間に配分し，計上しなければならない。
2　一時差異とは，| 貸借対照表 | 及び | 連結貸借対照
　表 | に計上されている資産及び負債の金額と | 課税所
　得計算上 | の資産及び負債の金額との差額をいう。
　　一時差異とは，例えば，次のような場合に生ずる。
　(1)　財務諸表上の一時差異
　　①　収益又は費用の | 帰属年度 | が相違する場合
　　②　資産の評価替えにより生じた | 評価差額 | が直
　　　接純資産の部に計上され，かつ，| 課税所得 | の
　　　計算に含まれていない場合

> ※　「貸借対照表の純資産の部の表示に関する
> 　会計基準」の公表により，「資本の部」は
> 　「純資産の部」に変更されている。

　(2)　連結財務諸表固有の一時差異

① 資本連結に際し，子会社の資産及び負債の 時価評価 により 評価差額 が生じた場合

② 連結会社相互間の取引から生ずる 未実現損益 を消去した場合

③ 連結会社相互間の債権と債務の相殺消去により 貸倒引当金 を減額修正した場合

3 一時差異には，当該一時差異が 解消する ときにその期の 課税所得 を 減額 する効果を持つもの（以下「 将来減算一時差異 」という。）と，当該一時差異が 解消する ときにその期の 課税所得 を 増額 する効果を持つもの（以下「 将来加算一時差異 」という。）とがある。（注2）（注3）

4 将来の課税所得と 相殺可能 な 繰越欠損金等 については，一時差異と同様に取り扱うものとする（以下一時差異及び繰越欠損金等を総称して「一時差異等」という。）。

二 繰延税金資産及び繰延税金負債等の計上方法

1 一時差異等に係る税金の額は，将来の会計期間において回収又は支払が見込まれない税金の額を除き，繰延税金資産 又は 繰延税金負債 として計上しなければならない。 繰延税金資産 については，将来の回収の見込みについて毎期見直しを行わなければならない。（注4）（注5）

2 繰延税金資産 又は 繰延税金負債 の金額は，回収 又は 支払 が行われると見込まれる期の 税率 に基づいて計算するものとする。（注6）

3 繰延税金資産と繰延税金負債の差額を 期首 と 期末 で比較した 増減額 は，当期に納付すべき 法人税等の調整額 として計上しなければならない。

ただし，資産の評価替えにより生じた 評価差額 が直接純資産の部に計上される場合には，当該 評価差額 に係る 繰延税金資産 又は 繰延税金負債 を当該 評価差額 から 控除 して計上するものとす

る。また，資本連結に際し，子会社の資産及び負債の 時価評価 により生じた 評価差額 がある場合には，当該 評価差額 に係る 時価評価 時点の 繰延税金資産 又は 繰延税金負債 を当該 評価差額 から控除した額をもって，親会社の 投資額 と相殺の対象となる子会社の資本とするものとする。（注7）

4 連結財務諸表及び中間連結財務諸表の作成上，子会社の留保利益について，親会社に対して配当される可能性が高くその金額を合理的に見積もることができる場合には，将来，親会社が子会社からの受取配当金について負担することになる税金の額を見積計上し，これに対応する金額を繰延税金負債として計上しなければならない。

5 中間財務諸表及び中間連結財務諸表の作成上，法人税等は，中間会計期間を含む事業年度の法人税等の計算に適用される税率に基づき，年度決算と同様に税効果会計を適用して計算するものとする。ただし，中間会計期間を含む事業年度の税効果会計適用後の実効税率を合理的に見積もり，法人税等を控除する前の中間純利益に当該見積実効税率を乗じて計算することができる。

■第三 繰延税金資産及び繰延税金負債等の表示方法

1 繰延税金資産 は 投資その他の資産 の区分に表示し，繰延税金負債 は 固定負債 の区分に表示する。

2 同一納税主体の繰延税金資産と繰延税金負債は，双方を 相殺 して表示する。

異なる納税主体の繰延税金資産と繰延税金負債は、双方を相殺せずに表示する。

ただし，グループ通算制度を適用する場合の連結財務諸表における繰延税金資産と繰延税金負債の表示に

ついては，実務対応報告第42号「グループ通算制度を
適用する場合の会計処理及び開示に関する取扱い」第
27項に定める取扱いを適用する。

3　当期の法人税等として納付すべき額及び 法人税等
調整額 は，法人税等を控除する前の当期純利益から
控除する形式により，それぞれ 区分して表示 しな
ければならない。

■第四　注記事項

　財務諸表及び連結財務諸表については，次の事項を注
記しなければならない。

1　繰延税金資産及び繰延税金負債の発生原因別の主な
内訳（注8）（注9）

2　税引前当期純利益又は税金等調整前当期純利益に対
する法人税等（法人税等調整額を含む。）の比率と法
定実効税率との間に重要な差異があるときは，当該差
異の原因となった主要な項目別の内訳

3　税率の変更により繰延税金資産及び繰延税金負債の
金額が修正されたときは，その旨及び修正額

4　決算日後に税率の変更があった場合には，その内容
及びその影響

税効果会計に係る会計基準注解

（注1）法人税等の範囲

　法人税等には， 法人税 のほか， 都道府県民税 ，
市町村民税 及び利益に関連する金額を課税標準と
する 事業税 が含まれる。

（注2）将来減算一時差異について

　将来減算一時差異は，例えば，貸倒引当金，退職給
付引当金等の 引当金の損金算入限度超過額 ，
減価償却費の損金算入限度超過額 ， 損金に算入さ
れない 棚卸資産等に係る 評価損等 がある場合の

ほか，連結会社相互間の取引から生ずる 未実現利益 を消去した場合に生ずる。

（注3）将来加算一時差異について

　将来加算一時差異は，例えば，利益処分により租税特別措置法上の諸準備金等を計上した場合のほか，連結会社相互間の債権と債務の消去により 貸倒引当金 を減額した場合に生ずる。

（注4）繰延税金資産及び繰延税金負債の計上に係る重要性の原則の適用について

　 重要性が乏しい 一時差異等については，繰延税金資産及び繰延税金負債を 計上しないことができる 。

（注5）繰延税金資産の計上について

　 繰延税金資産 は， 将来減算一時差異 が解消されるときに 課税所得を減少 させ， 税金負担額を軽減 することができると認められる 範囲内で計上 するものとし，その 範囲を超える額 については 控除 しなければならない。

（注6）税率の変更があった場合の取扱いについて

　法人税等について 税率の変更 があった場合には，過年度に計上された繰延税金資産及び繰延税金負債を 新たな税率 に基づき 再計算 するものとする。

（注7）繰延税金資産及び繰延税金負債の金額を修正した場合の取扱いについて

　法人税等について税率の変更があったこと等により繰延税金資産及び繰延税金負債（資本連結に際し，子会社の資産及び負債の時価評価により生じた評価差額に係るものを含む。）の金額を修正した場合には，修正差額を法人税等調整額に加減して処理するものとする。ただし，資産の評価替えにより生じた評価差額が直接純資産の部に計上される場合において，当該評価差額に係る繰延税金資産及び繰延税金負債の金額を修正したときは，修正差額を評価差額に加減して処理するものとする。

（注8）　繰延税金資産の発生原因別の主な内訳における
　　　　評価性引当額の取扱いについて

(1)　繰延税金資産の発生原因別の主な内訳を注記する
にあたっては，繰延税金資産から控除された額
（ 評価性引当額 ）（注5に係るもの）を併せて記
載する。繰延税金資産の発生原因別の主な内訳とし
て税務上の繰越欠損金を記載している場合であって，
当該税務上の繰越欠損金の額が重要であるときは，
繰延税金資産から控除された額（評価性引当額）は，
税務上の繰越欠損金に係る評価性引当額と将来減算
一時差異等の合計に係る評価性引当額に区分して記
載する。

なお，将来減算一時差異等の合計に係る評価性引
当額の区分には，繰越外国税額控除や繰越可能な租
税特別措置法上の法人税額の特別控除等を含める。

(2)　繰延税金資産から控除された額（評価性引当額）
に重要な変動が生じている場合，当該変動の主な内
容を記載する。なお，連結財務諸表を作成している
場合，個別財務諸表において記載することを要しな
い。

（注9）　繰延税金資産の発生原因別の主な内訳として税
　　　　務上の繰越欠損金を記載している場合であって，当
　　　　該税務上の繰越欠損金の額が重要であるときの取扱
　　　　いについて

繰延税金資産の発生原因別の主な内訳として税務上
の繰越欠損金を記載している場合であって，当該税務
上の繰越欠損金の額が重要であるときは，次の事項を
記載する。なお，連結財務諸表を作成している場合，
個別財務諸表において記載することを要しない。

(1)　繰越期限別の税務上の繰越欠損金に係る次の金額

①　税務上の繰越欠損金の額に納税主体ごとの法定
実効税率を乗じた額

②　税務上の繰越欠損金に係る繰延税金資産から控

除された額（評価性引当額）
　③　税務上の繰越欠損金に係る繰延税金資産の額
(2)　税務上の繰越欠損金に係る重要な繰延税金資産を
　　計上している場合，当該繰延税金資産を回収可能と
　　判断した主な理由

㉔

企業結合に関する会計基準

最終改正　2019年1月16日
修正　2020年3月31日

■範　囲

3　企業結合に該当する取引には，共同支配企業の形成及び共通支配下の取引も含め本会計基準を適用する。

■用語の定義

4　「企業」とは，会社及び会社に準ずる事業体をいい，会社，組合その他これらに準ずる事業体（外国におけるこれらに相当するものを含む。）を指す。

5　「企業結合」とは，ある 企業 又はある企業を構成する 事業 と他の 企業 又は他の企業を構成する 事業 とが 1つの報告単位 に統合されることをいう。なお，複数の取引が1つの企業結合を構成している場合には，それらを一体として取り扱う。

6　「事業」とは，企業活動を行うために組織化され，有機的一体として機能する経営資源をいう。

7　「支配」とは，ある企業又は企業を構成する事業の活動から便益を享受するために，その企業又は事業の財務及び経営方針を左右する能力を有していることをいう。

8　「共同支配」とは，複数の独立した企業が契約等に基づき，ある企業を共同で支配することをいう。

9　「取得」とは，ある企業が他の企業又は企業を構成する事業に対する 支配を獲得 することをいう。

10　「取得企業」とは，ある企業又は企業を構成する事業を取得する企業をいい，当該取得される企業を「被取得企業」という。

11 「共同支配企業」とは，複数の独立した企業により共同で支配される企業をいい，「共同支配企業の形成」とは，複数の独立した企業が契約等に基づき，当該共同支配企業を形成する企業結合をいう。

12 「共同支配投資企業」とは，共同支配企業を共同で支配する企業をいう。

13 「結合当事企業」とは，企業結合に係る企業をいい，このうち，他の企業又は他の企業を構成する事業を受け入れて対価（現金等の財産や自社の株式）を支払う企業を「結合企業」，当該他の企業を「被結合企業」という。また，企業結合によって統合された1つの報告単位となる企業を「結合後企業」という。

14 「時価」とは，「公正な評価額」をいう。通常，それは観察可能な「市場価格」をいい，「市場価格」が観察できない場合には，「合理的に算定された価額」をいう。ただし，金融商品及びトレーディング目的で保有する棚卸資産については，算定日において市場参加者間で秩序ある取引が行われると想定した場合の，当該取引における資産の売却によって受け取る価格又は負債の移転のために支払う価格とする（企業会計基準第10号「金融商品に関する会計基準」（以下「金融商品会計基準」という。）第6項及び企業会計基準第9号「棚卸資産の評価に関する会計基準」第4項）。

15 「企業結合日」とは，被取得企業若しくは取得した事業に対する支配が取得企業に移転した日，又は結合当事企業の事業のすべて若しくは事実上すべてが統合された日をいい，企業結合日の属する事業年度を「企業結合年度」という。

16 「共通支配下の取引」とは，結合当事企業（又は事業）のすべてが，企業結合の前後で同一の株主により最終的に支配され，かつ，その支配が一時的ではない場合の企業結合をいう。親会社と子会社の合併及び子会社同士の合併は，共通支配下の取引に含まれる。

■取得の会計処理

17 　共同支配企業の形成 （第11項参照）及び 共通支配下の取引 （前項参照）以外の企業結合は 取得 となる。また，この場合における会計処理は，次項から第36項による（以下，次項から第33項による会計処理を「 パーチェス法 」という。）。

取得企業の決定方法

18 　取得とされた企業結合においては，いずれかの結合当事企業を取得企業として決定する。被取得企業の支配を獲得することとなる取得企業を決定するために，企業会計基準第22号「連結財務諸表に関する会計基準」（以下「連結会計基準」という。）の考え方を用いる。また，連結会計基準の考え方によってどの結合当事企業が取得企業となるかが明確ではない場合には，次項から第22項の要素を考慮して取得企業を決定する。

19 　主な対価の種類として，現金若しくは他の資産を引き渡す又は負債を引き受けることとなる企業結合の場合には，通常，当該現金若しくは他の資産を引き渡す又は負債を引き受ける企業（結合企業）が取得企業となる。

20 　主な対価の種類が株式（出資を含む。以下同じ。）である企業結合の場合には，通常，当該株式を交付する企業（結合企業）が取得企業となる。ただし，必ずしも株式を交付した企業が取得企業にならないとき（逆取得）もあるため，対価の種類が株式である場合の取得企業の決定にあたっては，次のような要素を総合的に勘案しなければならない。

⑴　総体としての株主が占める相対的な議決権比率の大きさ

　　ある結合当事企業の総体としての株主が，結合後企業の議決権比率のうち最も大きい割合を占める場

合には，通常，当該結合当事企業が取得企業となる。
なお，結合後企業の議決権比率を判断するにあたっ
ては，議決権の内容や潜在株式の存在についても考
慮しなければならない。

(2) 最も大きな議決権比率を有する株主の存在

結合当事企業の株主又は株主グループのうち，あ
る株主又は株主グループが，結合後企業の議決権を
過半には至らないものの最も大きな割合を有する場
合であって，当該株主又は株主グループ以外には重
要な議決権比率を有していないときには，通常，当
該株主又は株主グループのいた結合当事企業が取得
企業となる。

(3) 取締役等を選解任できる株主の存在

結合当事企業の株主又は株主グループのうち，あ
る株主又は株主グループが，結合後企業の取締役会
その他これに準ずる機関（重要な経営事項の意思決
定機関）の構成員の過半数を選任又は解任できる場
合には，通常，当該株主又は株主グループのいた結
合当事企業が取得企業となる。

(4) 取締役会等の構成

結合当事企業の役員若しくは従業員である者又は
これらであった者が，結合後企業の取締役会その他
これに準ずる機関（重要な経営事項の意思決定機関）
を事実上支配する場合には，通常，当該役員又は従
業員のいた結合当事企業が取得企業となる。

(5) 株式の交換条件

ある結合当事企業が他の結合当事企業の企業結合
前における株式の時価を超えるプレミアムを支払う
場合には，通常，当該プレミアムを支払った結合当
事企業が取得企業となる。

21 結合当事企業のうち，いずれかの企業の相対的な規
模（例えば，総資産額，売上高あるいは純利益）が著
しく大きい場合には，通常，当該相対的な規模が著し

く大きい結合当事企業が取得企業となる。

22 結合当事企業が3社以上である場合の取得企業の決定にあたっては，前項に加えて，いずれの企業がその企業結合を最初に提案したかについても考慮する。

取得原価の算定

基本原則

23 被取得企業又は取得した事業の 取得原価 は，原則として，取得の対価（支払対価）となる財の 企業結合日における時価 で算定する。支払対価が現金以外の資産の引渡し，負債の引受け又は株式の交付の場合には，支払対価となる財の時価と被取得企業又は取得した事業の時価のうち，より高い信頼性をもって測定可能な時価で算定する。

株式の交換の場合の算定方法

24 市場価格のある取得企業等の株式が取得の対価として交付される場合には，取得の対価となる財の時価は，原則として，企業結合日における株価を基礎にして算定する。

（注1）被取得企業の株式が交付された場合，取得の対価となる財の時価は，被取得企業の株主が結合後企業に対する実際の議決権比率と同じ比率を保有するのに必要な数の取得企業株式を，取得企業が交付したものとみなして算定する。株式移転により共同持株会社の株式が交付された場合も同様とする。

取得が複数の取引により達成された場合（段階取得）の会計処理

25 取得が複数の取引により達成された場合（以下「段階取得」という。）における被取得企業の取得原価の算定は，次のように行う。

(1) 個別財務諸表 上，支配を獲得するに至った個々の取引ごとの 原価の合計額 をもって，被取得企業の取得原価とする。

(2) 連結財務諸表 上，支配を獲得するに至った個々

の取引すべての 企業結合日における時価 をもっ
て，被取得企業の取得原価を算定する。なお，当該
被取得企業の取得原価と，支配を獲得するに至った
個々の取引ごとの原価の合計額（持分法適用関連会
社と企業結合した場合には，持分法による評価額）
との差額は，当期の 段階取得に係る損益 として
処理する。

取得関連費用の会計処理

26 取得関連費用（外部のアドバイザー等に支払った特
定の報酬・手数料等）は，発生した事業年度の費用と
して処理する。

条件付取得対価の会計処理

27 条件付取得対価の会計処理は，次のように行う。

(1) 将来の業績に依存する条件付取得対価

条件付取得対価が企業結合契約締結後の将来の業
績に依存する場合において，対価を追加的に交付す
る又は引き渡すときには，条件付取得対価の交付又
は引渡しが確実となり，その時価が合理的に決定可
能となった時点で，支払対価を取得原価として追加
的に認識するとともに，のれんを追加的に認識する
又は負ののれんを減額する。

また，条件付取得対価が企業結合契約締結後の将
来の業績に依存する場合において，対価の一部が返
還されるときには，条件付取得対価の返還が確実と
なり，その時価が合理的に決定可能となった時点で，
返還される対価の金額を取得原価から減額するとと
もに，のれんを減額する又は負ののれんを追加的に
認識する。

(注2) 条件付取得対価とは，企業結合契約において定
められるものであって，企業結合契約締結後の将来
の特定の事象又は取引の結果に依存して，企業結合
日後に追加的に交付される若しくは引き渡される又
は返還される取得対価をいう。

（注3）条件付取得対価が企業結合契約締結後の将来の業績に依存する場合とは，被取得企業又は取得した事業の企業結合契約締結後の特定事業年度における業績の水準に応じて，取得企業が対価を追加で交付する若しくは引き渡す又は対価の一部の返還を受ける条項がある場合等をいう。

（注4）追加的に認識する又は減額するのれん又は負ののれんは，企業結合日時点で認識又は減額されたものと仮定して計算し，追加認識又は減額する事業年度以前に対応する償却額及び減損損失額は損益として処理する。

(2) 特定の株式又は社債の市場価格に依存する条件付取得対価

　条件付取得対価が特定の株式又は社債の市場価格に依存する場合には，条件付取得対価の交付又は引渡しが確実となり，その時価が合理的に決定可能となった時点で，次の処理を行う。

① 追加で交付可能となった条件付取得対価を，その時点の時価に基づき認識する。

② 企業結合日現在で交付している株式又は社債をその時点の時価に修正し，当該修正により生じた社債プレミアムの減少額又はディスカウントの増加額を将来にわたって規則的に償却する。

（注5）条件付取得対価が特定の株式又は社債の市場価格に依存する場合とは，特定の株式又は社債の特定の日又は期間の市場価格に応じて当初合意した価額に維持するために，取得企業が追加で株式又は社債を交付する条項がある場合等をいう。

取得原価の配分方法

28 　取得原価 は，被取得企業 から受け入れた 資産 及び引き受けた 負債 のうち企業結合日時点において 識別可能 なもの（識別可能資産及び負債）の企業結合日時点の 時価 を基礎として，当該資産

及び負債に対して企業結合日以後1年以内に 配分 する。

（注6）企業結合日以後の決算において，配分が完了していなかった場合は，その時点で入手可能な合理的な情報等に基づき暫定的な会計処理を行い，その後追加的に入手した情報等に基づき配分額を確定させる。

　なお，暫定的な会計処理の確定が企業結合年度の翌年度に行われた場合には，企業結合年度に当該確定が行われたかのように会計処理を行う。企業結合年度の翌年度の連結財務諸表及び個別財務諸表（以下合わせて「財務諸表」という。）と併せて企業結合年度の財務諸表を表示するときには，当該企業結合年度の財務諸表に暫定的な会計処理の確定による取得原価の配分額の見直しを反映させる。

29　受け入れた資産に法律上の権利など分離して 譲渡可能 な 無形資産 が含まれる場合には，当該無形資産は 識別可能 なものとして取り扱う。

30　取得後に発生することが予測される特定の事象に対応した費用又は損失であって，その発生の可能性が取得の対価の算定に反映されている場合には，負債として認識する。当該負債は，原則として，固定負債として表示し，その主な内容及び金額を連結貸借対照表及び個別貸借対照表に注記する。

31　 取得原価 が，受け入れた資産及び引き受けた負債に配分された純額を上回る場合には，その超過額は のれん として次項に従い会計処理し，下回る場合には，その不足額は 負ののれん として第33項に従い会計処理する。

のれんの会計処理

32　 のれん は， 資産 に計上し， 20年以内 のその効果の及ぶ期間にわたって， 定額法 その他の合理的な方法により規則的に 償却 する。ただし，のれんの金額に重要性が乏しい場合には，当該のれん

が生じた事業年度の費用として処理することができる。

負ののれんの会計処理

33　負ののれんが生じると見込まれる場合には，次の処理を行う。ただし，負ののれんが生じると見込まれたときにおける取得原価が受け入れた資産及び引き受けた負債に配分された純額を下回る額に重要性が乏しい場合には，次の処理を行わずに，当該下回る額を当期の利益として処理することができる。

(1)　取得企業は，すべての識別可能資産及び負債（第30項の負債を含む。）が把握されているか，また，それらに対する取得原価の配分が適切に行われているかどうかを見直す。

(2)　(1)の見直しを行っても，なお取得原価が受け入れた資産及び引き受けた負債に配分された純額を下回り， 負ののれん が生じる場合には，当該 負ののれん が生じた事業年度の 利益 として処理する。

逆取得における個別財務諸表上の会計処理

吸収合併

34　消滅会社が取得企業となる場合，存続会社の個別財務諸表では，当該取得企業（消滅会社）の資産及び負債を合併直前の適正な 帳簿価額 により計上する。

現物出資又は吸収分割

35　現物出資会社又は吸収分割会社が取得企業となる場合（現物出資又は吸収分割による子会社化の形式をとる場合），取得企業の個別財務諸表では，移転した事業に係る株主資本相当額に基づいて，被取得企業株式の取得原価を算定する。

株式交換

36　完全子会社が取得企業となる場合，完全親会社の個別財務諸表では，当該完全子会社の株式交換直前における適正な帳簿価額による株主資本の額に基づいて，取得企業株式（完全子会社株式）の取得原価を算定す

る。

■共同支配企業の形成の会計処理

共同支配企業の形成の判定

37 ある企業結合を共同支配企業の形成と判定するため
には，共同支配投資企業となる企業が，複数の独立し
た企業から構成されていること及び共同支配となる契
約等を締結していることに加え，次の要件を満たして
いなければならない。

(1) 企業結合に際して支払われた対価のすべてが，原
則として，議決権のある株式であること

(2) 支配関係を示す一定の事実が存在しないこと

（注7）企業結合に際して支払われた対価のすべてが，
原則として，議決権のある株式であると認められる
ためには，同時に次の要件のすべてが満たされなけ
ればならない。

(1) 企業結合が単一の取引で行われるか，又は，原
則として，1事業年度内に取引が完了する。

(2) 交付株式の議決権の行使が制限されない。

(3) 企業結合日において対価が確定している。

(4) 交付株式の償還又は再取得の取決めがない。

(5) 株式の交換を事実上無効にするような結合当事
企業の株主の利益となる財務契約がない。

(6) 企業結合の合意成立日前1年以内に，当該企業
結合を目的として自己株式を受け入れていない。

（注8）次のいずれにも該当しない場合には，支配関係
を示す一定の事実が存在しないものとする。

(1) いずれかの結合当事企業の役員若しくは従業員
である者又はこれらであった者が，結合後企業の
取締役会その他これに準ずる機関（重要な経営事
項の意思決定機関）を事実上支配している。

(2) 重要な財務及び営業の方針決定を支配する契約
等により，結合当事企業のうち，いずれかの企業

が他の企業より有利な立場にある。

　　(3)　企業結合日後 2 年以内にいずれかの結合当事企
　　　　業が投資した大部分の事業を処分する予定がある。

共同支配企業の形成の会計処理

38　共同支配企業の形成において，共同支配企業は，共
　　同支配投資企業から移転する資産及び負債を，移転直
　　前に共同支配投資企業において付されていた適正な
　　　帳簿価額　により計上する。

39　共同支配企業の形成において，共同支配企業に事業
　　を移転した共同支配投資企業は次の会計処理を行う。

　　(1)　個別財務諸表上，当該共同支配投資企業が受け取っ
　　　　た共同支配企業に対する投資の取得原価は，移転し
　　　　た事業に係る　株主資本相当額　に基づいて算定す
　　　　る。

　　(2)　連結財務諸表上，共同支配投資企業は，共同支配
　　　　企業に対する投資について　持分法　を適用する。

■共通支配下の取引等の会計処理

40　企業集団内における企業結合である共通支配下の取
　　引及び非支配株主との取引（以下合わせて「共通支配
　　下の取引等」という。）は，次項から第46項の会計処
　　理を行う。

共通支配下の取引

個別財務諸表上の会計処理

41　共通支配下の取引により企業集団内を移転する資産
　　及び負債は，原則として，移転直前に付されていた適
　　正な　帳簿価額　により計上する。

（注 9 ）親会社と子会社が企業結合する場合において，
　　　　子会社の資産及び負債の帳簿価額を連結上修正して
　　　　いるときは，親会社が作成する個別財務諸表におい
　　　　ては，連結財務諸表上の金額である修正後の帳簿価
　　　　額（のれんを含む。）により計上する。

42　移転された資産及び負債の差額は，純資産として処

理する。

（注10）共通支配下の取引により子会社が法律上消滅する場合には，当該子会社に係る子会社株式（抱合せ株式）の適正な帳簿価額とこれに対応する増加資本との差額は，親会社の損益とする。

43 移転された資産及び負債の対価として交付された株式の取得原価は，当該資産及び負債の適正な 帳簿価額 に基づいて算定する。

連結財務諸表上の会計処理

44 共通支配下の取引は， 内部取引 としてすべて 消去 する。

非支配株主との取引

個別財務諸表上の会計処理

45 非支配株主から追加取得する子会社株式の取得原価は，追加取得時における当該株式の時価とその対価となる財の時価のうち，より高い信頼性をもって測定可能な時価で算定する。

（注11）対価となる財の時価は，第23項から第27項に準じて算定する。

連結財務諸表上の会計処理

46 非支配株主との取引については，連結会計基準における子会社株式の追加取得及び一部売却等の取扱い（連結会計基準第28項から第30項）に準じて処理する。

■開 示

のれんの表示

47 のれん は 無形固定資産 の区分に表示し， のれん の 当期償却額 は 販売費及び一般管理費 の区分に表示する。

負ののれんの表示

48 負ののれん は，原則として， 特別利益 に表示する。

注記事項

取得とされた企業結合の注記事項

49 企業結合年度において，取得とされた企業結合に係る重要な取引がある場合には，次の事項を注記する。なお，個々の企業結合については重要性は乏しいが，企業結合年度における複数の企業結合全体について重要性がある場合には，(1)，(3)及び(4)について企業結合全体で注記する。また，連結財務諸表における注記と個別財務諸表における注記が同じとなる場合には，個別財務諸表においては，連結財務諸表に当該注記がある旨の記載をもって代えることができる。

(1) 企業結合の概要

被取得企業の名称及び事業の内容，事業を取得した場合は相手企業の名称及び取得した事業の内容，企業結合を行った主な理由，企業結合日，企業結合の法的形式，結合後企業の名称，取得した議決権比率（段階取得の場合には，企業結合直前に所有していた議決権比率，企業結合日に追加取得した議決権比率及び取得後の議決権比率）及び取得企業を決定するに至った主な根拠

(2) 財務諸表に含まれている被取得企業又は取得した事業の業績の期間

(3) 取得原価の算定等に関する事項

① 被取得企業又は取得した事業の取得原価（段階取得については，第25項参照）及び対価の種類ごとの内訳。株式を交付した場合には，株式の種類別の交換比率及びその算定方法並びに交付又は交付予定の株式数

② 企業結合契約に定められた条件付取得対価の内容及びそれらの今後の会計処理方針

③ 段階取得において，連結財務諸表上，第25項(2)により処理された損益の金額

④ 主要な取得関連費用の内訳及び金額

(4) 取得原価の配分に関する事項

① 企業結合日に受け入れた資産及び引き受けた負債の額並びにその主な内訳
② 取得原価の大部分がのれん以外の無形資産に配分された場合には，のれん以外の無形資産に配分された金額及びその主要な種類別の内訳並びに全体及び主要な種類別の加重平均償却期間
③ 取得原価の配分が完了していない場合は，その旨及びその理由。
④ 発生したのれんの金額，発生原因，償却方法及び償却期間。負ののれんの場合には，負ののれんの金額及び発生原因
(5) 比較損益情報

当該企業結合が当期首に完了したと仮定したときの当期の連結損益計算書への影響の概算額及び当該概算額の算定方法並びに計算過程における重要な前提条件。ただし，当該影響額に重要性が乏しい場合は，注記を省略することができる。

取得企業が連結財務諸表を作成していない場合は，個別損益計算書への影響の概算額を，連結財務諸表を作成している場合に準じて注記する。

49－2 企業結合年度の翌年度において，暫定的な会計処理の確定に伴い，取得原価の当初配分額に重要な見直しがなされた場合には，当該見直しがなされた事業年度において，その見直しの内容及び金額を注記する。なお，連結財務諸表における注記と個別財務諸表における注記が同じとなる場合には，個別財務諸表においては，連結財務諸表に当該注記がある旨の記載をもって代えることができる。

連結財務諸表を作成しない場合の注記事項
（逆取得に係る注記）

50 逆取得となる企業結合において，当該取得企業の資産及び負債を企業結合直前の適正な帳簿価額により計上する方法を適用した場合で，連結財務諸表を作成し

ないときには，第49項の定めにかかわらず，第49項(1)
から(4)に準じた事項並びにパーチェス法を適用したと
した場合に個別貸借対照表及び個別損益計算書に及ぼ
す影響額を注記する。

　なお，当該注記は企業結合年度の翌年度以降におい
ても，影響額の重要性が乏しくなった場合を除き，継
続的に開示する。また，企業結合年度の翌年度以降に
連結財務諸表を作成することとなった場合には，影響
額の重要性が乏しくなった場合を除き，当該企業結合
を反映した連結財務諸表を作成する。

（段階取得に係る注記）

51　段階取得であって，連結財務諸表を作成しないとき
には，第49項の定めにかかわらず，次の事項を注記す
る。

　(1)　第49項に準じた事項（ただし，同項(3)③を除く。）

　(2)　個別財務諸表において，第25項(2)なお書きに準じ
て算定された差額

　(3)　第25項(2)に準じて被取得企業の取得原価を算定し
たとした場合における個別貸借対照表及び個別損益
計算書に及ぼす影響額

　なお，当該注記は企業結合年度の翌年度以降におい
ても，影響額の重要性が乏しくなった場合を除き，継
続的に開示する。また，企業結合年度の翌年度以降に
連結財務諸表を作成することとなった場合には，影響
額の重要性が乏しくなった場合を除き，当該差額を反
映した連結財務諸表を作成する。

共通支配下の取引等に係る注記事項

52　企業結合年度において，共通支配下の取引等に係る
重要な取引がある場合には，次の事項を注記する。な
お，個々の共通支配下の取引等については重要性が乏
しいが，企業結合年度における複数の共通支配下の取
引等全体では重要性がある場合には，当該企業結合全
体で注記する。また，連結財務諸表における注記と個

別財務諸表における注記が同じとなる場合には，個別
財務諸表においては，連結財務諸表に当該注記がある
旨の記載をもって代えることができる。

(1) 企業結合の概要

結合当事企業又は対象となった事業の名称及びその事業の内容，企業結合日，企業結合の法的形式，結合後企業の名称，取引の目的を含む取引の概要

(2) 実施した会計処理の概要

(3) 子会社株式を追加取得した場合には，以下の事項

① 取得原価の算定に関する事項

追加取得した子会社株式の取得原価及びその内訳。株式を交付した場合には，株式の種類別の交換比率及びその算定方法並びに交付又は交付予定の株式数。企業結合契約に定められた条件付取得対価の内容及びそれらの今後の会計処理方針

② （削除）

(4) 非支配株主との取引に係る親会社の持分変動に関する事項

非支配株主との取引によって増加又は減少した資本剰余金の主な変動要因及び金額。

なお，個別財務諸表においては当該注記を要しない。

子会社が親会社を吸収合併した場合で，子会社が連結財務諸表を作成しないときの注記事項

53 子会社が親会社を吸収合併した場合で，子会社が連結財務諸表を作成しないときには，親会社が子会社を吸収合併したものとした場合と比較した当該子会社の個別貸借対照表及び個別損益計算書に及ぼす影響額を注記する。

なお，当該注記は企業結合年度の翌年度以降においても，影響額の重要性が乏しくなった場合を除き，継続的に開示する。また，企業結合年度の翌年度以降に連結財務諸表を作成することとなった場合には，影響

額の重要性が乏しくなった場合を除き，当該企業結合時に親会社が子会社を吸収合併したものとした連結財務諸表を作成する。

共同支配投資企業における注記事項

54　共同支配投資企業は，企業結合年度において重要な共同支配企業の形成がある場合には，第52項(1)及び(2)に準じて注記を行う。このうち，第52項(1)の記載にあたっては，共同支配企業の形成と判定した理由を併せて注記する。

　なお，個々の共同支配企業の形成については重要性が乏しいが，企業結合年度における複数の共同支配企業の形成全体では重要性がある場合には，当該企業結合全体で注記する。また，連結財務諸表における注記と個別財務諸表における注記が同じとなる場合には，個別財務諸表においては，連結財務諸表に当該注記がある旨の記載をもって代えることができる。

重要な後発事象等の注記

55　貸借対照表日後に完了した企業結合や貸借対照表日後に主要条件が合意された企業結合が，重要な後発事象に該当する場合には，第49項から前項まで（ただし，第49項(2)，(4)③及び(5)），第50項，第51項並びに第53項を除く。）に準じて注記を行う。ただし，未確定の事項については注記を要しない。

　また，当事業年度中に企業結合の主要条件が合意されたが，貸借対照表日までに企業結合が完了していない場合（ただし，重要な後発事象に該当する場合を除く。）についても，これらに準じて注記を行う。

●●●●●●●●●● 事業分離等に関する会計基準 ●●●

最終改正　2013年 9 月13日
修正　2019年 1 月16日

■用語の定義

2 - 2 「企業」とは，会社及び会社に準ずる事業体を
いい，会社，組合その他これらに準ずる事業体（外国
におけるこれらに相当するものを含む。）を指す。

3 「事業」とは，企業活動を行うために組織化され，
有機的一体として機能する経営資源をいう。

4 「事業分離」とは，ある企業を構成する事業を他の
企業（新設される企業を含む。）に移転することをい
う。なお，複数の取引が 1 つの事業分離を構成してい
る場合には，それらを一体として取り扱う。

5 「分離元企業」とは，事業分離において，当該企業
を構成する事業を移転する企業をいう。

6 「分離先企業」とは，事業分離において，分離元企
業からその事業を受け入れる企業（新設される企業を
含む。）をいう。

7 「結合当事企業」とは，企業結合に係る企業をいい，
このうち，他の企業又は他の企業を構成する事業を受
け入れて対価（現金等の財産や自社の株式）を支払う
企業を「結合企業」，当該他の企業を「被結合企業」
という。また，企業結合によって統合された 1 つの報
告単位となる企業を「結合後企業」という。

8 「事業分離日」とは，分離元企業の事業が分離先企
業に移転されるべき日をいい，通常，事業分離を定め
る契約書等に記載され，会社分割の場合は分割期日，
事業譲渡の場合は譲渡期日となる。また，事業分離日
の属する事業年度を「事業分離年度」という。

■範　囲

9　本会計基準は，以下の会計処理を定める。

 (1)　事業分離における分離元企業の会計処理

 (2)　資産を移転し移転先の企業の株式を受け取る場合
  （事業分離に該当する場合を除く。）の移転元の企業
  の会計処理

 (3)　共同支配企業の形成及び共通支配下の取引以外の
  企業結合における結合当事企業の株主（被結合企業
  又は結合企業の株主）に係る会計処理

　　なお，分離元企業（分割会社）がある事業を分離
  先企業（承継会社又は新設会社）に移転し，移転に
  係る対価である当該承継会社又は新設会社の株式を
  事業分離日（分割期日）に直接，分割会社の株主に
  交付していると考えられる吸収分割又は新設分割
  （いわゆる「分割型の会社分割」）における当該分割
  会社の株主に係る会計処理も定める（第49項から第
  51項参照）。

　　また，株主が現金以外の財産（ただし，分割型の
  会社分割による新設会社又は承継会社の株式を除く。
  以下同じ。）の分配を受けた場合も，企業結合に該
  当しないが，本会計基準では，当該株主の会計処理
  も定めている（第52項参照）。

■分離元企業の会計処理

10　分離元企業は，事業分離日に，次のように会計処理
  する。

 (1)　移転した事業に関する投資が清算されたとみる場
  合には，その事業を分離先企業に移転したことによ
  り受け取った対価となる財の時価と，移転した事業
  に係る株主資本相当額（移転した事業に係る資産及
  び負債の移転直前の適正な帳簿価額による差額から，
  当該事業に係る評価・換算差額等及び新株予約権を

控除した額をいう。以下同じ。）との差額を移転損益として認識するとともに，改めて当該受取対価の時価にて投資を行ったものとする。

　現金など，移転した事業と明らかに異なる資産を対価として受け取る場合には，投資が清算されたとみなされる（第14項から第16項及び第23項参照）。ただし，事業分離後においても，分離元企業の継続的関与（分離元企業が，移転した事業又は分離先企業に対して，事業分離後も引き続き関与すること）があり，それが重要であることによって，移転した事業に係る成果の変動性を従来と同様に負っている場合には，投資が清算されたとみなされず，移転損益は認識されない。

(2)　移転した事業に関する投資がそのまま継続しているとみる場合，移転損益を認識せず，その事業を分離先企業に移転したことにより受け取る資産の取得原価は，移転した事業に係る株主資本相当額に基づいて算定するものとする。

　子会社株式や関連会社株式となる分離先企業の株式のみを対価として受け取る場合には，当該株式を通じて，移転した事業に関する事業投資を引き続き行っていると考えられることから，当該事業に関する投資が継続しているとみなされる（第17項から第22項参照）。

いずれの場合においても，分離元企業において，事業分離により移転した事業に係る資産及び負債の帳簿価額は，事業分離日の前日において一般に公正妥当と認められる企業会計の基準に準拠した適正な帳簿価額のうち，移転する事業に係る金額を合理的に区分して算定する。

11　事業分離に要した支出額は，発生時の事業年度の費用として処理する。

12　移転損益を認識する場合の受取対価となる財の時価

は，受取対価が現金以外の資産等の場合には，受取対価となる財の時価と移転した事業の時価のうち，より高い信頼性をもって測定可能な時価で算定する。

13 市場価格のある分離先企業の株式が受取対価とされる場合には，受取対価となる財の時価は，事業分離日の株価を基礎にして算定する。

受取対価が現金等の財産のみである場合の分離元企業の会計処理

子会社を分離先企業として行われた事業分離の場合

14 現金等の財産のみを受取対価とする事業分離において，子会社へ事業分離する場合，分離元企業（親会社）は次の処理を行う。

(1) 個別財務諸表上，共通支配下の取引として，分離元企業が受け取った現金等の財産は，移転前に付された適正な帳簿価額により計上する。この結果，当該価額と移転した事業に係る株主資本相当額との差額は，原則として，移転損益として認識する。

(2) 連結財務諸表上，移転損益は，企業会計基準第22号「連結財務諸表に関する会計基準」（以下「連結会計基準」という。）における未実現損益の消去に準じて処理する。

関連会社を分離先企業として行われた事業分離の場合

15 現金等の財産のみを受取対価とする事業分離において，関連会社へ事業分離する場合，分離元企業は次の処理を行う。

(1) 個別財務諸表上，分離元企業が受け取った現金等の財産は，原則として，時価により計上する。この結果，当該時価と移転した事業に係る株主資本相当額との差額は，原則として，移転損益として認識する。

(2) 連結財務諸表上，移転損益は，企業会計基準第16号「持分法に関する会計基準」（以下「持分法会計基準」という。）における未実現損益の消去に準じ

て処理する。

子会社や関連会社以外を分離先企業として行われた事業分離の場合

16　現金等の財産のみを受取対価とする事業分離において，子会社や関連会社以外へ事業分離する場合，分離元企業が受け取った現金等の財産は，原則として，時価により計上し，移転した事業に係る株主資本相当額との差額は，原則として，移転損益として認識する。

受取対価が分離先企業の株式のみである場合の分離元企業の会計処理

分離先企業が子会社となる場合

17　事業分離前に分離元企業は分離先企業の株式を有していないが，事業分離により分離先企業が新たに分離元企業の子会社となる場合，分離元企業（親会社）は次の処理を行う。

(1)　個別財務諸表上，| 移転損益 | は認識せず，当該分離元企業が受け取った分離先企業の株式（子会社株式）の | 取得原価 | は，移転した事業に係る | 株主資本相当額 | に基づいて算定する。

(2)　連結財務諸表上，分離元企業（親会社）の事業が移転されたとみなされる額と，移転した事業に係る分離元企業（親会社）の持分の減少額との間に生じる差額については，資本剰余金とする。

　　なお，分離元企業は，分離先企業を取得することとなるため，分離元企業の連結財務諸表上，パーチェス法を適用する。

18　事業分離前に分離元企業は分離先企業の株式を有しその他有価証券（売買目的有価証券の場合を含む。以下同じ。）又は関連会社株式としており，事業分離により分離先企業が新たに分離元企業の子会社となる場合，分離元企業（親会社）は次の処理を行う。

(1)　個別財務諸表上，前項(1)と同様に，移転損益は認識せず，当該分離元企業が追加的に受け取った分離

先企業の株式の取得原価は，移転した事業に係る株主資本相当額に基づいて算定する。

(2) 連結財務諸表上，分離元企業（親会社）の事業が移転されたとみなされる額と，移転した事業に係る分離元企業（親会社）の持分の減少額との間に生じる差額については，資本剰余金とする。

なお，分離元企業の連結財務諸表上，分離先企業を被取得企業としてパーチェス法を適用する際，分離先企業に対して投資したとみなされる額は，分離元企業が追加的に受け取った分離先企業の株式の取得原価（(1)参照）と事業分離前に有していた分離先企業の株式の支配獲得時（事業分離日）の時価との合計額とし，当該時価と，その適正な帳簿価額との差額（その他有価証券としていた場合）又はその持分法評価額との差額（関連会社株式としていた場合）は，当期の段階取得に係る損益として処理する。また，当該投資したとみなされる額と，これに対応する分離先企業の事業分離直前の資本との差額をのれん（又は負ののれん）とする。

19 事業分離前に分離元企業は分離先企業の株式を有し子会社株式としており，事業分離により分離先企業の株式（子会社株式）を追加取得した場合，分離元企業（親会社）は次の処理を行う。

(1) 個別財務諸表上，第17項(1)と同様に，移転損益は認識せず，当該分離元企業が追加取得した分離先企業の株式（子会社株式）の取得原価は，移転した事業に係る株主資本相当額に基づいて算定する。

(2) 連結財務諸表上，追加取得により，子会社に係る分離元企業（親会社）の持分の増加額（追加取得持分）と，移転した事業に係る分離元企業（親会社）の持分の減少額との間に生じる差額は，資本剰余金とする。

分離先企業が関連会社となる場合

20 事業分離前に分離元企業は分離先企業の株式を有していないが，事業分離により分離先企業が新たに分離元企業の関連会社となる場合（共同支配企業の形成の場合は含まれない。次項及び第22項において同じ。），分離元企業は次の処理を行う。

(1) 個別財務諸表上，|移転損益|は認識せず，当該分離元企業が受け取った分離先企業の株式（関連会社株式）の|取得原価|は，移転した事業に係る|株主資本相当額|に基づいて算定する。

(2) 連結財務諸表上，持分法適用において，関連会社に係る分離元企業の持分の増加額と，移転した事業に係る分離元企業の持分の減少額との間に生じる差額は，次のように処理する。

① 分離先企業に対して投資したとみなされる額と，これに対応する分離先企業の事業分離直前の資本（関連会社に係る分離元企業の持分の増加額）との間に生じる差額については，のれん（又は負ののれん）として処理する。

② 分離元企業の事業が移転されたとみなされる額と，移転した事業に係る分離元企業の持分の減少額との間に生じる差額については，持分変動差額として取り扱う。

ただし，①と②のいずれかの金額に重要性が乏しいと考えられる場合には，重要性のある他の金額に含めて処理することができる（次項及び第22項において同じ。）。

21 事業分離前に分離元企業は分離先企業の株式を有しその他有価証券としており，事業分離により分離先企業が新たに分離元企業の関連会社となる場合，分離元企業は次の処理を行う。

(1) 個別財務諸表上，前項(1)と同様に，移転損益は認識せず，当該分離元企業が追加取得した分離先企業の株式の取得原価は，移転した事業に係る株主資本

相当額に基づいて算定する。

(2) 連結財務諸表上，持分法適用において，次のよう
にのれん（又は負ののれん）と持分変動差額を処理
する。

① 分離先企業の株式を受け取った取引ごとに分離
先企業に対して投資したとみなされる額の合計と，
その取引ごとに対応する分離先企業の資本の合計
との間に生じる差額については，のれん（又は負
ののれん）として処理する。

② 分離元企業の事業が移転されたとみなされる額
と，移転した事業に係る分離元企業の持分の減少
額との間に生じる差額については，持分変動差額
として取り扱う。

22 事業分離前に分離元企業は分離先企業の株式を有し
関連会社株式としており，事業分離により分離先企業
の株式（関連会社株式）を追加取得した場合，分離元
企業は次の処理を行う。

(1) 個別財務諸表上，第20項(1)と同様に，移転損益は
認識せず，当該分離元企業が追加取得した分離先企
業の株式（関連会社株式）の取得原価は，移転した
事業に係る株主資本相当額に基づいて算定する。

(2) 連結財務諸表上，持分法適用において，追加取得
により，関連会社に係る分離元企業の持分の増加額
（追加取得持分）と，移転した事業に係る分離元企
業の持分の減少額との間に生じる差額は，次のよう
に処理する。

① 分離先企業に対して追加投資したとみなされる
額と，これに対応する分離先企業の事業分離直前
の資本（追加取得持分）との間に生じる差額につ
いては，のれん（又は負ののれん）として処理す
る。

② 分離元企業の事業が移転されたとみなされる額
と，移転した事業に係る分離元企業の持分の減少

額との間に生じる差額については，持分変動差額
として取り扱う。

分離先企業が子会社や関連会社以外となる場合

23　分離先企業の株式のみを受取対価とする事業分離に
より分離先企業が子会社や関連会社以外となる場合
（共同支配企業の形成の場合を除く。），分離元企業の
個別財務諸表上，原則として，移転損益 が認識され
る。また，分離先企業の株式の 取得原価 は，移転
した事業に係る時価又は当該分離先企業の株式の時価
のうち，より高い信頼性をもって測定可能な 時価
に基づいて算定される。

受取対価が現金等の財産と分離先企業の株式である場合
の分離元企業の会計処理

分離先企業が子会社となる場合

24　現金等の財産と分離先企業の株式を受取対価とする
事業分離において，分離先企業が子会社となる場合や
子会社へ事業分離する場合，分離元企業は次の処理を
行う。

(1)　個別財務諸表上，共通支配下の取引又はこれに準
ずる取引として，分離元企業が受け取った現金等の
財産は，移転前に付された適正な帳簿価額により計
上する。この結果，当該価額が移転した事業に係る
株主資本相当額を上回る場合には，原則として，当
該差額を移転利益として認識（受け取った分離先企
業の株式の取得原価はゼロとする。）し，下回る場
合には，当該差額を受け取った分離先企業の株式の
取得原価とする。

(2)　連結財務諸表上，移転利益は，連結会計基準にお
ける未実現損益の消去に準じて処理する。また，子
会社に係る分離元企業の持分の増加額と，移転した
事業に係る分離元企業の持分の減少額との間に生じ
る差額は，第17項から第19項に準じ，資本剰余金と
する。

なお，事業分離前に分離先企業の株式をその他有価証券又は関連会社株式として保有していた場合には，当該分離先企業の株式は，事業分離日における時価をもって受け取った分離先企業の株式の取得原価に加算し，その時価と適正な帳簿価額との差額は当期の段階取得に係る損益として認識する。

分離先企業が関連会社となる場合

25　現金等の財産と分離先企業の株式を受取対価とする事業分離において，分離先企業が関連会社となる場合や関連会社へ事業分離する場合，分離元企業は次の処理を行う。

　(1)　個別財務諸表上，分離元企業で受け取った現金等の財産は，原則として，時価により計上する。この結果，当該時価が移転した事業に係る株主資本相当額を上回る場合には，原則として，当該差額を移転利益として認識（受け取った分離先企業の株式の取得原価はゼロとする。）し，下回る場合には，当該差額を受け取った分離先企業の株式の取得原価とする。

　(2)　連結財務諸表上，移転利益は，持分法会計基準における未実現損益の消去に準じて処理する。また，関連会社に係る分離元企業の持分の増加額と，移転した事業に係る分離元企業の持分の減少額との間に生じる差額は，第20項から第22項に準じ，原則として，のれん（又は負ののれん）と持分変動差額に区分して処理する。

分離先企業が子会社や関連会社以外となる場合

26　現金等の財産と分離先企業の株式を受取対価とする事業分離により，分離先企業が子会社や関連会社以外となる場合には，分離先企業の株式のみを受取対価とする場合における分離元企業の会計処理（第23項参照）に準じて行う。

開示

損益計算書における表示

27 　移転損益 は，原則として，特別損益 に計上する。

注記事項

（事業分離の注記事項）

28 　事業分離年度において，共通支配下の取引や共同支配企業の形成に該当しない重要な事業分離を行った場合，分離元企業は次の事項を注記する。なお，個々の取引については重要性が乏しいが，事業分離年度における取引全体について重要性がある場合には，(1)及び(2)について，当該取引全体で注記する。また，連結財務諸表における注記と個別財務諸表における注記が同じとなる場合には，個別財務諸表においては，連結財務諸表に当該注記がある旨の記載をもって代えることができる。

(1) 　事業分離の概要
　　　分離先企業の名称，分離した事業の内容，事業分離を行った主な理由，事業分離日及び法的形式を含む取引の概要

(2) 　実施した会計処理の概要（第18項(2)なお書き及び第24項(2)なお書きにより認識された損益の金額を含む。）

(3) 　セグメント情報の開示において，当該分離した事業が含まれていた区分の名称

(4) 　当期の損益計算書に計上されている分離した事業に係る損益の概算額

(5) 　分離先企業の株式を子会社株式又は関連会社株式として保有すること以外で分離元企業の継続的関与があるにもかかわらず，移転損益を認識した場合，当該継続的関与の主な概要。ただし，軽微なものについては注記を省略することができる。

29 　（削 除）

（重要な後発事象等の注記事項）

30 分離元企業は，貸借対照表日後に完了した事業分離や貸借対照表日後に主要条件が合意された事業分離が，重要な後発事象に該当する場合には，第28項（ただし，貸借対照表日後に主要条件が合意された事業分離にあっては，(1)及び(3)に限る。）に準じて注記を行う。

また，当事業年度中に事業分離の主要条件が合意されたが，貸借対照表日までに事業分離が完了していない場合（ただし，重要な後発事象に該当する場合を除く。）についても，第28項(1)及び(3)に準じて注記を行う。

■資産の現物出資等における移転元の企業の会計処理

31 資産を移転し移転先の企業の株式を受け取る場合（事業分離に該当する場合を除く。）において，移転元の企業の会計処理は，事業分離における分離元企業の会計処理に準じて行う。

■結合当事企業の株主に係る会計処理

被結合企業の株主に係る会計処理

32 被結合企業の株主は，企業結合日に，次のように会計処理する。

(1) 被結合企業に関する投資が清算されたとみる場合には，被結合企業の株式と引き換えに受け取った対価となる財の時価と，被結合企業の株式に係る企業結合直前の適正な帳簿価額との差額を交換損益として認識するとともに，改めて当該受取対価の時価にて投資を行ったものとする。

現金など，被結合企業の株式と明らかに異なる資産を対価として受け取る場合には，投資が清算されたとみなされる（第35項から第37項及び第41項参照）。ただし，企業結合後においても，被結合企業の株主の継続的関与（被結合企業の株主が，結合後企業に対して，企業結合後も引き続き関与すること）があ

り，それが重要であることによって，交換した株式に係る成果の変動性を従来と同様に負っている場合には，投資が清算されたとみなされず，交換損益は認識されない。

(2) 被結合企業に関する投資がそのまま継続しているとみる場合，交換損益を認識せず，被結合企業の株式と引き換えに受け取る資産の取得原価は，被結合企業の株式に係る適正な帳簿価額に基づいて算定するものとする。

被結合企業が子会社や関連会社の場合において，当該被結合企業の株主が，子会社株式や関連会社株式となる結合企業の株式のみを対価として受け取る場合には，当該引き換えられた結合企業の株式を通じて，被結合企業（子会社や関連会社）に関する事業投資を引き続き行っていると考えられることから，当該被結合企業に関する投資が継続しているとみなされる（第38項から第40項及び第42項から第44項参照）。

33 交換損益を認識する場合の受取対価となる財の時価は，受取対価が現金以外の資産等の場合には，受取対価となる財の時価と引き換えた被結合企業の株式の時価のうち，より高い信頼性をもって測定可能な時価で算定する。

34 市場価格のある結合企業の株式が受取対価とされる場合には，受取対価となる財の時価は，企業結合日の株価を基礎にして算定する。

受取対価が現金等の財産のみである場合の被結合企業の株主に係る会計処理

子会社を被結合企業とした企業結合の場合

35 子会社を被結合企業とする企業結合により，子会社株式である被結合企業の株式が現金等の財産のみと引き換えられた場合，当該被結合企業の株主（親会社）に係る会計処理は，事業分離における分離元企業の会

計処理（第14項から第16項参照）に準じて行う。

関連会社を被結合企業とした企業結合の場合

36. 関連会社を被結合企業とする企業結合により，関連会社株式である被結合企業の株式が現金等の財産のみと引き換えられた場合，被結合企業の株主は次の処理を行う。

(1) 個別財務諸表上，被結合企業の株主が受け取った現金等の財産は，原則として，時価により計上する。この結果，当該時価と引き換えられた被結合企業の株式の適正な帳簿価額との差額は，原則として，交換損益として認識する。

(2) 被結合企業の株主の子会社又は他の関連会社を結合企業とする場合，連結財務諸表上，交換損益は，連結会計基準及び持分法会計基準における未実現損益の消去に準じて処理する。

子会社や関連会社以外の投資先を被結合企業とした企業結合の場合

37 子会社や関連会社以外の投資先を被結合企業とする企業結合により，子会社株式や関連会社株式以外の被結合企業の株式が，現金等の財産のみと引き換えられた場合，被結合企業の株主は次の処理を行う。

(1) 個別財務諸表上，被結合企業の株主が受け取った現金等の財産は，原則として，時価により計上する。この結果，当該時価と引き換えられた被結合企業の株式の適正な帳簿価額との差額は，原則として，交換損益として認識する。

(2) 被結合企業の株主の子会社又は関連会社を結合企業とする場合，連結財務諸表上，交換損益は，連結会計基準及び持分法会計基準における未実現損益の消去に準じて処理する。

受取対価が結合企業の株式のみである場合の被結合企業の株主に係る会計処理

子会社を被結合企業とした企業結合の場合

（被結合企業の株主（親会社）の持分比率が減少する場合）

38 子会社を被結合企業とする企業結合により，子会社株式である被結合企業の株式が結合企業の株式のみと引き換えられ，当該被結合企業の株主（親会社）の持分比率が減少する場合，当該被結合企業の株主（親会社）に係る会計処理は，事業分離における分離元企業の会計処理（第17項から第23項参照）に準じて行う。

（被結合企業の株主（親会社）の持分比率が増加する場合）

39 子会社を被結合企業とする企業結合により，子会社株式である被結合企業の株式が結合企業の株式のみと引き換えられ，企業結合前に，被結合企業の株主が被結合企業の株式（子会社株式）に加え結合企業の株式（子会社株式）も有していることから，当該被結合企業の株主としての持分比率が増加（結合企業の株主としての持分比率は減少）する場合，当該被結合企業の株主としての持分の増加については，追加取得に準じて処理し，当該結合企業の株主としての持分の減少については，第17項における分離元企業の会計処理に準じて行う。

関連会社を被結合企業とした企業結合の場合

（被結合企業の株主の持分比率が減少する場合）

40 関連会社を被結合企業とする企業結合により，関連会社株式である被結合企業の株式が結合企業の株式のみと引き換えられ，当該被結合企業の株主の持分比率は減少するが，結合後企業が引き続き当該被結合企業の株主の関連会社である場合（関連会社株式から関連会社株式），被結合企業の株主は次の処理を行う。

(1) 個別財務諸表上，交換損益は認識せず，結合後企業の株式（関連会社株式）の取得原価は，引き換えられた被結合企業の株式（関連会社株式）に係る企業結合直前の適正な帳簿価額に基づいて算定する。

(2) 連結財務諸表上，持分法適用において，関連会社となる結合後企業に係る被結合企業の株主の持分の増加額と，従来の被結合企業に係る被結合企業の株主の持分の減少額との間に生じる差額は，次のように処理する。

① 被結合企業に対する持分が交換されたとみなされる額と，これに対応する企業結合直前の結合企業の資本（関連会社となる結合後企業に係る被結合企業の株主の持分の増加額）との間に生じる差額については，のれん（又は負ののれん）として処理する。

② 被結合企業の株式が交換されたとみなされる額と，従来の被結合企業に係る被結合企業の株主の持分の減少額との間に生じる差額については，持分変動差額として取り扱う。

ただし，①と②のいずれかの金額に重要性が乏しいと考えられる場合には，重要性のある他の金額に含めて処理することができる。

41 関連会社を被結合企業とする企業結合により，関連会社株式である被結合企業の株式が結合企業の株式のみと引き換えられ，当該被結合企業の株主の持分比率が減少し，結合後企業が当該被結合企業の株主の関連会社に該当しないこととなる場合（関連会社株式からその他有価証券），被結合企業の株主は次の処理を行う。

(1) 個別財務諸表上，原則として，交換損益を認識する。結合後企業の株式の取得原価は，当該結合後企業の株式の時価又は被結合企業の株式の時価のうち，より高い信頼性をもって測定可能な時価に基づいて算定される。

(2) 連結財務諸表上，これまで関連会社としていた被結合企業の株式は，個別貸借対照表上の帳簿価額をもって評価する。

（被結合企業の株主の持分比率が増加する場合）

42 関連会社を被結合企業とする企業結合により，関連会社株式である被結合企業の株式が結合企業の株式のみと引き換えられ，企業結合前に，被結合企業の株主が被結合企業の株式（関連会社株式）に加え結合企業の株式（子会社株式又は関連会社株式）も有していることから，当該被結合企業の株主としての持分比率が増加（結合企業の株主としての持分比率は減少）する場合，当該被結合企業の株主としての持分の増加については，追加取得に準じて処理する。

また，当該結合企業の株主としての持分の減少については，結合後企業が子会社となる場合には，第17項における分離元企業の会計処理に準じて行い，結合後企業が関連会社となる場合には，関連会社の時価発行増資等における投資会社の会計処理に準じて行う。

子会社や関連会社以外の投資先を被結合企業とした企業結合の場合

（結合後企業が子会社や関連会社以外の投資先となる場合）

43 子会社や関連会社以外の投資先を被結合企業とする企業結合により，子会社株式や関連会社株式以外の被結合企業の株式が結合企業の株式のみと引き換えられ，結合後企業が引き続き，当該株主の子会社や関連会社に該当しない場合（その他有価証券からその他有価証券），被結合企業の株主の個別財務諸表上，交換損益は認識されず，結合後企業の株式の取得原価は，引き換えられた被結合企業の株式に係る企業結合直前の適正な帳簿価額に基づいて算定する。

（結合後企業が子会社や関連会社となる場合）

44 子会社や関連会社以外の投資先を被結合企業とする企業結合により，子会社株式や関連会社株式以外の被結合企業の株式が結合企業の株式のみと引き換えられ，企業結合前に，被結合企業の株主が被結合企業の株式

に加え結合企業の株式（子会社株式又は関連会社株式）も有していることから，当該被結合企業の株主としての持分比率が増加（結合企業の株主としての持分比率は減少）し，結合後企業は当該株主の子会社又は関連会社となる場合（その他有価証券から子会社株式又は関連会社株式），当該被結合企業の株主としての持分の増加については，段階取得に準じて処理する。

また，当該結合企業の株主としての持分の減少については，結合後企業が子会社となる場合には，第17項における分離元企業の会計処理に準じて行い，結合後企業が関連会社となる場合には，関連会社の時価発行増資等における投資会社の会計処理に準じて行う。

受取対価が現金等の財産と結合企業の株式である場合の被結合企業の株主に係る会計処理

子会社を被結合企業とした企業結合の場合

45 子会社を被結合企業とする企業結合により，子会社株式である被結合企業の株式が，現金等の財産と結合企業の株式とに引き換えられ，当該被結合企業の株主（親会社）の持分比率が減少する場合，当該被結合企業の株主（親会社）に係る会計処理は，事業分離における分離元企業の会計処理（第24項から第26項参照）に準じて行う。

なお，企業結合前に，被結合企業の株主が被結合企業の株式（子会社株式）に加え結合企業の株式（子会社株式）も有していることから，当該被結合企業の株主としての持分比率が増加（結合企業の株主としての持分比率は減少）する場合，第39項に準じて処理する。また，連結財務諸表上，交換利益は，連結会計基準における未実現損益の消去に準じて処理する。

関連会社を被結合企業とした企業結合の場合

46 関連会社を被結合企業とする企業結合により，関連会社株式である被結合企業の株式が，現金等の財産と結合企業の株式とに引き換えられ，当該被結合企業の

株主の持分比率は減少するが，結合後企業が引き続き当該被結合企業の株主の関連会社である場合（関連会社株式から関連会社株式），被結合企業の株主は次の処理を行う。

(1) 個別財務諸表上，被結合企業の株主が受け取った現金等の財産は，原則として，時価により計上する。この結果，当該時価が引き換えられた被結合企業の株式に係る適正な帳簿価額を上回る場合には，原則として，当該差額を交換利益として認識（受け取った結合企業の株式の取得原価はゼロとする。）し，下回る場合には，当該差額を受け取った結合企業の株式の取得原価とする。

(2) 連結財務諸表上，持分法適用において，交換利益は，持分法会計基準における未実現損益の消去に準じて処理する。また，関連会社となる結合後企業に係る被結合企業の株主の持分の増加額と，従来の被結合企業に係る被結合企業の株主の持分の減少額との間に生じる差額は，第40項(2)に準じ，原則として，のれん（又は負ののれん）と持分変動差額に区分して処理する。

なお，企業結合前に，被結合企業の株主が被結合企業の株式（関連会社株式）に加え結合企業の株式（子会社株式又は関連会社株式）も有していることから，当該被結合企業の株主としての持分比率が増加（結合企業の株主としての持分比率は減少）する場合，第42項に準じて処理する。

また，結合後企業が子会社や関連会社に該当しないこととなる場合には，第36項及び第41項に準じて処理する。

子会社や関連会社以外の投資先を被結合企業とした企業結合の場合

47 子会社や関連会社以外の投資先を被結合企業とする企業結合により，子会社株式や関連会社株式以外の被

結合企業の株式が，現金等の財産と結合企業の株式とに引き換えられた場合，被結合企業の株主は，企業会計基準第10号「金融商品に関する会計基準」（以下「金融商品会計基準」という。）に準じて処理する。

　なお，企業結合前に，被結合企業の株主が被結合企業の株式に加え結合企業の株式（子会社株式又は関連会社株式）も有していることから，当該被結合企業の株主としての持分比率が増加（結合企業の株主としての持分比率は減少）し，結合後企業は当該株主の子会社又は関連会社となる場合（その他有価証券から子会社株式又は関連会社株式），第44項に準じて処理する。また，連結財務諸表上，交換損益は，連結会計基準及び持分法会計基準における未実現損益の消去に準じて処理する。

結合企業の株主に係る会計処理

48　結合企業の株主は，次の処理を行う。

(1)　企業結合により結合企業の株主の持分比率が減少する場合

　　①　子会社を結合企業とする企業結合により，当該結合企業の株主の持分比率が減少する場合，子会社を被結合企業とする企業結合における被結合企業の株主の会計処理（第38項参照）に準じて処理する。また，関連会社を結合企業とする企業結合により，当該結合企業の株主の持分比率が減少する場合，関連会社を被結合企業とする企業結合における被結合企業の株主の会計処理（第40項及び第41項参照）に準じて処理する（結合企業の株主が被結合企業の株式も有しており，結合後企業は当該株主の子会社又は関連会社となる場合については，第39項，第42項及び第44項参照）。

　　②　子会社や関連会社以外の投資先を結合企業とする企業結合により，当該結合企業の株主の持分比率が減少する場合（その他有価証券からその他有

価証券），結合企業の株主は何も会計処理しない。

(2) 企業結合により結合企業の株主の持分比率が増加
する場合

① 企業結合前に，結合企業の株主が結合企業の株
式に加え被結合企業の株式（子会社株式又は関連
会社株式）も有していることから，当該結合企業
の株主としての持分比率が増加（被結合企業の株
主としての持分比率は減少）し，結合後企業は当
該株主の子会社又は関連会社となる場合，有して
いる被結合企業の株式が子会社株式であるときに
は第38項，有している被結合企業の株式が関連会
社株式であるときには第40項による。

② 企業結合前に，結合企業の株主が結合企業の株
式に加え被結合企業の株式（その他有価証券）も
有していることから，当該結合企業の株主として
の持分比率が増加（被結合企業の株主としての持
分比率は減少）するが，結合後企業が引き続き子
会社や関連会社以外の投資先である場合（その他
有価証券からその他有価証券），結合企業の株主
は何も会計処理しない。

**分割型の会社分割における分割会社の株主に係る会計処
理**

**受取対価が新設会社又は承継会社の株式のみである場合
の分割会社の株主に係る会計処理**

49 分割型の会社分割により分割会社の株主が新設会社
又は承継会社の株式のみを受け取った場合，当該分割
会社の株主は，これまで保有していた分割会社の株式
の全部又は一部と実質的に引き換えられたものとみな
して，被結合企業の株主に係る会計処理（第38項から
第44項参照）に準じて処理する。

50 前項（次項の場合を含む。）を適用するにあたって
は，被結合企業の株主に係る会計処理における被結合
企業の株式に係る企業結合直前の適正な帳簿価額に代

えて，分割した部分に係る分割会社の株式の適正な帳簿価額を用いる。これは，分割直前の分割会社の株式の適正な帳簿価額のうち，引き換えられたものとみなされる部分を合理的な方法によって按分し算定する。

受取対価が現金等の財産と新設会社又は承継会社の株式である場合の分割会社の株主に係る会計処理

51　分割型の会社分割により分割会社の株主が現金等の財産と新設会社又は承継会社の株式を受け取った場合，当該分割会社の株主は，これまで保有していた分割会社の株式の全部又は一部と実質的に引き換えられたものとみなして，被結合企業の株主に係る会計処理（第45項から第47項参照）に準じて処理する。

現金以外の財産の分配を受けた場合の株主に係る会計処理

52　株主が現金以外の財産の分配を受けた場合，企業結合に該当しないが，当該株主は，原則として，これまで保有していた株式と実質的に引き換えられたものとみなして，被結合企業の株主に係る会計処理（第35項から第37項参照）に準じて処理する。

　この際，これまで保有していた株式のうち実質的に引き換えられたものとみなされる額は，分配を受ける直前の当該株式の適正な帳簿価額を合理的な方法によって按分し算定する。

開　示

損益計算書における表示

53　交換損益は，原則として，特別損益に計上する。

注記事項

（子会社を結合当事企業とする株主（親会社）の注記事項）

54　子会社を結合当事企業とする株主（親会社）は，結合当事企業（子会社）の企業結合により，子会社に該当しなくなった場合には，当該企業結合日の属する連結会計年度において，連結財務諸表上，当該企業結合

に関する次の事項を注記する。

　　ただし，重要性が乏しい取引については，注記を省略することができるものとし，個々の取引については重要性が乏しいが，連結会計年度における取引全体について重要性がある場合には，⑴及び⑵を当該取引全体で注記する。

⑴　子会社が行った企業結合の概要

　　各結合当事企業の名称，その事業の内容，企業結合を行った主な理由，企業結合日及び法的形式を含む取引の概要

⑵　実施した会計処理の概要（第44項に定める段階取得に準じた処理の結果認識された損益の金額を含む。）

⑶　セグメント情報の開示において，当該結合当事企業が含まれていた区分の名称

⑷　当期の連結損益計算書に計上されている結合当事企業に係る損益の概算額

⑸　結合後企業の株式を関連会社株式として保有すること以外で結合当事企業の株主の継続的関与があるにもかかわらず，交換損益を認識した場合，当該継続的関与の主な概要。ただし，軽微なものについては注記を省略することができる。

55　（削　除）

（重要な後発事象等の注記事項）

56　子会社を結合当事企業とする株主（親会社）は，貸借対照表日後に完了した企業結合や貸借対照表日後に主要条件が合意された企業結合が，重要な後発事象に該当する場合には，第54項（ただし，貸借対照表日後に主要条件が合意された企業結合にあっては，⑴及び⑶に限る。）に準じて注記を行う。

　　また，当事業年度中に企業結合の主要条件が合意されたが，貸借対照表日までに企業結合が完了していない場合（ただし，重要な後発事象に該当する場合を除

く。）についても，第54項(1)及び(3)に準じて注記を行
う。

㉖

連結財務諸表に関する会計基準

最終改正　2013年 9 月13日
修正　2020年 3 月31日

■ 範　囲

4　本会計基準は，連結財務諸表を作成することとなる場合に適用する。

用語の定義

5　「企業」とは，会社及び会社に準ずる事業体をいい，会社，組合その他これらに準ずる事業体（外国におけるこれらに相当するものを含む。）を指す。

6　「 親会社 」とは，他の企業の財務及び営業又は事業の方針を決定する機関（株主総会その他これに準ずる機関をいう。以下「 意思決定機関 」という。）を 支配 している企業をいい，「 子会社 」とは，当該他の企業をいう。親会社及び子会社又は子会社が，他の企業の意思決定機関を支配している場合における当該他の企業も，その親会社の子会社とみなす。

7　「他の企業の意思決定機関を支配している企業」とは，次の企業をいう。ただし，財務上又は営業上若しくは事業上の関係からみて他の企業の意思決定機関を支配していないことが明らかであると認められる企業は，この限りでない。

(1)　他の企業（更生会社，破産会社その他これらに準ずる企業であって，かつ，有効な支配従属関係が存在しないと認められる企業を除く。下記(2)及び(3)においても同じ。）の 議決権の過半数 を自己の計算において所有している企業

(2)　他の企業の議決権の100分の40以上，100分の50以下を自己の計算において所有している企業であって，

かつ，次のいずれかの要件に該当する企業

① 自己の計算において所有している議決権と，自己と出資，人事，資金，技術，取引等において緊密な関係があることにより自己の意思と同一の内容の議決権を行使すると認められる者及び自己の意思と同一の内容の議決権を行使することに同意している者が所有している議決権とを合わせて，他の企業の議決権の過半数を占めていること

② 役員若しくは使用人である者，又はこれらであった者で自己が他の企業の財務及び営業又は事業の方針の決定に関して影響を与えることができる者が，当該他の企業の取締役会その他これに準ずる機関の構成員の過半数を占めていること

③ 他の企業の重要な財務及び営業又は事業の方針の決定を支配する契約等が存在すること

④ 他の企業の資金調達額（貸借対照表の負債の部に計上されているもの）の総額の過半について融資（債務の保証及び担保の提供を含む。以下同じ。）を行っていること（自己と出資，人事，資金，技術，取引等において緊密な関係のある者が行う融資の額を合わせて資金調達額の総額の過半となる場合を含む。）

⑤ その他他の企業の意思決定機関を支配していることが推測される事実が存在すること

(3) 自己の計算において所有している議決権（当該議決権を所有していない場合を含む。）と，自己と出資，人事，資金，技術，取引等において緊密な関係があることにより自己の意思と同一の内容の議決権を行使すると認められる者及び自己の意思と同一の内容の議決権を行使することに同意している者が所有している議決権とを合わせて，他の企業の議決権の過半数を占めている企業であって，かつ，上記(2)の②から⑤までのいずれかの要件に該当する企業

7－2　前項にかかわらず，特別目的会社（資産の流動化に関する法律（平成10年法律第105号）第2条第3項に規定する特定目的会社及び事業内容の変更が制限されているこれと同様の事業を営む事業体をいう。以下同じ。）については，適正な価額で譲り受けた資産から生ずる収益を当該特別目的会社が発行する証券の所有者に享受させることを目的として設立されており，当該特別目的会社の事業がその目的に従って適切に遂行されているときは，当該特別目的会社に資産を譲渡した企業から独立しているものと認め，当該特別目的会社に資産を譲渡した企業の子会社に該当しないものと推定する。

8　「連結会社」とは，親会社及び連結される子会社をいう。

■連結財務諸表作成における一般原則

9　連結財務諸表は，企業集団の財政状態，経営成績及びキャッシュ・フローの状況に関して真実な報告を提供するものでなければならない。

（注1）重要性の原則の適用について

　　　　連結財務諸表を作成するにあたっては，企業集団の財政状態，経営成績及びキャッシュ・フローの状況に関する利害関係者の判断を誤らせない限り，連結の範囲の決定，子会社の決算日が連結決算日と異なる場合の仮決算の手続，連結のための個別財務諸表の修正，子会社の資産及び負債の評価，のれんの処理，未実現損益の消去，連結財務諸表の表示等に関して重要性の原則が適用される。

10　連結財務諸表は，企業集団に属する親会社及び子会社が一般に公正妥当と認められる企業会計の基準に準拠して作成した個別財務諸表を基礎として作成しなければならない。

（注2）連結のための個別財務諸表の修正について

親会社及び子会社の財務諸表が，減価償却の過不足，資産や負債の過大又は過小計上等により当該企業の財政状態及び経営成績を適正に示していない場合には，連結財務諸表の作成上これを適正に修正して連結決算を行う。ただし，連結財務諸表に重要な影響を与えないと認められる場合には，修正しないことができる。

11　連結財務諸表は，企業集団の状況に関する判断を誤らせないよう，[利害関係者] に対し必要な財務情報を [明瞭] に表示するものでなければならない。

12　連結財務諸表作成のために採用した基準及び手続は，毎期 [継続して適用] し，みだりにこれを変更してはならない。

■連結財務諸表作成における一般基準

連結の範囲

13　親会社は，原則として [すべての子会社] を連結の範囲に含める。

14　子会社のうち次に該当するものは，連結の範囲に含めない。

(1)　[支配が一時的] であると認められる企業

(2)　(1)以外の企業であって，連結することにより利害関係者の判断を著しく誤らせるおそれのある企業

（注3）小規模子会社の連結の範囲からの除外について
　　　　子会社であって，その資産，売上高等を考慮して，連結の範囲から除いても企業集団の財政状態，経営成績及びキャッシュ・フローの状況に関する合理的な判断を妨げない程度に重要性の乏しいものは，連結の範囲に含めないことができる。

連結決算日

15　連結財務諸表の作成に関する期間は1年とし，[親会社] の [会計期間] に基づき，年1回一定の日をもって [連結決算日] とする。

16 子会社の決算日が連結決算日と異なる場合には，子会社は，連結決算日に 正規の決算 に準ずる合理的な手続により決算を行う。

（注4）決算期の異なる子会社がある場合の取扱いについて

子会社の決算日と連結決算日の差異が3か月を超えない場合には，子会社の正規の決算を基礎として連結決算を行うことができる。ただし，この場合には，子会社の決算日と連結決算日が異なることから生じる連結会社間の取引に係る会計記録の重要な不一致について，必要な整理を行うものとする。

親会社及び子会社の会計方針

17 同一環境下 で行われた 同一の性質 の取引等について，親会社及び子会社が採用する 会計方針 は，原則として 統一 する。

■連結貸借対照表の作成基準

連結貸借対照表の基本原則

18 連結貸借対照表は，親会社及び子会社の個別貸借対照表における資産，負債及び純資産の金額を基礎とし，子会社の 資産及び負債の評価 ，連結会社相互間の 投資 と 資本 及び 債権 と 債務 の 相殺消去 等の処理を行って作成する。

19 連結貸借対照表の作成に関する会計処理における企業結合及び事業分離等に関する事項のうち，本会計基準に定めのない事項については，企業会計基準第21号「企業結合に関する会計基準」（以下「企業結合会計基準」という。）や企業会計基準第7号「事業分離等に関する会計基準」（以下「事業分離等会計基準」という。）の定めに従って会計処理する。

子会社の資産及び負債の評価

20 連結貸借対照表の作成にあたっては， 支配獲得日 において，子会社の資産及び負債のすべてを 支

配獲得日 の 時価 により評価する方法（ 全面時価評価法 ）により評価する。

（注5）支配獲得日，株式の取得日又は売却日等が子会社の決算日以外の日である場合の取扱いについて

支配獲得日，株式の取得日又は売却日等が子会社の決算日以外の日である場合には，当該日の前後いずれかの決算日に支配獲得，株式の取得又は売却等が行われたものとみなして処理することができる。

21　子会社の資産及び負債の時価による評価額と当該資産及び負債の個別貸借対照表上の金額との差額（以下「 評価差額 」という。）は，子会社の 資本 とする。

22　評価差額に重要性が乏しい子会社の資産及び負債は，個別貸借対照表上の金額によることができる。

投資と資本の相殺消去

23　親会社の子会社に対する 投資 とこれに対応する子会社の 資本 は， 相殺消去 する。

　(1)　親会社の子会社に対する投資の金額は， 支配獲得日 の 時価 による。

　(2)　子会社の資本は，子会社の個別貸借対照表上の 純資産の部 における 株主資本 及び 評価・換算差額等 と 評価差額 からなる。

（注6）投資と資本の相殺消去について

支配獲得日において算定した子会社の資本のうち親会社に帰属する部分を投資と相殺消去し，支配獲得日後に生じた子会社の利益剰余金及び評価・換算差額等のうち親会社に帰属する部分は，利益剰余金及び評価・換算差額等として処理する。

24　親会社の子会社に対する投資とこれに対応する子会社の資本との相殺消去にあたり，差額が生じる場合には，当該差額を のれん （又は 負ののれん ）とする。なお， のれん （又は 負ののれん ）は，企業結合会計基準第32項（又は第33項）に従って会計処理する。

25 子会社相互間の投資とこれに対応する他の子会社の資本とは，親会社の子会社に対する投資とこれに対応する子会社の資本との相殺消去に準じて相殺消去する。

非支配株主持分

26 子会社の資本のうち親会社に帰属しない部分は，非支配株主持分 とする。

（注7）非支配株主持分について

(1) 支配獲得日の子会社の資本は，親会社に帰属する部分と非支配株主に帰属する部分とに分け，前者は親会社の投資と相殺消去し，後者は非支配株主持分として処理する。

(2) 支配獲得日後に生じた子会社の利益剰余金及び評価・換算差額等のうち非支配株主に帰属する部分は，非支配株主持分として処理する。

27 子会社の欠損のうち，当該子会社に係る非支配株主持分に割り当てられる額が当該非支配株主の負担すべき額を超える場合には，当該超過額は，親会社の持分に負担させる。この場合において，その後当該子会社に利益が計上されたときは，親会社が負担した欠損が回収されるまで，その利益の金額を親会社の持分に加算する。

子会社株式の追加取得及び一部売却等

28 子会社株式（子会社出資金を含む。以下同じ。）を追加取得した場合には，追加取得した株式（出資金を含む。以下同じ。）に対応する持分を非支配株主持分から減額し，追加取得により増加した親会社の持分（以下「追加取得持分」という。）を追加投資額と相殺消去する。追加取得持分と追加投資額との間に生じた差額は，資本剰余金とする。

（注8）子会社株式の追加取得について

(1) 追加取得持分及び減額する非支配株主持分は，追加取得日における非支配株主持分の額により計算する。

(2) （削 除）

29 子会社株式を一部売却した場合（親会社と子会社の支配関係が継続している場合に限る。）には，売却した株式に対応する持分を親会社の持分から減額し，非支配株主持分を増額する。売却による親会社の持分の減少額（以下「売却持分」という。）と売却価額との間に生じた差額は，資本剰余金とする。

　なお，子会社株式の売却等により被投資会社が子会社及び関連会社に該当しなくなった場合には，連結財務諸表上，残存する当該被投資会社に対する投資は，個別貸借対照表上の帳簿価額をもって評価する。

（注9）子会社株式の一部売却等について

(1) 売却持分及び増額する非支配株主持分については，親会社の持分のうち売却した株式に対応する部分として計算する。

(2) 子会社株式の一部売却において，関連する法人税等（子会社への投資に係る税効果の調整を含む。）は，資本剰余金から控除する。

(3) 子会社の時価発行増資等に伴い生じる差額の計算については，(1)に準じて処理する。

30 子会社の時価発行増資等に伴い，親会社の払込額と親会社の持分の増減額との間に差額が生じた場合（親会社と子会社の支配関係が継続している場合に限る。）には，当該差額を資本剰余金とする。

30－2 第28項，第29項及び第30項の会計処理の結果，資本剰余金が負の値となる場合には，連結会計年度末において，資本剰余金を零とし，当該負の値を利益剰余金から減額する。

債権と債務の相殺消去

31 連結会社相互間の債権と債務とは，相殺消去する。

（注10）債権と債務の相殺消去について

(1) 相殺消去の対象となる債権又は債務には，前払費用，未収収益，前受収益及び未払費用で連結会社相

互間の取引に関するものを含むものとする。

(2) 連結会社が振り出した手形を他の連結会社が銀行割引した場合には、連結貸借対照表上、これを借入金に振り替える。

(3) 引当金のうち、連結会社を対象として引き当てられたことが明らかなものは、これを調整する。

(4) 連結会社が発行した社債で一時所有のものは、相殺消去の対象としないことができる。

表示方法

32 連結貸借対照表には、資産の部、負債の部及び純資産の部を設ける。

(1) 資産の部は、流動資産、固定資産及び繰延資産に区分し、固定資産は有形固定資産、無形固定資産及び投資その他の資産に区分して記載する。

(2) 負債の部は、流動負債及び固定負債に区分して記載する。

(3) 純資産の部は、企業会計基準第5号「貸借対照表の純資産の部の表示に関する会計基準」(以下「純資産会計基準」という。)に従い、区分して記載する。

33 流動資産、有形固定資産、無形固定資産、投資その他の資産、繰延資産、流動負債及び固定負債は、一定の基準に従い、その性質を示す適当な名称を付した科目に明瞭に分類して記載する。特に、非連結子会社及び関連会社に対する投資は、他の項目と区別して記載し、又は注記の方法により明瞭に表示する。

利益剰余金のうち、減債積立金等外部者との契約による特定目的のために積み立てられたものがあるときは、その内容及び金額を注記する。

(注11) 連結貸借対照表の表示方法について

連結貸借対照表の科目の分類は、個別財務諸表における科目の分類を基礎とするが、企業集団の財政状態について誤解を生じさせない限り、科目を集約

して表示することができる。

（注11-2）特別目的会社に係る債務の表示について

連結の範囲に含めた特別目的会社に関して，当該
特別目的会社の資産及び当該資産から生じる収益の
みを返済原資とし，他の資産及び収益へ遡及しない
債務（以下「ノンリコース債務」という。）については，
連結貸借対照表上，他の項目と区別して記載する。
なお，当該記載に代えて，注記によることもできる。

■連結損益及び包括利益計算書又は連結損益計算書及び
連結包括利益計算書の作成基準

連結損益及び包括利益計算書又は連結損益計算書及び連結包括利益計算書の基本原則

34　連結損益及び包括利益計算書又は連結損益計算書及
び連結包括利益計算書は，親会社及び子会社の個別損
益計算書等における収益，費用等の金額を基礎とし，
連結会社相互間の 取引高の相殺消去 及び 未実現
損益の消去 等の処理を行って作成する。

連結会社相互間の取引高の相殺消去

35　連結会社相互間における商品の売買その他の取引に
係る項目は， 相殺消去 する。

（注12）会社相互間取引の相殺消去について

会社相互間取引が連結会社以外の企業を通じて行
われている場合であっても，その取引が実質的に連
結会社間の取引であることが明確であるときは，こ
の取引を連結会社間の取引とみなして処理する。

未実現損益の消去

36　連結会社相互間の取引によって取得した棚卸資産，
固定資産その他の資産に含まれる 未実現損益 は，
その 全額を消去 する。ただし，未実現損失につい
ては，売手側の帳簿価額のうち回収不能と認められる
部分は，消去しない。

37　未実現損益の金額に重要性が乏しい場合には，これ

を消去しないことができる。

38 売手側 の 子会社 に非支配株主が存在する場合には，未実現損益は，親会社と非支配株主の 持分比率 に応じて，親会社の持分と 非支配株主持分 に配分する。

表示方法

38-2 企業会計基準第25号「包括利益の表示に関する会計基準」（以下「企業会計基準第25号」という。）に従って，1計算書方式により，連結損益及び包括利益計算書を作成する場合は，当期純利益までの計算を次項に従って表示するとともに，企業会計基準第25号に従い，包括利益の計算を表示する。

　また，2計算書方式による場合は，連結損益計算書を次項に従って表示するとともに，企業会計基準第25号に従い，連結包括利益計算書を作成する。

39 連結損益及び包括利益計算書又は連結損益計算書における，営業損益計算，経常損益計算及び純損益計算の区分は，下記のとおり表示する。

(1) 営業損益計算の区分は，売上高及び売上原価を記載して売上総利益を表示し，さらに販売費及び一般管理費を記載して営業利益を表示する。

(2) 経常損益計算の区分は，営業損益計算の結果を受け，営業外収益及び営業外費用を記載して経常利益を表示する。

(3) 純損益計算の区分は，次のとおり表示する。

　① 経常損益計算の結果を受け，特別利益及び特別損失を記載して 税金等調整前当期純利益 を表示する。

　② 税金等調整前当期純利益に法人税額等（住民税額及び利益に関連する金額を課税標準とする事業税額を含む。）を加減して， 当期純利益 を表示する。

　③ 2計算書方式の場合は，当期純利益に非支配株

主に帰属する当期純利益を加減して，親会社株主に帰属する当期純利益を表示する。1計算書方式の場合は，当期純利益の直後に親会社株主に帰属する当期純利益及び非支配株主に帰属する当期純利益を付記する。

40　販売費及び一般管理費，営業外収益，営業外費用，特別利益及び特別損失は，一定の基準に従い，その性質を示す適当な名称を付した科目に明瞭に分類して記載する。

（注13）連結損益及び包括利益計算書又は連結損益計算書及び連結包括利益計算書の表示方法について

⑴　連結損益及び包括利益計算書又は連結損益計算書及び連結包括利益計算書の科目の分類は，個別財務諸表における科目の分類を基礎とするが，企業集団の経営成績について誤解を生じさせない限り，科目を集約して表示することができる。

⑵　主たる営業として製品又は商品の販売と役務の給付とがある場合には，売上高及び売上原価を製品等の販売に係るものと役務の給付に係るものとに区分して記載する。

■連結株主資本等変動計算書の作成

41　企業会計基準第6号「株主資本等変動計算書に関する会計基準」（以下「株主資本等変動計算書会計基準」という。）に従い，連結株主資本等変動計算書を作成する。

■連結キャッシュ・フロー計算書の作成

42　「連結キャッシュ・フロー計算書等の作成基準」（平成10年3月企業会計審議会）に従い，連結キャッシュ・フロー計算書を作成する。

■連結財務諸表の注記事項

43　連結財務諸表には，次の事項を注記する。

(1)　連結の範囲等

連結の範囲に含めた子会社，非連結子会社に関する事項その他連結の方針に関する重要な事項及びこれらに重要な変更があったときは，その旨及びその理由

(2)　決算期の異なる子会社

子会社の決算日が連結決算日と異なるときは，当該決算日及び連結のため当該子会社について特に行った決算手続の概要

(3)　会計方針等

①　重要な資産の評価基準及び減価償却方法等並びにこれらについて変更があったときは，企業会計基準第24号「会計方針の開示，会計上の変更及び誤謬の訂正に関する会計基準」（以下「企業会計基準第24号」という。）に従った注記事項

②　子会社の採用する会計方針で親会社及びその他の子会社との間で特に異なるものがあるときは，その概要

(4)　企業集団の財政状態，経営成績及びキャッシュ・フローの状況を判断するために重要なその他の事項

（注14） 重要な後発事象の注記について

連結財務諸表には，連結財務諸表を作成する日までに発生した重要な後発事象を注記する。

後発事象とは，連結決算日後に発生した事象（連結決算日と異なる決算日の子会社については，当該子会社の決算日後に発生した事象）で，次期以後の財政状態，経営成績及びキャッシュ・フローの状況に影響を及ぼすものをいう。

（注15） 企業結合及び事業分離等に関する注記事項

当期において，新たに子会社を連結に含めること

となった場合や子会社株式の追加取得及び一部売却等があった場合には，その連結会計年度において，重要性が乏しいときを除き，企業結合会計基準第49項から第55項及び事業分離等会計基準第54項から第56項に定める事項を注記する。

(注16) ノンリコース債務に対応する資産に関する注記事項

（注11－2）で示したノンリコース債務に対応する資産については，当該資産の科目及び金額を注記する。

連結財務諸表に関する会計基準

持分法に関する会計基準

改正　2008年12月26日

修正　2015年 3 月26日

■範　囲

3　本会計基準は，連結財務諸表を作成する場合に
適用する。

　なお，連結財務諸表を作成していないが，個別財務
諸表において持分法を適用して算定された財務情報に
係る注記を行う場合には，本会計基準による。

■用語の定義

4　「持分法」とは，投資会社が被投資会社の資本
及び損益のうち投資会社に帰属する部分の変動に
応じて，その投資の額を連結決算日ごとに修正
する方法をいう。

4 - 2　「企業」とは，会社及び会社に準ずる事業体を
いい，会社，組合その他これらに準ずる事業体（外国
におけるこれらに相当するものを含む。）を指す。

5　「関連会社」とは，企業（当該企業が子会社を有
する場合には，当該子会社を含む。）が，出資，人事，
資金，技術，取引等の関係を通じて，子会社以外
の他の企業の財務及び営業又は事業の方針の決定に対
して重要な影響を与えることができる場合におけ
る当該子会社以外の他の企業をいう。

5 - 2　「子会社以外の他の企業の財務及び営業又は事
業の方針の決定に対して重要な影響を与えることがで
きる場合」とは，次の場合をいう。ただし，財務上又
は営業上若しくは事業上の関係からみて子会社以外の
他の企業の財務及び営業又は事業の方針の決定に対し

て重要な影響を与えることができないことが明らかで
あると認められるときは，この限りでない。

(1)　子会社以外の他の企業（更生会社，破産会社その
　　他これらに準ずる企業であって，かつ，当該企業の
　　財務及び営業又は事業の方針の決定に対して重要な
　　影響を与えることができないと認められる企業を除
　　く。下記(2)及び(3)においても同じ。）の議決権の
　　100分の20 以上を自己の計算において所有して
　　いる場合

(2)　子会社以外の他の企業の議決権の100分の15 以上，
　　100分の20未満を自己の計算において所有している
　　場合であって，かつ，次のいずれかの要件に該当す
　　る場合

　①　役員若しくは使用人である者，又はこれらであっ
　　た者で自己が子会社以外の他の企業の財務及び営
　　業又は事業の方針の決定に関して影響を与えるこ
　　とができる者が，当該子会社以外の他の企業の代
　　表取締役，取締役又はこれらに準ずる役職に就任
　　していること

　②　子会社以外の他の企業に対して重要な融資（債
　　務の保証及び担保の提供を含む。）を行っている
　　こと

　③　子会社以外の他の企業に対して重要な技術を提
　　供していること

　④　子会社以外の他の企業との間に重要な販売，仕
　　入その他の営業上又は事業上の取引があること

　⑤　その他子会社以外の他の企業の財務及び営業又
　　は事業の方針の決定に対して重要な影響を与える
　　ことができることが推測される事実が存在するこ
　　と

(3)　自己の計算において所有している議決権（当該議
　　決権を所有していない場合を含む。）と，自己と出
　　資，人事，資金，技術，取引等において緊密な関係

があることにより自己の意思と同一の内容の議決権
を行使すると認められる者及び自己の意思と同一の
内容の議決権を行使することに同意している者が所
有している議決権とを合わせて，子会社以外の他の
企業の議決権の100分の20以上を占めているときで
あって，かつ，上記(2)の①から⑤までのいずれかの
要件に該当する場合

■会計処理

持分法の適用範囲

6　非連結子会社 及び 関連会社 に対する 投資
については，原則として 持分法 を適用する。ただ
し，持分法の適用により，連結財務諸表に重要な影響
を与えない場合には，持分法の適用会社としないこと
ができる。

7　(削除)

被投資会社の財務諸表

8　持分法の適用に際しては，被投資会社の財務諸表の
適正な修正や資産及び負債の評価に伴う税効果会計の
適用等，原則として，連結子会社 の場合と 同様
の処理を行う。

9　同一環境下 で行われた 同一の性質 の取引等
について，投資会社（その子会社を含む。）及び持分
法を適用する被投資会社が採用する 会計方針 は，
原則として 統一 する。

10　持分法の適用にあたっては，投資会社は，被投資会
社の 直近の財務諸表 を使用する。投資会社と被投
資会社の決算日に差異があり，その差異の期間内に重
要な取引又は事象が発生しているときには，必要な修
正又は注記を行う。

持分法の会計処理

11　投資会社の投資日における投資とこれに対応する被
投資会社の資本との間に差額がある場合には，当該差

額は のれん 又は 負ののれん とし， のれん は 投資に含めて処理 する。

12 投資会社は，投資の日以降における被投資会社の 利益 又は 損失 のうち投資会社の 持分 又は負担に見合う額を算定して， 投資の額 を 増額 又は 減額 し，当該増減額を 当期純利益 の計算に含める。のれん（又は負ののれん）の会計処理は，企業会計基準第21号「企業結合に関する会計基準」（以下「企業結合会計基準」という。）第32項（又は第33項）に準じて行う。

13 投資の増減額の算定にあたっては，連結会社（親会社及び連結される子会社）と持分法の適用会社との間の取引に係る 未実現損益 を 消去 するための修正を行う。

14 被投資会社から 配当金 を受け取った場合には，当該 配当金 に相当する額を 投資の額 から 減額 する。

関連会社等に該当しなくなった場合の会計処理

15 関連会社に対する投資の売却等により被投資会社が関連会社に該当しなくなった場合には，連結財務諸表上，残存する当該被投資会社に対する投資は，個別貸借対照表上の帳簿価額をもって評価する。

なお，持分法の適用対象となる非連結子会社に対する投資の売却等により，当該被投資会社が子会社及び関連会社に該当しなくなった場合には，上記に準じて処理する。

■開 示

表 示

16 連結財務諸表上， 持分法による投資損益 は， 営業外収益 又は 営業外費用 の区分に 一括 して表示する。

注記事項

17　連結財務諸表には，次の事項を注記する。
  (1)　持分法を適用した非連結子会社及び関連会社の範囲に関する事項及びこれらに重要な変更があったときは，その旨及びその理由
  (2)　持分法の適用の手続について特に記載する必要があると認められる事項がある場合には，その内容

包括利益の表示に関する会計基準

最終改正　2013年9月13日
修正　2020年3月31日

■範　囲

3　本会計基準は，財務諸表（四半期財務諸表を含む。）における包括利益及びその他の包括利益の表示に適用する。

■用語の定義

4　「包括利益」とは，ある企業の特定期間の財務諸表において認識された純資産の変動額のうち，当該企業の純資産に対する持分所有者との直接的な取引によらない部分をいう。当該企業の純資産に対する持分所有者には，当該企業の株主のほか当該企業の発行する新株予約権の所有者が含まれ，連結財務諸表においては，当該企業の子会社の非支配株主も含まれる。

5　「その他の包括利益」とは，包括利益のうち当期純利益に含まれない部分をいう。連結財務諸表におけるその他の包括利益には，親会社株主に係る部分と非支配株主に係る部分が含まれる。

■包括利益の計算の表示

6　当期純利益にその他の包括利益の内訳項目を加減して包括利益を表示する。

■その他の包括利益の内訳の開示

7　その他の包括利益の内訳項目は，その内容に基づいて，その他有価証券評価差額金，繰延ヘッジ損益，為替換算調整勘定，退職給付に係る調整額等に区分して

表示する。持分法を適用する被投資会社のその他の包括利益に対する投資会社の持分相当額は，一括して区分表示する。

8　その他の包括利益の内訳項目は，その他の包括利益に関する，法人税その他利益に関連する金額を課税標準とする税金（以下「法人税等」という。）及び税効果を控除した後の金額で表示する。ただし，各内訳項目について法人税等及び税効果を控除する前の金額で表示して，それらに関連する法人税等及び税効果の金額を一括して加減する方法で記載することができる。いずれの場合も，その他の包括利益の各内訳項目別の法人税等及び税効果の金額を注記する。

9　当期純利益を構成する項目のうち，当期又は過去の期間にその他の包括利益に含まれていた部分は，組替調整額として，その他の包括利益の内訳項目ごとに注記する。この注記は，前項による注記と併せて記載することができる。

10　前 2 項の注記は，個別財務諸表（連結財務諸表を作成する場合に限る。）及び四半期財務諸表においては，省略することができる。

■包括利益を表示する計算書

11　包括利益を表示する計算書は，次のいずれかの形式による。連結財務諸表においては，包括利益のうち親会社株主に係る金額及び非支配株主に係る金額を付記する。

(1)　当期純利益を表示する損益計算書と，第 6 項に従って包括利益を表示する包括利益計算書からなる形式（2 計算書方式）

(2)　当期純利益の表示と第 6 項に従った包括利益の表示を 1 つの計算書（「損益及び包括利益計算書」）で行う形式（1 計算書方式）

連結キャッシュ・フロー計算書作成基準

■第一　作成目的

連結キャッシュ・フロー計算書は，企業集団の一会計期間における キャッシュ・フローの状況 を報告するために作成するものである。

■第二　作成基準

一　資金の範囲

連結キャッシュ・フロー計算書が対象とする資金の範囲は， 現金及び現金同等物 とする。

1　現金とは， 手許現金 ， 要求払預金 及び 特定の電子決済手段 をいう。（注1）（注10）

2　現金同等物とは， 容易に換金可能 であり，かつ，価値の変動について 僅少なリスク しか負わない 短期投資 をいう。（注2）

二　表示区分

1　連結キャッシュ・フロー計算書には，「 営業活動によるキャッシュ・フロー 」，「 投資活動によるキャッシュ・フロー 」及び「 財務活動によるキャッシュ・フロー 」の区分を設けなければならない。

①　「 営業活動によるキャッシュ・フロー 」の区分には， 営業損益計算 の対象となった取引のほか， 投資活動及び財務活動以外の取引 によるキャッシュ・フローを記載する。（注3）

②　「 投資活動によるキャッシュ・フロー 」の区分には， 固定資産 の取得及び売却，現金同等物に

含まれない 短期投資 の取得及び売却等によるキャッシュ・フローを記載する。（注4）

③ 「財務活動によるキャッシュ・フロー」の区分には, 資金の調達及び返済 によるキャッシュ・フローを記載する。（注5）

2 法人税等 （住民税及び利益に関連する金額を課税標準とする事業税を含む。）に係るキャッシュ・フローは「 営業活動によるキャッシュ・フロー 」の区分に記載する。

3 利息及び配当金 に係るキャッシュ・フローは, 次のいずれかの方法により記載する。

① 受取利息 , 受取配当金及び支払利息 は「 営業活動によるキャッシュ・フロー 」の区分に記載し, 支払配当金 は「 財務活動によるキャッシュ・フロー 」の区分に記載する方法（注6）

② 受取利息及び受取配当金 は「 投資活動によるキャッシュ・フロー 」の区分に記載し, 支払利息及び支払配当金 は「 財務活動によるキャッシュ・フロー 」の区分に記載する方法

4 連結範囲の変動を伴う 子会社株式 の取得又は売却に係るキャッシュ・フローは,「投資活動によるキャッシュ・フロー」の区分に 独立の項目 として記載する。この場合, 新たに連結子会社となった会社の現金及び現金同等物の額は株式の取得による支出額から 控除 し, 連結子会社でなくなった会社の現金及び現金同等物の額は株式の売却による収入額から 控除 して記載するものとする。

営業の譲受け又は譲渡に係るキャッシュ・フローについても,「投資活動によるキャッシュ・フロー」の区分に, 同様に計算した額をもって, 独立の項目として記載するものとする。

三 連結会社相互間のキャッシュ・フロー

連結キャッシュ・フロー計算書の作成に当たっては,

連結会社相互間のキャッシュ・フローは $\boxed{相殺消去}$ しなければならない。

四　在外子会社のキャッシュ・フロー

　　在外子会社における外貨によるキャッシュ・フローは、「外貨建取引等会計処理基準」における収益及び費用の換算方法に準じて換算する。

■第三　表示方法（注7）

一　「営業活動によるキャッシュ・フロー」の表示方法

　　「営業活動によるキャッシュ・フロー」は、次のいずれかの方法により表示しなければならない。

1　主要な取引ごとにキャッシュ・フローを $\boxed{総額表示}$ する方法（以下、「直接法」という。）

2　$\boxed{税金等調整前当期純利益}$ に $\boxed{非資金損益項目}$ 、$\boxed{営業活動に係る資産及び負債の増減}$ 、「$\boxed{投資活動によるキャッシュ・フロー}$」及び「$\boxed{財務活動によるキャッシュ・フロー}$」の区分に含まれる $\boxed{損益項目}$ を加減して表示する方法（以下、「$\boxed{間接法}$」という。）

二　「投資活動によるキャッシュ・フロー」及び「財務活動によるキャッシュ・フロー」の表示方法

　　「投資活動によるキャッシュ・フロー」及び「財務活動によるキャッシュ・フロー」は、主要な取引ごとにキャッシュ・フローを $\boxed{総額表示}$ しなければならない。（注8）

三　現金及び現金同等物に係る換算差額の表示方法

　　現金及び現金同等物に係る換算差額は、他と区別して表示する。

■第四　注記事項

　連結キャッシュ・フロー計算書については、次の事項を注記しなければならない。

1　資金の範囲に含めた現金及び現金同等物の内容並びにその期末残高の連結貸借対照表科目別の内訳

2　資金の範囲を変更した場合には，その旨，その理由
　　及び影響額
3(1)　株式の取得又は売却により新たに連結子会社となっ
　　た会社の資産・負債又は連結子会社でなくなった会
　　社の資産・負債に重要性がある場合には，当該資産・
　　負債の主な内訳
　(2)　営業の譲受け又は譲渡により増減した資産・負債
　　に重要性がある場合には，当該資産・負債の主な内
　　訳
4　重要な非資金取引（注9）
5　各表示区分の記載内容を変更した場合には，その内容

キャッシュ・フロー計算書作成基準

　個別ベースのキャッシュ・フロー計算書は，連結キャッシュ・フロー計算書 に 準じて作成 するものとする。

中間連結キャッシュ・フロー計算書作成基準

　中間連結キャッシュ・フロー計算書は，連結キャッシュ・フロー計算書 に 準じて作成 するものとする。ただし，中間会計期間 に係るキャッシュ・フローの状況に関する 利害関係者 の判断を誤らせない限り，集約して記載 することができる。

中間キャッシュ・フロー計算書作成基準

　中間キャッシュ・フロー計算書は，中間連結キャッシュ・フロー計算書 に 準じて作成 するものとする。

連結キャッシュ・フロー計算書等の作成基準注解

（注1）要求払預金について

　要求払預金には，例えば，当座預金，普通預金，通知預金が含まれる。

（注2）現金同等物について

　現金同等物には，例えば，取得日から満期日又は償還日までの期間が三か月以内の短期投資である定期預金，譲渡性預金，コマーシャル・ペーパー，売戻し条件付現先，公社債投資信託が含まれる。

（注3）「営業活動によるキャッシュ・フロー」の区分について

　「営業活動によるキャッシュ・フロー」の区分には，例えば，次のようなものが記載される。

(1)　商品及び役務の販売による収入

(2)　商品及び役務の購入による支出

(3)　従業員及び役員に対する報酬の支出

(4)　災害による保険金収入

(5)　損害賠償金の支払

（注4）「投資活動によるキャッシュ・フロー」の区分について

　「投資活動によるキャッシュ・フロー」の区分には，例えば，次のようなものが記載される。

(1)　有形固定資産及び無形固定資産の取得による支出

(2)　有形固定資産及び無形固定資産の売却による収入

(3)　有価証券（現金同等物を除く。）及び投資有価証券の取得による支出

(4)　有価証券（現金同等物を除く。）及び投資有価証券の売却による収入

(5)　貸付けによる支出

(6)　貸付金の回収による収入

（注5）「財務活動によるキャッシュ・フロー」の区分について

「財務活動によるキャッシュ・フロー」の区分には，例えば，次のようなものが記載される。

(1) 株式の発行による収入
(2) 自己株式の取得による支出
(3) 配当金の支払
(4) 社債の発行及び借入れによる収入
(5) 社債の償還及び借入金の返済による支出

（注6） 利息の表示について

利息の受取額及び支払額は，総額で表示するものとする。

（注7） 連結キャッシュ・フロー計算書の様式について

利息及び配当金を第二の二の3①の方法により表示する場合の連結キャッシュ・フロー計算書の標準的な様式は，次のとおりとする。

様式1 （「営業活動によるキャッシュ・フロー」を直接法により表示する場合）

I 営業活動によるキャッシュ・フロー	
営業収入	×××
原材料又は商品の仕入支出	－×××
人件費支出	－×××
その他の営業支出	－×××
小　計	×××
利息及び配当金の受取額	×××
利息の支払額	－×××
損害賠償金の支払額	－×××
…………………	×××
法人税等の支払額	－×××
営業活動によるキャッシュ・フロー	×××

Ⅱ　投資活動によるキャッシュ・フロー

有価証券の取得 による支出	−×××	
有価証券の売却 による収入	×××	
有形固定資産の取得 による支出	−×××	
有形固定資産の売却 による収入	×××	
投資有価証券の取得 による支出	−×××	
投資有価証券の売却 による収入	×××	
連結範囲の変更を伴う子会社株式の取得	−×××	
連結範囲の変更を伴う子会社株式の売却	×××	
貸付け による支出	−×××	
貸付金の回収 による収入	×××	
……………………	×××	
投資活動によるキャッシュ・フロー	×××	

Ⅲ　財務活動によるキャッシュ・フロー

短期借入れ による収入	×××	
短期借入金の返済 による支出	−×××	
長期借入れ による収入	×××	
長期借入金の返済 による支出	−×××	
社債の発行 による収入	×××	
社債の償還 による支出	−×××	
株式の発行 による収入	×××	
自己株式の取得 による支出	−×××	
親会社による 配当金 の支払額	−×××	
少数株主への配当金の支払額	−×××	
……………………	×××	
財務活動によるキャッシュ・フロー	×××	

Ⅳ　現金及び現金同等物に係る 換算差額	×××	
Ⅴ　現金及び現金同等物の 増加額	×××	
Ⅵ　現金及び現金同等物 期首残高	×××	
Ⅶ　現金及び現金同等物 期末残高	×××	

様式2（「営業活動によるキャッシュ・フロー」を間接法により表示する場合）

I	営業活動によるキャッシュ・フロー	
	税金等調整前当期純利益	×××
	減価償却費	×××
	連結調整勘定償却額	×××
	貸倒引当金 の増加額	×××
	受取利息及び受取配当金	−×××
	支払利息	×××
	為替差損	×××
	持分法による投資利益	−×××
	有形固定資産売却益	−×××
	損害賠償損失	×××
	売上債権 の増加額	−×××
	たな卸資産 の減少額	×××
	仕入債務 の減少額	−×××
	…………………	×××
	小　計	×××
	利息及び配当金の受取額	×××
	利息の支払額	−×××
	損害賠償金の支払額	−×××
	…………………	×××
	法人税等の支払額	−×××
	営業活動によるキャッシュ・フロー	×××
II	投資活動によるキャッシュ・フロー（様式1に同じ）	
III	財務活動によるキャッシュ・フロー（様式1に同じ）	

IV	現金及び現金同等物に係る 換算差額	×××
V	現金及び現金同等物の 増加額	×××
VI	現金及び現金同等物 期首残高	×××
VII	現金及び現金同等物 期末残高	×××

※ 「企業結合に関する会計基準」の公表により，少数株主への配当金の支払額は，非支配株主への配当金の支払額となった。また，連結調整勘定償却額は，のれん償却額となった。

（注8） 純額表示について

期間が短く，かつ，回転が速い項目に係るキャッシュ・フローについては，純額で表示することができる。

（注9） 重要な非資金取引について

連結キャッシュ・フロー計算書に注記すべき重要な非資金取引には，例えば，次のようなものがある。

1 転換社債の転換
2 ファイナンス・リースによる資産の取得
3 株式の発行による資産の取得又は合併
4 現物出資による株式の取得又は資産の交換

（注10） 特定の電子決済手段について

特定の電子決済手段は，「資金決済に関する法律」（平成21年法律第59号。以下「資金決済法」という。）第2条第5項第1号から第3号に規定される電子決済手段（外国電子決済手段（電子決済手段等取引業者に関する内閣府令（令和5年内閣府令第48号）第30条第1項第5号）については，利用者が電子決済手段等取引業者（資金決済法第2条第12項）に預託しているものに限る。以下同じ。）が該当する。

連結キャッシュ・フロー計算書等の作成基準

30

・・・・・ セグメント情報等の開示に関する会計基準 ・・・・

最終改正　2010年 6 月30日
修正　2020年 3 月31日

■範　囲

3　本会計基準は，すべての企業の連結財務諸表又は個別財務諸表（以下「財務諸表」という。）におけるセグメント情報等の開示に適用する。なお，連結財務諸表でセグメント情報等の開示を行っている場合は，個別財務諸表での開示を要しないこととする。

■基本原則

4　セグメント情報　等の開示は，財務諸表利用者が，企業の過去の業績を理解し，将来の　キャッシュ・フロー　の予測を適切に評価できるように，企業が行う様々な事業活動の内容及びこれを行う経営環境に関して適切な情報を提供するものでなければならない。

5　本会計基準は，企業又はその特定の事業分野について，その事業活動の内容及びこれを行う経営環境を財務諸表利用者が理解する上で有用な情報を，本会計基準に定める事項に加えて開示することを妨げない。

■セグメント情報の開示

事業セグメントの識別
事業セグメントの定義

6　「事業セグメント」とは，企業の構成単位で，次の要件のすべてに該当するものをいう。

(1)　収益を稼得　し，費用が発生　する　事業活動　に関わるもの（同一企業内の他の構成単位との取引に関連する収益及び費用を含む。）

(2) 企業の 最高経営意思決定機関 が，当該構成単位に配分すべき資源に関する 意思決定 を行い，また，その 業績を評価 するために，その経営成績を定期的に検討するもの

(3) 分離された 財務情報 を 入手 できるもの

ただし，新たな事業を立ち上げたときのように，現時点では収益を稼得していない事業活動を事業セグメントとして識別する場合もある。

7 企業の本社又は特定の部門のように，企業を構成する一部であっても収益を稼得していない，又は付随的な収益を稼得するに過ぎない構成単位は，事業セグメント又は事業セグメントの一部とならない。

最高経営意思決定機関

8 「最高経営意思決定機関」とは，企業の事業セグメントに資源を配分し，その業績を評価する機能を有する主体のことをいう。

セグメントの区分方法が複数ある場合の取扱い

9 事業セグメントの要件（第6項参照）を満たすセグメントの区分方法が複数ある場合，企業は，各構成単位の事業活動の特徴，それらについて責任を有する管理者の存在及び取締役会等に提出される情報などの要素に基づいて，企業の事業セグメントの区分方法を決定するものとする。

報告セグメントの決定

報告セグメント

10 企業は，第6項から第9項に基づいて識別された 事業セグメント 又は第11項に基づいて 集約 された 事業セグメント の中から，量的基準 （第12項から第16項参照）に従って，報告すべきセグメント（以下「報告セグメント」という。）を決定しなければならない。

集約基準

11 複数の事業セグメントが次の要件のすべてを満たす

場合，企業は当該事業セグメントを1つの事業セグメントに 集約 することができる。

(1) 当該事業セグメントを集約することが，セグメント情報を開示する基本原則（第4項参照）と整合していること

(2) 当該事業セグメントの経済的特徴が概ね類似していること

(3) 当該事業セグメントの次のすべての要素が概ね類似していること

① 製品及びサービスの内容

② 製品の製造方法又は製造過程，サービスの提供方法

③ 製品及びサービスを販売する市場又は顧客の種類

④ 製品及びサービスの販売方法

⑤ 銀行，保険，公益事業等のような業種に特有の規制環境

量的基準

12 企業は，次の 量的基準 のいずれかを満たす 事業セグメント を 報告セグメント として開示しなければならない。

(1) 売上高（事業セグメント間の内部売上高又は振替高を含む。）がすべての事業セグメントの売上高の合計額の10％以上であること（売上高には役務収益を含む。以下同じ。）

(2) 利益又は損失の絶対値が，①利益の生じているすべての事業セグメントの利益の合計額，又は②損失の生じているすべての事業セグメントの損失の合計額の絶対値のいずれか大きい額の10％以上であること

(3) 資産が，すべての事業セグメントの資産の合計額の10％以上であること

なお，本項の定めは，企業が，量的基準のいずれに

も満たない事業セグメントを，報告セグメントとして開示することを妨げない。

13　企業は，前項の量的基準を満たしていない複数の事業セグメントの経済的特徴が概ね類似し，かつ第11項(3)に記載した事業セグメントを集約するにあたって考慮すべき要素の過半数について概ね類似している場合には，これらの事業セグメントを結合して，報告セグメントとすることができる。

14　報告セグメントの外部顧客への売上高の合計額が連結損益計算書又は個別損益計算書（以下「損益計算書」という。）の売上高の75%未満である場合には，損益計算書の売上高の75%以上が報告セグメントに含まれるまで，報告セグメントとする事業セグメントを追加して識別しなければならない。

15　報告セグメントに含まれない事業セグメント及びその他の収益を稼得する事業活動に関する情報は，第25項により求められる差異調整の中で，他の調整項目とは区分して，「その他」の区分に一括して開示しなければならない。この場合，「その他」に含まれる主要な事業の名称等をあわせて開示しなければならない。

16　ある事業セグメントの量的な重要性の変化によって，報告セグメントとして開示する事業セグメントの範囲を変更する場合には，その旨及び前年度のセグメント情報を当年度の報告セグメントの区分により作り直した情報を開示しなければならない。ただし，当該情報を開示することが実務上困難な場合には，セグメント情報に与える影響を開示することができる。

セグメント情報の開示項目と測定方法

セグメント情報の開示項目

17　企業は，セグメント情報として，次の事項を開示しなければならない。

　(1)　報告セグメントの概要（第18項参照）

　(2)　報告セグメントの 利益 （又は 損失 ）， 資産 ，

負債 及びその他の 重要な項目 の額（第19項
　　　から第22項参照）並びにその測定方法に関する事項
　　　（第23項及び第24項参照）
　(3)　第19項から第22項の定めにより開示する項目の合
　　　計額とこれに対応する財務諸表計上額との間の差
　　　異調整に関する事項（第25項及び第26項参照）

報告セグメントの概要

18　企業は，報告セグメントの概要として，次の事項を
　　開示しなければならない。
　(1)　報告セグメントの決定方法
　　　事業セグメントを識別するために用いた方法（例
　　　えば，製品・サービス別，地域別，規制環境別，又
　　　はこれらの組合せ等，企業の事業セグメントの基礎
　　　となる要素）及び複数の事業セグメントを集約した
　　　場合にはその旨等について記載する。
　(2)　各報告セグメントに属する製品及びサービスの種
　　　類

利益（又は損失），資産及び負債等の額

19　企業は，各報告セグメントの利益（又は損失）及び
　　資産の額を開示しなければならない。
20　負債に関する情報が，最高経営意思決定機関に対し
　　て定期的に提供され，使用されている場合，企業は各
　　報告セグメントの負債の額を開示しなければならない。
21　企業が開示する報告セグメントの利益（又は損失）
　　の額の算定に次の項目が含まれている場合，企業は各
　　報告セグメントのこれらの金額を開示しなければなら
　　ない。また，報告セグメントの利益（又は損失）の額
　　の算定に含まれていない場合であっても，次の項目の
　　事業セグメント別の情報が最高経営意思決定機関に対
　　して定期的に提供され，使用されているときには，企
　　業は各報告セグメントのこれらの金額を開示しなけれ
　　ばならない。
　(1)　外部顧客への売上高

(2) 事業セグメント間の内部売上高又は振替高

(3) 減価償却費（のれんを除く無形固定資産に係る償却費を含む。）

(4) のれんの償却額及び負ののれんの償却額

(5) 受取利息及び支払利息

(6) 持分法投資利益（又は損失）

(7) 特別利益及び特別損失

(8) 税金費用（法人税等及び法人税等調整額）

(9) (1)から(8)に含まれていない重要な非資金損益項目

本項(7)の特別利益及び特別損失については，主な内訳をあわせて開示するものとする。

22 企業が開示する報告セグメントの資産の額の算定に次の項目が含まれている場合，企業は各報告セグメントのこれらの金額を開示しなければならない。また，報告セグメントの資産の額の算定に含まれていない場合であっても，次の項目の事業セグメント別の情報が最高経営意思決定機関に対して定期的に提供され，使用されているときには，企業は各報告セグメントのこれらの金額を開示しなければならない。

(1) 持分法適用会社への投資額（当年度末残高）

(2) 有形固定資産及び無形固定資産の増加額（当年度の投資額）

測定方法に関する事項

23 第19項から第22項に基づく開示は，事業セグメントに資源を配分する意思決定を行い，その業績を評価する目的で，最高経営意思決定機関に報告される金額に基づいて行わなければならない。財務諸表の作成にあたって行った修正や相殺消去，又は特定の収益，費用，資産又は負債の配分は，最高経営意思決定機関が使用する事業セグメントの利益（又は損失），資産又は負債の算定に含まれている場合にのみ，報告セグメントの各項目の額に含めることができる。ただし，特定の収益，費用，資産又は負債を各事業セグメントの利益

（又は損失），資産又は負債に配分する場合には，企業は，合理的な基準に従って配分しなければならない。

24 企業は，第19項から第22項に基づいて開示する項目の測定方法について開示しなければならない。なお，企業は，少なくとも次の事項を開示しなければならない。

(1) 報告セグメント間の取引がある場合，その会計処理の基礎となる事項

　例えば，報告セグメント間の取引価格や振替価格の決定方法などについて明らかにする必要がある。

(2) 報告セグメントの利益（又は損失）の合計額と，損益計算書の利益（又は損失）計上額との間に差異があり，差異調整に関する事項の開示（第25項(2)参照）からはその内容が明らかでない場合，その内容

　例えば，会計処理の方法の違いによる差異がある場合や，事業セグメントに配分していない額がある場合には，その主な内容を明らかにする必要がある（本項(3)及び(4)においても同様。）。

(3) 報告セグメントの資産の合計額と連結貸借対照表又は個別貸借対照表（以下「貸借対照表」という。）の資産計上額との間に差異があり，差異調整に関する事項の開示（第25項(3)参照）からその内容が明らかでない場合，その内容

　なお，企業が事業セグメントに資産を配分していない場合には，その旨を開示しなければならない。

(4) 報告セグメントの負債の合計額と貸借対照表の負債計上額との間に差異があり，差異調整に関する事項の開示（第25項(4)参照）からその内容が明らかでない場合，その内容

(5) 事業セグメントの利益（又は損失）の測定方法を前年度に採用した方法から変更した場合には，その旨，変更の理由及び当該変更がセグメント情報に与えている影響

(6) 事業セグメントに対する特定の資産又は負債の配分基準と関連する収益又は費用の配分基準が異なる場合には，その内容

　例えば，ある事業セグメントに特定の償却資産を配分していないにもかかわらず，その減価償却費を当該事業セグメントの費用に配分する場合がこれに該当する。

差異調整に関する事項

25 企業は，次の項目について，その差異調整に関する事項を開示しなければならない。

(1) 報告セグメントの売上高の合計額と損益計算書の売上高計上額

(2) 報告セグメントの利益（又は損失）の合計額と損益計算書の利益（又は損失）計上額

(3) 報告セグメントの資産の合計額と貸借対照表の資産計上額

(4) 報告セグメントの負債の合計額と貸借対照表の負債計上額

(5) その他の開示される各項目について，報告セグメントの合計額とその対応する科目の財務諸表計上額

重要な調整事項がある場合，企業は当該事項を個別に記載しなければならない。例えば，報告セグメントの利益（又は損失）を算定するにあたって採用した会計処理の方法が財務諸表の作成上採用した方法と異なっている場合，その重要な差異は，すべて個別に記載しなければならない。

26 第24項(2)及び前項(2)における損益計算書の利益（又は損失）は，損益計算書の営業利益（又は損失），経常利益（又は損失），税金等調整前当期純利益（又は損失）（個別財務諸表に係る注記の場合は，税引前当期純利益（又は損失）），当期純利益（又は損失）又は親会社株主に帰属する当期純利益のうち，いずれか適当と判断される科目とする。なお，企業は当該科目を

開示しなければならない。

組織変更等によるセグメントの区分方法の変更

27　企業の組織構造の変更等，企業の管理手法が変更さ
れたために，報告セグメントの区分方法を変更する場
合には，その旨及び前年度のセグメント情報を当年度
の区分方法により作り直した情報を開示するものとす
る。ただし，前年度のセグメント情報を当年度の区分
方法により作り直した情報を開示することが実務上困
難な場合（本会計基準では，必要な情報の入手が困難
であって，当該情報を作成するために過度の負担を要
する場合には，実務上困難なものとする。以下同じ。）
には，当年度のセグメント情報を前年度の区分方法に
より作成した情報を開示することができる。

28　前項の開示を行うことが実務上困難な場合には，当
該開示に代えて，当該開示を行うことが実務上困難な
旨及びその理由を記載しなければならない。また，前
項の開示は，セグメント情報に開示するすべての項目
について記載するものとするが，一部の項目について
記載することが実務上困難な場合は，その旨及びその
理由を記載しなければならない。

■関連情報の開示

29　企業は，セグメント情報の中で同様の情報が開示さ
れている場合を除き，次の事項をセグメント情報の関
連情報として開示しなければならない。当該関連情報
に開示される金額は，当該企業が財務諸表を作成する
ために採用した会計処理に基づく数値によるものとす
る。

(1)　製品及びサービスに関する情報（第30項参照）
(2)　地域に関する情報（第31項参照）
(3)　主要な顧客に関する情報（第32項参照）

なお，報告すべきセグメントが1つしかなく，セグ
メント情報を開示しない企業であっても，当該関連情

報を開示しなければならない。

製品及びサービスに関する情報

30　企業は，主要な個々の製品又はサービスあるいはこ
　れらの種類や性質，製造方法，販売市場等の類似性に
　基づく同種・同系列のグループ（以下「製品・サービ
　ス区分」という。）ごとに，外部顧客への売上高を開
　示する。なお，当該事項を開示することが実務上困難
　な場合には，当該事項の開示に代えて，その旨及びそ
　の理由を開示しなければならない。

地域に関する情報

31　企業は，地域に関する情報として，次の事項を開示
　する。なお，当該事項を開示することが実務上困難な
　場合には，当該事項に代えて，その旨及びその理由を
　開示しなければならない。

　(1)　国内の外部顧客への売上高に分類した額と海外の
　　外部顧客への売上高に分類した額

　　　海外の外部顧客への売上高に分類した額のうち，
　　主要な国がある場合には，これを区分して開示しな
　　ければならない。なお，各区分に売上高を分類した
　　基準をあわせて記載するものとする。

　(2)　国内に所在している有形固定資産の額と海外に所
　　在している有形固定資産の額

　　　海外に所在している有形固定資産の額のうち，主
　　要な国がある場合には，これを区分して開示しなけ
　　ればならない。

　　なお，本項に定める事項に加えて，複数の国を括っ
　た地域（例えば，北米，欧州等）に係る額についても
　開示することができる。

主要な顧客に関する情報

32　企業は，主要な顧客がある場合には，その旨，当該
　顧客の名称又は氏名，当該顧客への売上高及び当該顧
　客との取引に関連する主な報告セグメントの名称を開
　示する。

■固定資産の減損損失に関する報告セグメント別情報の開示

33　企業は，損益計算書に固定資産の 減損損失 を計上している場合には，当該企業が財務諸表を作成するために採用した会計処理に基づく数値によって，その報告セグメント別の内訳を開示しなければならない。なお，報告セグメントに配分されていない 減損損失 がある場合には，その額及びその内容を記載しなければならない。ただし，セグメント情報の中で同様の情報が開示されている場合には，当該情報の開示を要しない。

■のれんに関する報告セグメント別情報の開示

34　企業は，損益計算書に のれんの償却額 又は 負ののれんの償却額 を計上している場合には，当該企業が財務諸表を作成するために採用した会計処理に基づく数値によって，その償却額及び未償却残高に関する報告セグメント別の内訳をそれぞれ開示しなければならない。なお，報告セグメントに配分されていない のれん 又は 負ののれん がある場合には，その償却額及び未償却残高並びにその内容を記載しなければならない。ただし，セグメント情報の中で同様の情報が開示されている場合には，当該情報の開示を要しない。

34－2　企業は，損益計算書に重要な負ののれんを認識した場合には，当該負ののれんを認識した事象について，その報告セグメント別の概要を開示しなければならない。

中間連結財務諸表作成基準

1998年3月13日

■第一　一般原則

一　中間連結財務諸表は，中間会計期間に係る企業集団の財政状態，経営成績及びキャッシュ・フローの状況に関し，有用な情報を提供するものでなければならない。

二　中間連結財務諸表は，企業集団に属する親会社及び子会社が一般に公正妥当と認められる企業会計の基準に準拠して作成した中間財務諸表を基礎として作成しなければならない。

三　前事業年度において連結財務諸表を作成するために採用した会計処理の原則及び手続は，中間会計期間においてこれを継続して適用し，みだりに変更してはならない。

■第二　作成基準

一　中間連結財務諸表は，原則として連結財務諸表の作成に当たって適用される会計処理の原則及び手続に準拠して作成しなければならない。ただし，中間会計期間に係る企業集団の財政状態及び経営成績に関する利害関係者の判断を誤らせない限り，簡便な決算手続によることができる。（注1）（注2）

　　なお，中間連結キャッシュ・フロー計算書の作成基準，表示方法及び注記事項は，「連結キャッシュ・フロー計算書等の作成基準」による。

二　親会社及び連結される子会社の法人税その他利益に関連する金額を課税標準とする税金については，中間

会計期間を含む事業年度の法人税等の計算に適用される税率に基づき，年度決算と同様の方法により計算する。ただし，中間会計期間を含む事業年度の実効税率を合理的に見積もり，税引前中間純利益に当該見積実効税率を乗じて計算することができる。

■第三　表示方法

中間連結財務諸表の 表示方法 は， 連結財務諸表に準ずる 。ただし，資産，負債，資本，収益及び費用の科目は， 中間会計期間 に係る企業集団の財政状態及び経営成績に関する 利害関係者 の判断を誤らせない限り， 集約して記載 することができる。

■第四　注記事項

中間連結財務諸表には，次の事項を注記しなければならない。

1　連結の範囲等
   (1)　連結の範囲に含めた子会社，持分法を適用した非連結子会社及び関連会社に関する事項その他連結の方針に関する重要事項
   (2)　上記(1)の事項について重要な変更が行われた場合には，その旨及びその理由
2　中間決算日の差異
   子会社の中間決算日が中間連結決算日と異なるときは，連結のため当該子会社について特に行った中間決算手続の概要
3　会計処理の原則及び手続等
   (1)　重要な資産の評価基準及び減価償却の方法等
   (2)　中間決算に当たり上記(1)の事項について変更が行われた場合には，その旨，その理由及び影響額
   (3)　前事業年度の連結財務諸表の作成に当たり会計処理の原則及び手続について変更が行われており，前事業年度に係る中間連結財務諸表作成上の会計処理

の原則及び手続と当事業年度に係る中間連結財務諸表作成上の会計処理の原則及び手続との間に相違がみられるときは，その旨及び影響額

(4) 子会社の採用する会計処理の原則及び手続で親会社及びその他の子会社との間で特に異なるものがあるときは，その概要

(5) 連結に当たっての子会社の資産及び負債の評価方法

4 その他の注記事項

(1) 事業の種類別セグメント情報，親会社及び子会社の所在地別セグメント情報並びに海外売上高

※ 「セグメント情報等の開示に関する会計基準」の公表により，セグメント情報等の注記は，同基準に準拠して行われる。

(2) 事業の性質上営業収益又は営業費用に著しい季節的変動がある場合には，その状況

(3) 貸倒引当金又は減価償却累計額が，資産の控除科目として表示されていない場合には，当該引当金等の額

(4) 保証債務その他の偶発債務

(5) 中間連結財務諸表を作成する日までに発生した重要な後発事象

(6) 企業集団の財政状態及び経営成績を判断するために重要なその他の事項

中間連結財務諸表作成基準注解

（注1）中間配当の取扱いについて

　　親会社及び子会社の利益処分について連結会計期間の利益に係る処分を基礎として連結決算を行う方法によっている場合には，中間配当についても同様に処理するものとする。

（注2）簡便な決算手続の適用について

　　中間連結財務諸表を作成するに当たっての簡便な決算手続の適用例としては，次のようなものがある。

イ　連結会社相互間の債権の額と債務の額に差異がみられる場合には，合理的な範囲内で，当該差異の調整を行わないで債権と債務を相殺消去することができる。

ロ　連結会社相互間の取引によって取得したたな卸資産に含まれる未実現損益の消去に当たっては，中間期末在庫高に占める当該たな卸資産の金額及び当該取引に係る損益率を合理的に見積もって計算することができる。

32

中間財務諸表作成基準

1998年3月13日

■第一 一般原則

一 中間財務諸表は, 中間会計期間 に係る企業の 財政状態 , 経営成績 及び キャッシュ・フロー の状況に関し, 有用な情報 を提供するものでなければならない。

二 前事業年度において採用した 会計処理の原則及び手続 は, 中間会計期間においてこれを 継続して適用 し, みだりに変更してはならない。

■第二 作成基準

一 中間財務諸表は, 原則として 年度決算 に適用される 会計処理の原則及び手続 に 準拠 して作成しなければならない。ただし, 中間会計期間 に係る企業の財政状態及び経営成績に関する 利害関係者 の判断を誤らせない限り, 簡便な決算手続 によることができる。(注1) (注2)

なお, 中間キャッシュ・フロー計算書の作成基準, 表示方法及び注記事項は,「連結キャッシュ・フロー計算書等の作成基準」による。

二 法人税その他利益に関連する金額を課税標準とする税金については, 年度決算と同様の方法により計算する。ただし, 中間会計期間を含む事業年度の実効税率を合理的に見積もり, 税引前中間純利益に当該見積実効税率を乗じて計算することができる。

■第三 表示方法

中間財務諸表の 表示方法 は, 財務諸表に準ずる 。

ただし，資産，負債，資本，収益及び費用の科目は，$\boxed{中間会計期間}$ に係る企業の財政状態及び経営成績に関する $\boxed{利害関係者}$ の判断を誤らせない限り，$\boxed{集約して記載}$ することができる。

■第四　注記事項

中間財務諸表には，次の事項を注記しなければならない。

(1) 中間決算のために採用されている主要な会計処理の原則及び手続の概要

(2) 中間決算に当たり会計処理の原則及び手続について変更が行われた場合には，その旨，その理由及び影響額

(3) 前事業年度の財務諸表の作成に当たり会計処理の原則及び手続について変更が行われており，前事業年度に係る中間財務諸表作成上の会計処理の原則及び手続と当事業年度に係る中間財務諸表作成上の会計処理の原則及び手続との間に相違がみられるときは，その旨及び影響額

(4) 事業の性質上営業収益又は営業費用に著しい季節的変動がある場合には，その状況

(5) 貸倒引当金又は減価償却累計額が資産の控除科目として表示されていない場合には，当該引当金等の額

(6) 保証債務その他の偶発債務

(7) 中間連結財務諸表を作成していない場合には，関連会社に持分法を適用した場合の投資の額及び投資損益の額

(8) 中間財務諸表を作成する日までに発生した重要な後発事象

(9) 企業の財政状態及び経営成績を判断するために重要なその他の事項

中間財務諸表作成基準注解

（注1）中間決算と年度決算との関係について

年度決算では，中間会計期間を含む事業年度全体を対象として改めて会計処理が行われるため，中間決算の基礎となった金額とは異なる金額が計上される場合がある。

例えば，たな卸資産又は有価証券の評価基準として低価基準が採用されている場合において，中間会計期間の末日の時価が取得原価よりも下落したときは，中間決算において評価損が計上されるが，当該中間会計期間を含む事業年度の末日の時価が取得原価以上の価額に回復したときは，年度決算では評価損は計上されない。外貨建長期金銭債権債務について計上した為替差損や時価が著しく下落した場合のたな卸資産等についての評価損についても，同様に取り扱われる。

> ※ 「金融商品に関する会計基準」の新設により有価証券に低価基準は適用されなくなった。

（注2）簡便な決算手続の適用について

中間財務諸表を作成するに当たっての簡便な決算手続の適用例としては，次のようなものがある。

イ 中間決算時におけるたな卸高は，前事業年度に係る実地たな卸高を基礎として，合理的な方法により算定することができる。

ロ 減価償却の方法として定率法を採用している場合には，事業年度に係る減価償却費の額を期間按分する方法により減価償却費を計上することができる。

ハ 退職給与引当金繰入額は，事業年度の合理的な繰入見積額を期間按分する方法により計上することができる。

※ 「退職給付に関する会計基準」の新設により退職給与引当金は退職給付引当金となった。

33

●●● 四半期財務諸表に関する会計基準 ●●●

最終改正　2020年3月31日

■範　囲

3　本会計基準は，　上場会社　等が　四半期報告制度　に基づいて又は同制度に準じて開示する　四半期財務諸表　に適用する。

■用語の定義

4　本会計基準における用語の定義は，次のとおりとする。

(1)　「四半期会計期間」とは，1連結会計年度又は1事業年度（以下「年度」という。）が3か月を超える場合に，当該年度の期間を　3か月ごとに区分した期間　をいう。

(2)　「期首からの累計期間」とは，年度の期首から四半期会計期間の末日までの期間をいう。

(3)　「四半期財務諸表」とは，四半期連結財務諸表及び四半期個別財務諸表をいう。

(4)　「四半期報告書」とは，四半期財務諸表を含んだ報告書をいう。

■四半期財務諸表の範囲等

四半期財務諸表の範囲
四半期連結財務諸表の範囲

5　四半期連結財務諸表　の範囲は，企業会計基準第25号「包括利益の表示に関する会計基準」（以下「企業会計基準第25号」という。）に従って，1計算書方式による場合，四半期連結貸借対照表，四半期連結損益及び包括利益計算書，並びに　四半

期連結キャッシュ・フロー計算書 とする。また，2計算書方式による場合，四半期連結貸借対照表，四半期連結損益計算書，四半期連結包括利益計算書 及び 四半期連結キャッシュ・フロー計算書 とする。

5 - 2　前項にかかわらず，第1四半期及び第3四半期において，四半期連結キャッシュ・フロー計算書の開示の省略を行うことができる。この場合には，第1四半期より行うものとする。

四半期個別財務諸表の範囲

6　四半期個別財務諸表 の範囲は，四半期個別貸借対照表，四半期個別損益計算書 及び 四半期個別キャッシュ・フロー計算書 とする。

　ただし，四半期連結財務諸表を開示する場合には，四半期個別財務諸表の開示は要しない。

6 - 2　前項にかかわらず，第1四半期及び第3四半期において，四半期個別キャッシュ・フロー計算書の開示の省略を行うことができる。この場合には，第1四半期より行うものとする。

四半期財務諸表等の開示対象期間

7　四半期報告書に含まれる財務諸表の開示対象期間は次のとおりとする。

(1)　四半期会計期間の末日の四半期貸借対照表及び前年度の末日の要約貸借対照表

(2)　期首からの累計期間の四半期損益及び包括利益計算書又は四半期損益計算書及び四半期包括利益計算書，並びに前年度における対応する期間の四半期損益及び包括利益計算書又は四半期損益計算書及び四半期包括利益計算書

(3)　期首からの累計期間の四半期キャッシュ・フロー計算書及び前年度における対応する期間の四半期キャッシュ・フロー計算書

7 - 2　前項(2)にかかわらず，四半期損益及び包括利

益計算書又は四半期損益計算書及び四半期包括利
益計算書の開示対象期間は，期首からの累計期間
及び四半期会計期間，並びに前年度におけるそれ
ぞれ対応する期間とすることができる。

7－3 　前項に従い四半期会計期間に係る四半期損益
及び包括利益計算書又は四半期損益計算書及び四
半期包括利益計算書の開示を行う場合には，第1
四半期より行うものとする。

7－4 　前年度における対応する四半期において開示
を行わず，当年度の四半期より開示を行う場合，
第7項(3)及び第7－2項にかかわらず，前年度に
おける対応する期間に係る開示は要しない。

7－5 　第7項(2)，第7－2項，第7－3項で使用さ
れている「四半期損益及び包括利益計算書又は四
半期損益計算書及び四半期包括利益計算書」とい
う用語は，四半期個別財務諸表上は「四半期個別
損益計算書」と読み替えるものとする。

■四半期連結財務諸表の作成基準

会計処理
四半期個別財務諸表への準拠

8 　四半期連結財務諸表は，企業集団に属する親会社
及び子会社が一般に公正妥当と認められる企業会計
の基準に準拠して作成した四半期個別財務諸表を基
礎として作成しなければならない。

会計方針

9 　四半期連結財務諸表の作成のために採用する 会
計方針 は， 四半期特有の会計処理を除き ，原則
として 年度の連結財務諸表 の作成にあたって採
用する 会計方針に準拠 しなければならない。た
だし，当該四半期連結財務諸表の開示対象期間に係
る企業集団の財政状態，経営成績及びキャッシュ・
フローの状況に関する財務諸表利用者の判断を誤ら

せない限り，簡便的な会計処理によることがで
きる。

会計方針の継続適用

10　前年度の連結財務諸表及び直前の四半期連結財務
諸表を作成するために採用した会計方針は，これを
継続して適用し，みだりに変更してはならない。

会計方針の変更

10－2　会計方針の変更を行う場合，企業会計基準第
24号「会計方針の開示，会計上の変更及び誤謬の訂
正に関する会計基準」（以下「企業会計基準第24号」
という。）第6項及び第7項に準じて，過去の期間
に新たな会計方針を遡及適用する。ただし，会計基
準等の改正に伴う会計方針の変更の場合で，会計基
準等に特定の経過的な取扱いが定められているとき
は，その経過的な取扱いに従う。

10－3　前項の遡及適用の原則的な取扱いが実務上不
可能な場合は，企業会計基準第24号第9項に準じて
取り扱う。

　　ただし，第2四半期会計期間以降に会計方針の変
更を行う際に，当年度の期首時点において，過去の
期間のすべてに新たな会計方針を遡及適用した場合
の累積的影響額を算定することが実務上不可能なと
き（企業会計基準第24号第9項(2)）は，当年度の期
首以前の実行可能な最も古い日から将来にわたり新
たな会計方針を適用する。

企業結合に係る暫定的な会計処理の確定

10－4　企業結合に係る暫定的な会計処理の確定した
四半期連結会計期間においては，企業会計基準第21
号「企業結合に関する会計基準」（以下「企業結合
会計基準」という。）（注6）に準じて，企業結合日
の属する四半期連結会計期間に遡って当該確定が行
われたかのように会計処理を行う。

四半期特有の会計処理

11　四半期連結財務諸表作成のための 特有の会計処理 は， 原価差異の繰延処理 及び 税金費用の計算 とする。

（原価差異の繰延処理）

12　標準原価計算等を採用している場合において，原価差異が操業度等の季節的な変動に起因して発生したものであり，かつ，原価計算期間末までにほぼ解消が見込まれるときには，継続適用を条件として，当該原価差異を流動資産又は流動負債として繰り延べることができる。

13（削　除）

（税金費用の計算）

14　親会社及び連結子会社の法人税その他利益に関連する金額を課税標準とする税金（以下「法人税等」という。）については，四半期会計期間を含む年度の法人税等の計算に適用される税率に基づき，原則として年度決算と同様の方法により計算し，繰延税金資産及び繰延税金負債については，回収可能性等を検討した上で，四半期貸借対照表に計上する。

　　ただし，税金費用については，四半期会計期間を含む年度の税引前当期純利益に対する税効果会計適用後の実効税率を合理的に見積り，税引前四半期純利益に当該見積実効税率を乗じて計算することができる。この場合には，四半期貸借対照表計上額は未払法人税等その他適当な科目により流動負債として（又は繰延税金資産その他適当な科目により投資その他の資産として）表示し，前年度末の繰延税金資産及び繰延税金負債については，回収可能性等を検討した上で，四半期貸借対照表に計上することとする。

四半期連結決算日

15　四半期連結財務諸表を作成するにあたり，子会社の四半期会計期間の末日が四半期連結決算日と異なる場合には，子会社は，四半期連結決算日に本会計

基準に準ずる合理的な手続により，四半期決算を行わなければならない。

　なお，子会社の四半期会計期間の末日と四半期連結決算日との差異が 3 か月を超えない場合には，子会社の四半期決算を基礎として，四半期連結決算を行うことができる。ただし，この場合には，四半期決算日が異なることから生ずる連結会社間の取引に係る会計記録の重要な不一致については，必要な整理を行うものとする。

子会社を取得又は売却した場合等のみなし取得日又はみなし売却日

16　四半期連結財務諸表を作成するにあたり，支配獲得日，株式の取得日又は売却日等が子会社の四半期会計期間の末日以外の日である場合には，当該日の前後いずれか近い四半期会計期間の末日等に支配獲得，株式取得又は売却等が行われたものとみなして処理することができる。

過去の誤謬の訂正

16－2　過去の連結財務諸表及び四半期連結財務諸表における誤謬が発見された場合には，企業会計基準第24号第21項に準じて修正再表示を行う。

■開　示

四半期連結財務諸表の科目の表示
（科目の集約記載）

17　四半期連結財務諸表の 表示方法 は， 年度の連結財務諸表に準じる 。ただし，四半期連結財務諸表における個々の表示科目は，当該四半期連結財務諸表の開示対象期間に係る企業集団の財政状態，経営成績及びキャッシュ・フローの状況に関する財務諸表利用者の判断を誤らせない限り， 集約して記載 することができる。

（連結財務諸表の表示科目及び表示区分との整合性）

18 四半期連結財務諸表における資産，負債，純資産，収益，費用等の各表示科目及び表示区分は，年度の連結財務諸表における表示との整合性を勘案しなければならない。

表示方法の変更

18-2 四半期連結財務諸表の表示方法を変更した場合，企業会計基準第24号第14項に準じて財務諸表の組替えを行う。ただし，財務諸表の組替えが実務上不可能な場合には，財務諸表の組替えが実行可能な最も古い期間から新たな表示方法を適用する。

注記事項

19 四半期連結財務諸表には，次の事項を注記しなければならない。

(1) 連結の範囲に含めた子会社，持分法を適用した非連結子会社及び関連会社に関する事項その他連結の方針に関する事項について，重要な変更を行った場合には，その旨及びその理由

(2) 重要な会計方針について変更を行った場合には，変更を行った四半期会計期間以後において，その内容，その理由及び影響額

(2-2) 遡及適用の原則的な取扱いが実務上不可能な場合には，(2)項のほか，その理由，会計方針の変更の適用方法及び適用開始時期を記載する。

(3) 当年度の第2四半期会計期間以降に自発的に重要な会計方針について変更を行った場合には，(2)又は(4-2)の記載に加え，第2四半期以降に変更した理由

(3-2) 前年度の第2四半期会計期間以降に自発的に重要な会計方針について変更を行っており，かつ，遡及適用により当年度に比較情報として開示する前年度の四半期連結財務諸表と，前年度に開示した四半期連結財務諸表に適用した会計方針との間に相違がみられる場合には，その旨

(4) 会計上の見積りについて重要な変更を行った場合には，変更を行った四半期会計期間以後において，その内容及び影響額

(4-2) 会計方針の変更を会計上の見積りの変更と区分することが困難な場合には，変更を行った四半期会計期間以後において，変更の内容，その理由及び影響額

(5) （削　除）

(6) 四半期特有の会計処理を採用している場合には，その旨及びその内容

(7) セグメント情報等に関する事項

　① 報告セグメントの利益（又は損失）及び売上高

　② 企業結合や事業分離などによりセグメント情報に係る報告セグメントの資産の金額に著しい変動があった場合には，その概要

　③ 報告セグメントの利益（又は損失）の合計額と四半期連結損益及び包括利益計算書又は四半期連結損益計算書の利益（又は損失）計上額の差異調整に関する主な事項の概要

　④ 報告セグメントの変更又は事業セグメントの利益（又は損失）の測定方法に重要な変更があった場合には，変更を行った四半期会計期間以後において，その内容

　⑤ 当年度の第2四半期以降に④の変更があった場合には，第2四半期会計期間以降に変更した理由

　⑥ 前年度において④の変更を行っており，かつ，前年度の対応する四半期会計期間と当四半期会計期間との間で，①の報告セグメントの区分方法又は利益（又は損失）の測定方法との間に相違が見られる場合には，その旨，変更後の方法に基づく前年度の対応する期間の①及び③の事

33

四半期財務諸表に関する会計基準

項

　　なお，当該事項のすべて又はその一部について，記載すべき金額を正確に算定することができない場合には概算額を記載することができる。また，記載すべき金額を算定することが実務上困難な場合には，その旨及びその理由を記載する。

⑦　固定資産について重要な減損損失を認識した場合には，その報告セグメント別の概要

⑧　のれんの金額に重要な影響を及ぼす事象（重要な負ののれんを認識する事象を含む。）が生じた場合には，その報告セグメント別の概要

(8)　1株当たり四半期純損益，潜在株式調整後1株当たり四半期純利益及び当該金額の算定上の基礎

(9)　（削　除）

(10)　（削　除）

(11)　（削　除）

(12)　配当に関する事項

(13)　株主資本の金額に著しい変動があった場合には，主な変動事由

(14)　四半期会計期間の末日に継続企業の前提に重要な疑義を生じさせるような事象又は状況が存在する場合であって，当該事象又は状況を解消するあるいは改善するための対応をしてもなお継続企業の前提に関する重要な不確実性が認められるときは，その旨及びその内容等。ただし，四半期会計期間の末日後において，当該重要な不確実性が認められなくなった場合は，注記することを要しない。

(15)　事業の性質上営業収益又は営業費用に著しい季節的変動がある場合には，その状況

(16)　重要な保証債務その他の重要な偶発債務

(17)　重要な企業結合に関する事項

① 取得とされた重要な企業結合

　企業結合の概要，四半期連結損益及び包括利益計算書又は四半期連結損益計算書に含まれる被取得企業等の業績の期間，実施した会計処理の概要

（削　除）

② （削　除）

③ 重要な共通支配下の取引等及び共同支配企業の形成

　企業結合の概要，実施した会計処理の概要

⒅ 重要な事業分離に関する事項

　事業分離の概要，実施した会計処理の概要，四半期連結損益及び包括利益計算書又は四半期連結損益計算書に計上されている分離した事業に係る損益の概算額

⒆ 四半期連結財務諸表を作成する日までに発生した重要な後発事象

⒇ 四半期連結キャッシュ・フロー計算書における現金及び現金同等物の四半期末残高と四半期連結貸借対照表に掲記されている科目の金額との関係。ただし，第5－2項に従い，第1四半期及び第3四半期において四半期連結キャッシュ・フロー計算書の開示の省略を行った場合は注記を要しない。

（20-2）第5－2項に従い，第1四半期及び第3四半期において四半期連結キャッシュ・フロー計算書の開示の省略を行った場合，期首からの累計期間に係る有形固定資産及びのれんを除く無形固定資産の減価償却費及びのれんの償却額（負ののれんの償却額を含む。）を注記することとする。

(21) 企業集団の財政状態，経営成績及びキャッシュ・フローの状況を適切に判断するために重要なその他の事項

(22) 過去の誤謬の修正再表示を行った場合には，そ

の内容及び影響額

■四半期個別財務諸表の作成基準

会計処理
会計方針

20　四半期個別財務諸表の作成のために採用する会計
　　方針は，四半期特有の会計処理を除き，原則として
　　年度の個別財務諸表の作成にあたって採用する会計
　　方針に準拠しなければならない。ただし，当該四半
　　期個別財務諸表の開示対象期間に係る企業の財政状
　　態，経営成績及びキャッシュ・フローの状況に関す
　　る財務諸表利用者の判断を誤らせない限り，簡便的
　　な会計処理によることができる。

会計方針の継続適用

21　前年度の個別財務諸表及び直前の四半期個別財務
　　諸表を作成するために採用した会計方針は，これを
　　継続して適用し，みだりに変更してはならない。

会計方針の変更

21－2　会計方針の変更を行う場合，企業会計基準第
　　24号第6項及び第7項に準じて，過去の期間に新た
　　な会計方針を遡及適用する。ただし，会計基準等の
　　改正に伴う会計方針の変更の場合で，会計基準等に
　　特定の経過的な取扱いが定められているときは，そ
　　の経過的な取扱いに従う。

21－3　前項の遡及適用の原則的な取扱いが実務上不
　　可能な場合は，企業会計基準第24号第9項に準じて
　　取り扱う。

　　　ただし，第2四半期会計期間以降に会計方針の変
　　更を行う際に，当年度の期首時点において，過去の
　　期間のすべてに新たな会計方針を遡及適用した場合
　　の累積的影響額を算定することが実務上不可能なと
　　き（企業会計基準第24号第9項(2)）は，当年度の期
　　首以前の実行可能な最も古い日から将来にわたり新

たな会計方針を適用する。

企業結合に係る暫定的な会計処理の確定

21-4　企業結合に係る暫定的な会計処理の確定した
四半期会計期間においては，企業結合会計基準（注
6）に準じて，企業結合日の属する四半期会計期間
に遡って当該確定が行われたかのように会計処理を
行う。

四半期特有の会計処理

22　四半期個別財務諸表作成のための特有の会計処理
については，第11項から第14項の取扱いに準じる。

過去の誤謬の訂正

22-2　過去の個別財務諸表及び四半期個別財務諸表
における誤謬が発見された場合には，企業会計基準
第24号第21項に準じて修正再表示を行う。

■開　示

四半期個別財務諸表の科目の表示
（科目の集約記載）

23　四半期個別財務諸表の表示方法は，年度の個別財
務諸表に準じる。ただし，四半期個別財務諸表にお
ける個々の表示科目は，当該四半期個別財務諸表の
開示対象期間に係る企業の財政状態，経営成績及び
キャッシュ・フローの状況に関する財務諸表利用者
の判断を誤らせない限り，集約して記載することが
できる。

（個別財務諸表の表示科目及び表示区分との整合性）

24　四半期個別財務諸表における資産，負債，純資産，
収益，費用等の各表示科目及び表示区分は，年度の
個別財務諸表における表示との整合性を勘案しなけ
ればならない。

表示方法の変更

24-2　四半期個別財務諸表の表示方法を変更した場
合，企業会計基準第24号第14項に準じて財務諸表の

組替えを行う。ただし，財務諸表の組替えが実務上不可能な場合には，財務諸表の組替えが実行可能な最も古い期間から新たな表示方法を適用する。

注記事項

25　四半期個別財務諸表には，次の事項を注記しなければならない。

(1)　重要な会計方針について変更を行った場合には，変更を行った四半期会計期間以後において，その内容，その理由及び影響額

(1-2)　遡及適用の原則的な取扱いが実務上不可能な場合には，(1)項のほか，その理由，会計方針の変更の適用方法及び適用開始時期を記載する。

(2)　当年度の第2四半期会計期間以降に自発的に重要な会計方針について変更を行った場合には，(1)又は(3-2)の記載に加え，第2四半期以降に変更した理由

(2-2)　前年度の第2四半期会計期間以降に自発的に重要な会計方針について変更を行っており，かつ，遡及適用により当年度に比較情報として開示する前年度の四半期個別財務諸表と，前年度に開示した四半期個別財務諸表に適用した会計方針との間に相違がみられる場合には，その旨

(3)　会計上の見積りについて重要な変更を行った場合には，変更を行った四半期会計期間以後において，その内容及び影響額

(3-2)　会計方針の変更を会計上の見積りの変更と区分することが困難な場合には，変更を行った四半期会計期間以後において，変更の内容，その理由及び影響額

(4)　(削　除)

(5)　四半期特有の会計処理を採用している場合には，その旨及びその内容

(5-2)　セグメント情報等に関する事項

① 報告セグメントの利益（又は損失）及び売上高

② 企業結合や事業分離などによりセグメント情報に係る報告セグメントの資産の金額に著しい変動があった場合には，その概要

③ 報告セグメントの利益（又は損失）の合計額と四半期個別損益計算書の利益（又は損失）計上額の差異調整に関する主な事項の概要

④ 報告セグメントの変更又は事業セグメントの利益（又は損失）の測定方法に重要な変更があった場合には，変更を行った四半期会計期間以後において，その内容

⑤ 当年度の第2四半期会計期間以降に④の変更があった場合には，第2四半期以降に変更した理由

⑥ 前年度において④の変更を行っており，かつ，前年度の対応する四半期会計期間と当四半期会計期間との間で，①の報告セグメントの区分方法又は利益（又は損失）の測定方法との間に相違が見られる場合には，その旨，変更後の方法に基づく前年度の対応する期間の①及び③の事項

　なお，当該事項のすべて又はその一部について，記載すべき金額を正確に算定することができない場合には概算額を記載することができる。また，記載すべき金額を算定することが実務上困難な場合には，その旨及びその理由を記載する。

⑦ 固定資産について重要な減損損失を認識した場合には，その報告セグメント別の概要

⑧ のれんの金額に重要な影響を及ぼす事象（重要な負ののれんを認識する事象を含む。）が生じた場合には，その報告セグメント別の概要

(6)　1株当たり四半期純損益，潜在株式調整後1株当たり四半期純利益及び当該金額の算定上の基礎

(7)　（削　除）

(8)　（削　除）

(9)　（削　除）

(10)　配当に関する事項

(11)　株主資本の金額に著しい変動があった場合には，主な変動事由

(12)　四半期会計期間の末日に継続企業の前提に重要な疑義を生じさせるような事象又は状況が存在する場合であって，当該事象又は状況を解消するあるいは改善するための対応をしてもなお継続企業の前提に関する重要な不確実性が認められるときは，その旨及びその内容等。ただし，四半期会計期間の末日後において，当該重要な不確実性が認められなくなった場合は，注記することを要しない。

(13)　事業の性質上営業収益又は営業費用に著しい季節的変動がある場合には，その状況

(14)　関連会社に持分法を適用した場合の投資の額及び投資損益の額

(15)　重要な保証債務その他の重要な偶発債務

(16)　重要な企業結合に関する事項

　①　取得とされた重要な企業結合

　　ア　企業結合の概要，四半期個別損益計算書に含まれる被取得企業等の業績の期間，実施した会計処理の概要

　　イ　取得企業が存続企業と異なる場合には，パーチェス法を適用したとした場合の四半期個別貸借対照表及び四半期個別損益計算書に及ぼす損益への影響の概算額

　　（削　除）

　②　（削　除）

③　重要な共通支配下の取引等及び共同支配企業の形成

　　企業結合の概要，実施した会計処理の概要

⑰　重要な事業分離に関する事項

　　事業分離の概要，実施した会計処理の概要，四半期個別損益計算書に計上されている分離した事業に係る損益の概算額

⑱　四半期個別財務諸表を作成する日までに発生した重要な後発事象

⑲　四半期個別キャッシュ・フロー計算書における現金及び現金同等物の四半期末残高と四半期個別貸借対照表に掲記されている科目の金額との関係。ただし，第6－2項に従い，第1四半期及び第3四半期において四半期個別キャッシュ・フロー計算書の開示の省略を行った場合は注記を要しない。

(19-2)　第6－2項に従い，第1四半期及び第3四半期において四半期個別キャッシュ・フロー計算書の開示の省略を行った場合，期首からの累計期間に係る有形固定資産及びのれんを除く無形固定資産の減価償却費及びのれんの償却額（負ののれんの償却額を含む。）を注記することとする。

⑳　企業の財政状態，経営成績及びキャッシュ・フローの状況を適切に判断するために重要なその他の事項

㉑　過去の誤謬の修正再表示を行った場合には，その内容及び影響額

よくわかる簿記シリーズ

究極の会計学理論集　日商簿記1級・全経上級対策　第6版

2014年11月29日　初　版　第1刷発行
2024年 2月26日　第6版　第1刷発行

<table>
<tr><td>編　著　者</td><td>Ｔ　Ａ　Ｃ　株　式　会　社</td></tr>
<tr><td></td><td>（簿記検定講座）</td></tr>
<tr><td>発　行　者</td><td>多　　田　　敏　　男</td></tr>
<tr><td>発　行　所</td><td>Ｔ　Ａ　Ｃ株式会社　出版事業部</td></tr>
<tr><td></td><td>（ＴＡＣ出版）</td></tr>
</table>

〒101-8383
東京都千代田区神田三崎町3-2-18
電 話 03（5276）9492（営業）
FAX 03（5276）9674
https://shuppan.tac-school.co.jp

印　　　刷　　株式会社　ワ　　コ　　ー
製　　　本　　株式会社　常　川　製　本

© TAC 2024　　Printed in Japan　　ISBN 978-4-300-11015-7
N.D.C. 336

本書は、「著作権法」によって、著作権等の権利が保護されている著作物です。本書の全部または一部につき、無断で転載、複写されると、著作権等の権利侵害となります。上記のような使い方をされる場合、および本書を使用して講義・セミナー等を実施する場合には、小社宛許諾を求めてください。

乱丁・落丁による交換、および正誤のお問合せ対応は、該当書籍の改訂版刊行月末日までといたします。なお、交換につきましては、書籍の在庫状況等により、お受けできない場合もございます。
また、各種本試験の実施の延期、中止を理由とした本書の返品はお受けいたしません。返金もいたしかねますので、あらかじめご了承くださいますようお願い申し上げます。

簿記検定講座のご案内

選べる学習メディアでご自身に合うスタイルでご受講ください

通学講座　　3級コース　3・2級コース　2級コース　1級コース　1級上級コース

教室講座　　通って学ぶ

定期的な日程で通学する学習スタイル。常に講師と接することができるという教室講座の最大のメリットがありますので、疑問点はその日のうちに解決できます。また、勉強仲間との情報交換も積極的に行えるのが特徴です。

ビデオブース講座　　通って学ぶ　予約制

ご自身のスケジュールに合わせて、TACのビデオブースで学習するスタイル。日程を自由に設定できるため、忙しい社会人に人気講座です。

直前期教室出席制度
直前期以降、教室受講に振り替えることができます。

無料体験入学
ご自身の目で、耳で体験し納得してご入学いただくために、無料体験入学をご用意しました。

無料講座説明会
もっとTACのことを知りたいという方は、無料講座説明会にご参加ください。

無料
予約不要※
※ビデオブース講座の無料体験入学は要予約。
無料講座説明会は一部校舎では要予約。

通信講座　　3級コース　3・2級コース　2級コース　1級コース　1級上級コース

Web通信講座　　スマホやタブレットにも対応　見て学ぶ

教室講座の生講義をブロードバンドを利用し動画で配信します。ご自身のペースに合わせて、24時間いつでも何度でも繰り返し受講することができます。また、講義動画はダウンロードして2週間視聴可能です。有効期間内は何度もダウンロード可能です。
※Web通信講座の配信期間は、お申込みコースの目標月の翌月末までです。

TAC WEB SCHOOL ホームページ
URL https://portal.tac-school.co.jp/　※お申込み前に、左記のサイトにて必ず動作環境をご確認ください。

DVD通信講座　　見て学ぶ

講義を収録したデジタル映像をご自宅にお届けします。講義の臨場感をクリアな画像でご自宅に再現することができます。
※DVD-Rメディア対応のDVDプレーヤーでのみ受講が可能です。パソコンやゲーム機での動作保証はいたしておりません。

資料通信講座（1級のみ）

テキスト・添削問題を中心として学習します。

 Webでも無料配信中！

「TAC動画チャンネル」

● 講座説明会　※収録内容の変更のため、配信されない期間が生じる場合がございます。
● 1回目の講義（前半分）が視聴できます

詳しくは、TACホームページ
「TAC動画チャンネル」をクリック！

 TAC動画チャンネル　簿記 [検索]

コースの詳細は、簿記検定講座パンフレット・TACホームページをご覧ください。

パンフレットのご請求・お問い合わせは、TACカスタマーセンターまで
通話無料 0120-509-117 ゴウカク イイナ
受付時間 月～金 9:30~19:00　土・日・祝 9:30~18:00
※携帯電話からもご利用になれます。

TAC簿記検定講座ホームページ
TAC 簿記 [検索]

簿記検定講座

お手持ちの教材がそのまま使用可能!
【テキストなしコース】のご案内

TAC簿記検定講座のカリキュラムは市販の教材を使用しておりますので、こちらのテキストを使ってそのまま受講することができます。独学では分かりにくかった論点や本試験対策も、TAC講師の詳しい解説で理解度も120％UP！ 本試験合格に必要なアウトプット力が身につきます。独学との差を体感してください。

左記の各メディアが
【テキストなしコース】で
お得に受講可能!

こんな人にオススメ！

● テキストにした書き込みをそのまま
活かしたい！
● これ以上テキストを増やしたくない！
● とにかく受講料を安く抑えたい！

※お申込前に必ずお手持ちのバージョンをご確認ください。場合によっては最新のものに買い直していただくことがございます。詳細はお問い合わせください。

お手持ちの教材をフル活用!!

合格テキスト

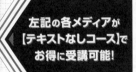

合格トレーニング

会計業界の就職サポートは
安心のTAC

TACキャリアエージェントなら
BIG4・国内大手法人
就職支援実績多数！

| 税理士学習中の方 |
| 日商簿記学習中の方 |
| 会計士／USCPA学習中の方 |
| 会計業界で就業中の方で転職をお考えの方 |
| 会計業界でのお仕事に興味のある方 |

「残業なしで勉強時間を確保したい…」
「簿記3級から始められる仕事はあるの？」
といったご相談も大歓迎です！

スキマ時間に PC・スマホ・タブレットで
WEB面談実施中！

忙しくて時間の取れない方、遠方に
お住まいの方、ぜひご利用ください。

詳細はこちら！
https://tacnavi.com/
accountant/web-mendan/

完全予約制

【相談会場】

東京オフィス	03-3518-6775
大阪オフィス	06-6371-5851
名古屋オフィス（登録会場）	0120-757-655

ご相談は無料です。会計業界を知り尽くしたプロの
コンサルタントにご相談ください。

※相談時間は原則としてお一人様60分とさせていただきます。

✉ shoukai@
tac-school.co.jp

メールでご予約の際は、
件名に「相談希望のオフィス」
をご入力ください。
（例・相談希望 東京）

TAC キャリアエージェント
会計士・税理士専門の転職サポートサービス

会計業界への就職・転職支援サービス

TPB

TACの100%出資子会社であるTACプロフェッションバンク（TPB）は、会計・税務分野に特化した転職エージェントです。蓄積された知識とご希望に合ったお仕事を一緒に探しませんか？ 相談だけでも大歓迎です！ どうぞお気軽にご利用ください。

人材コンサルタントが無料でサポート

Step1 相談受付
完全予約制です。
HPからご登録いただくか、
各オフィスまでお電話ください。

Step2 面談
ご経験やご希望をお聞かせください。
あなたの将来について一緒に考えましょう。

Step3 情報提供
ご希望に適うお仕事があれば、その場でご紹介します。強制はいたしませんのでご安心ください。

正社員で働く

- ●安定した収入を得たい
- ●キャリアプランについて相談したい
- ●面接日程や入社時期などの調整をしてほしい
- ●今就職すべきか、勉強を優先すべきか迷っている
- ●職場の雰囲気など、求人票でわからない情報がほしい

キャリアUP　資格有

TACキャリアエージェント

https://tacnavi.com/

派遣で働く

- ●勉強を優先して働きたい
- ●将来のために実務経験を積んでおきたい
- ●まずは色々な職場や職種を経験したい
- ●家庭との両立を第一に考えたい
- ●就業環境を確認してから正社員で働きたい

子育中　勉強中

TACの経理・会計派遣

https://tacnavi.com/haken/

※ご経験やご希望内容によってはご支援が難しい場合がございます。予めご了承ください。　※面談時間は原則お一人様30分とさせていただきます。

自分のペースでじっくりチョイス

正社員・アルバイトで働く

- ●自分の好きなタイミングで就職活動をしたい
- ●どんな求人案件があるのか見たい
- ●企業からのスカウトを待ちたい
- ●WEB上で応募管理をしたい

Webで

TACキャリアナビ

https://tacnavi.com/kyujin/

就職・転職・派遣就労の強制は一切いたしません。会計業界への就職・転職を希望される方への無料支援サービスです。どうぞお気軽にお問い合わせください。

TACプロフェッションバンク

■有料職業紹介事業 許可番号13-ユ-010678
■一般労働者派遣事業 許可番号（派）13-010932

東京オフィス
〒101-0051
東京都千代田区神田神保町1-103 東京パークタワー2F
TEL.03-3518-6775

大阪オフィス
〒530-0013
大阪府大阪市北区茶屋町6-20 吉田茶屋町ビル5F
TEL.06-6371-5851

名古屋 登録会場
〒453-0014
愛知県名古屋市中村区則武1-1-7 NEWNO名古屋駅西8F
TEL.0120-757-655

2022年4月現在

📖 TAC出版 書籍のご案内

TAC出版では、資格の学校TAC各講座の定評ある執筆陣による資格試験の参考書をはじめ、
資格取得者の開業法や仕事術、実務書、ビジネス書、一般書などを発行しています!

TAC出版の書籍

*一部書籍は、早稲田経営出版のブランドにて刊行しております。

資格・検定試験の受験対策書籍

- ○日商簿記検定
- ○建設業経理士
- ○全経簿記上級
- ○税 理 士
- ○公認会計士
- ○社会保険労務士
- ○中小企業診断士
- ○証券アナリスト

- ○ファイナンシャルプランナー(FP)
- ○証券外務員
- ○貸金業務取扱主任者
- ○不動産鑑定士
- ○宅地建物取引士
- ○賃貸不動産経営管理士
- ○マンション管理士
- ○管理業務主任者

- ○司法書士
- ○行政書士
- ○司法試験
- ○弁理士
- ○公務員試験(大卒程度・高卒者)
- ○情報処理試験
- ○介護福祉士
- ○ケアマネジャー
- ○社会福祉士 ほか

実務書・ビジネス書

- ○会計実務、税法、税務、経理
- ○総務、労務、人事
- ○ビジネススキル、マナー、就職、自己啓発
- ○資格取得者の開業法、仕事術、営業術
- ○翻訳ビジネス書

一般書・エンタメ書

- ○ファッション
- ○エッセイ、レシピ
- ○スポーツ
- ○旅行ガイド (おとな旅プレミアム/ハルカナ
- ○翻訳小説